Tina Soliman
Ghosting

Vom spurlosen Verschwinden
des Menschen im digitalen Zeitalter

Klett-Cotta

Klett-Cotta
www.klett-cotta.de
© 2019 by J. G. Cotta'sche Buchhandlung
Nachfolger GmbH, gegr. 1659, Stuttgart
Alle Rechte vorbehalten
Printed in Germany
Umschlag: Rothfos & Gabler, Hamburg
unter Verwendung eines Fotos von © Torsten Lapp
Gesetzt von C.H.Beck.Media.Solutions, Nördlingen
Gedruckt und gebunden von CPI – Clausen & Bosse, Leck
ISBN 978-3-608-96337-3

Bibliografische Information der Deutschen Nationalbibliothek:
Die Deutsche Nationalbibliothek verzeichnet diese Publikation in der
Deutschen Nationalbibliografie; detaillierte bibliografische Daten
sind im Internet über <http://dnb.d-nb.de> abrufbar.

*Für meine Mutter Gisela Soliman
und für M. G.*

Inhalt

Einleitung
Was ist Ghosting? 11

1. Kapitel
Geister und Ent-Geisterte 35

    Ghosts. Über das Wesen desjenigen,
    der wortlos verschwindet 35
    »Ge-Ghostet«. Entgeistert. Geschichten von
    Verlassenen 60
    Warum verschwindet jemand spurlos? 82

2. Kapitel
Die Suchmaschinen der Liebe 91

    Die Suche nach dem Passenden 94
    Die Suche nach dem Gleichen 104
    Die Suche nach dem Einen 112
    Die Suche nach dem Besten 118
    Serielles Leben: Der Nächste, bitte! 126
    Was mit einem Wisch beginnt, wird auch mit
    einem Wisch beendet 138
    Was nicht passt, geht retour 141

3. Kapitel
**Die Sehnsuchts-Produzenten: Noch ein Klick,
noch ein Versprechen** 145

Das Leben: Ein Konstrukt der Wahrnehmung
oder der Fantasie 145
Jeder Klick ist eine Option 150
Möglichkeitsgläubige und ihre Sehnsüchte.
Der »Fehler« ist die Realität 159
Die fixe Idee vom Glück 162
Sehnsucht nach der Sehnsucht oder:
Was nützt die Liebe in Gedanken? 167
»Disneyfizierung der Beziehungen«
(Eric Hegmann) 176

4. Kapitel
Modern Love. Der Zwang zur freien Wahl 181

Eine unsichere Vorstellung von Nähe 181
Liebe mich irgendwie! Nein, lieber doch nicht!
Alte und neue Bindungsangst 193
»Ghost« in jeder Beziehung 194
»Nicht der Inhalt ist die Botschaft,
sondern die Form!« 202
Generation Mute – die stumme Generation 206

5. Kapitel
Wie uns das Leben unter die Haut geht 217

Alles beginnt mit dem Verlust 217
»Die Stille macht verrückt« oder:
Die Attacke der Abwesenheit 227

Stress geht unter die Haut – und verändert
unsere Gene 252
Die Angst vor der Angst:
Pathologisches Verschwinden 258
Posttraumatische Verbitterungsstörung 270

6. Kapitel
The Sound of Silence 275

Fragen ohne Antworten:
Was bedeutet Schweigen? 276
Was ist heute das Wort noch wert? 279
Der Abschied vom Abschied. Was wir hinterlassen,
wenn der Abschied verschwindet 287

7. Kapitel
Vom Suchen und Finden oder:
Die Suche nach dem guten Geist 301

Ghosting: ein »Lösungs-Mittel«? 301
Augen auf und durch: Wie aus Abbrüchen
Aufbrüche werden können 312
Berühmte letzte Worte 329
Schwarzblende 345

Nachwort 347

Dank 353

Literaturhinweise 355

Das Gefühl ist der Halbedelstein,
das Wort die goldene Fassung.
Péter Nádas

Einleitung
Was ist Ghosting?

Wenn man beim Siebdruck ein Bild auf eine Oberfläche bringen möchte, bleibt nach dem Druck ein Farbschatten im Siebgewebe hängen, der das Motiv noch einmal aufscheinen lässt. Man sieht diesen »Ghost« nur, wenn man das Sieb auf einen Untergrund legt, nicht aber, wenn man es gegen das Licht hält. Um weiter drucken zu können, muss dieser »Ghost«, wie man die schemenhafte Figur auf dem Sieb nennt, verschwinden. Dafür gibt es einen Geisterbildentferner: den »ANTIGHOST«. Im Handel für kaum 10 Euro erhältlich.

Nun wird mancher denken: Wie toll ist das denn? Ein Heilmittel für das sichtbar Unsichtbare? So etwas müsste es auch für Menschen geben!

Sicher, wenn ein Mensch wie ein Geist verschwindet, sich buchstäblich in Luft aufzulösen scheint, ist das für die meisten Menschen keine schöne Erfahrung. Es hat Folgen für Körper und Seele. Dass das Verschwinden gute Gründe haben kann, gehört allerdings auch zur Wahrheit. Manchmal schweigt man, um entrüstete Reaktionen zu vermeiden.

Geist – Ghost – Geisterbildentferner? Wovon ist eigentlich die Rede? – Dramatisch zunehmend erreichen mich Zuschriften – auch aus dem Ausland – zum Kontaktabbruch bei Paaren. Menschen, die sich im Zwischenmenschlichen verheddern, an zu hohen Erwartungen scheitern – gegen die Einsamkeit ankämpfen. Doch warum sich den Konflikten, der Auseinandersetzung oder der Ablehnung aussetzen? Ist es nicht bequemer, wie ein Geist zu verschwinden? Abtauchen, ohne sich zu erklären! Für dieses Phänomen gibt es den Begriff: »Ghosting«.

Der Begriff »Ghosting« kommt aus den USA und beschreibt das Phänomen, wenn sich Menschen, die man »datet«, mit denen man sich verabredet, verbindet, befreundet oder gar verpartnert, in Luft aufzulösen scheinen. Anrufe oder Nachrichten bleiben unbeantwortet. Es wirkt so, als hätte man es mit einem Hologramm oder einem rahmenlosen Körper zu tun gehabt, einem Gespenst oder Geist.

2015 nahm der Collins, eines der wichtigen englischen Wörterbücher, »Ghosting« sogar als feststehenden Begriff in seine neueste Ausgabe auf und erläuterte das Phänomen wie folgt: *Das Beenden einer Beziehung durch den plötzlichen Kontaktabbruch.* Das *Urban Dictionary* (ein Online-Wörterbuch für englische Slangwörter) beschreibt Ghosting als »Akt der plötzlichen Aufhebung der Kommunikation mit jemandem. Dies geschieht in der Hoffnung, dass die Person realisiert, dass kein Kontakt mehr erwünscht ist, ohne es der Person mitteilen zu müssen.« Ghosting sei nicht spezifisch für ein Geschlecht oder eine Altersgruppe, stehe aber in engem Zusammenhang mit den Reife- und Kommunikationsfähigkeiten des Menschen.

»Ghosting« statt »Funkstille« – alter Wein in neuen Schläuchen? – Seit 15 Jahren treibt mich das Thema »Funkstille« um, das plötzliche Verschwinden aus – nahen – Beziehungen ohne Erklärung. Als ich damals überlegte, wie man wohl

»Funkstille« für den anglo-amerikanischen Raum übersetzen könnte, fiel mir nur wenig ein: »Stonewalling«, »Sound of silence«, »Fade out«!

Nun gibt es für das wortlose Abtauchen also einen englischsprachigen Begriff, nämlich »Ghosting«, der mittlerweile fast schon epidemisch für alle plötzlichen Abbrüche ohne Erklärung gebraucht wird, etwa auch für das Verschwinden aus Jobs. Handelt es sich aber gerade dabei nicht um dasselbe Phänomen wie bei »Funkstille«, die ich in zwei Büchern aus unterschiedlichen Perspektiven beschrieben habe?[*]

Ja, teilweise berühren und überschneiden sich beide Begriffe. Und doch sollten wir Funkstille und Ghosting klar voneinander unterscheiden und trennen. Auch beim Ghosting ereignet sich ein plötzlicher Kontaktabbruch ohne jede Erklärung. Auch das Ghosting lässt Leidende zurück – allerdings sind es eher die Verlassenen, die leiden, nicht derjenige oder diejenige, die wie ein Geist im Nichts verschwinden.

Bei der Funkstille flieht der Abbrecher meistens aus einer Situation, die für ihn unlösbar, ja, ausweglos erscheint. Er will sich schützen, muss flüchten, um zu überleben. Vor Scham versinkt er im Boden und möchte eigentlich doch ›nur‹ mit seinen Bedürfnissen wahrgenommen werden. Er sendet die Botschaft an seine Umwelt aus, die er flieht: Bitte höre, was ich *nicht* sage! Funkstille offenbart ein paradoxes Wissen, das sich nicht anders zu helfen weiß, als sich nicht direkt mitzuteilen, und ein widersprüchliches Handeln, das aus der menschlichen Nähe flieht, die der Fliehende eigentlich sucht und dringend benötigt. Funkstille ist eine Flucht,

---

[*] »Funkstille. Wenn Menschen den Kontakt abbrechen.« »Der Sturm vor der Stille. Warum Menschen den Kontakt abbrechen.«

eine existentielle Ausnahmesituation, ein existentieller Notstand. Funkstille signalisiert Angst und Überforderung.

Beim Ghosting ist es genau umgekehrt. Bei der Funkstille sucht der Inhalt nach einer Form, die paradox ist, wie die Flucht oder eben die völlige Stille. Beim Ghosting hingegen bestimmt die Form den Inhalt: Dieses Schweigen und dieses Verschwinden beim Ghosting besagen: ›Du bist nicht da‹ oder ›ich bin nie da gewesen‹. Ghosting ist abgeklärter und kälter als die Funkstille. Und Ghosting ist auf den ersten Blick für den Abbrecher mit weniger Emotionen verbunden. Wer in die »Funkstille« entweicht, ist ein Ausbrecher. Wer andere ghostet, ist ein Abbrecher.

»Funkstille« wird als rein privat, ja, sogar als tabubehaftet angesehen, hingegen ist »Ghosting« auffallend gesellschaftsfähig geworden. Ghosting gehört zu unserer neuen Umgangskultur. Langfristig betrachtet dürften die Folgen für den »Geist«, für das menschliche (Selbst-)Bewusstsein und für das soziale Miteinander jedoch extrem schädlich sein, wie wir auf den folgenden Seiten erfahren werden.

»Funkstille« spielt sich überwiegend in Familien ab – mit dramatischen Folgen. Verwandtschaft lässt sich durch keine Funkstille auflösen noch kündigen und schon gar nicht beenden.

Eine Liebesbeziehung oder Freundschaft hingegen lässt sich sehr wohl beenden oder abbrechen. Ghosting bezieht sich daher auf Paarbeziehungen und Freundschaften. Einer von beiden zieht eilig weiter, auf der Suche nach etwas Besserem. Jeder ist eine Option – auch er selbst. Kein Blick zurück. Ghosting verhindert – so eine erste Vermutung –, Beziehungen als Prozess zu verstehen. Ghosting unterbindet es, sich selbst besser zu verstehen. Es verstärkt Muster. Und Ghosting verhindert Entwicklung und Reifung.

Das Verstehen von Beziehungen, um überhaupt Bindungen eingehen zu können, ist unendlich viel wichtiger als die permanente Suche, die häufig eher eine Ablenkung von der eigenen Beziehungsunfähigkeit ist und damit das Erfassen dessen, was geschehen ist, verhindert. Beziehungen verstehen bedeutet, aufrichtig handeln, bedeutet, wahr sein! Wenn wir weiter und weiter gehen, sollten wir uns ab und zu fragen: Wonach suchen wir eigentlich? Liebe? Bestätigung? Trost? Oder vermeiden wir damit nicht erst recht, uns selbst zu erkennen, wie wir wirklich sind, was wir tatsächlich können und was nicht.

Angst vor Nähe, vor potentieller Abwertung und Widerspruch, der als Bedrohung empfunden wird, Angst vor der falschen Entscheidung oder vor dem Verlust der Eigenständigkeit, enthält im Kern fast jede Geschichte, die mir erzählt wurde. Beinahe täglich schreiben mir Menschen aus der ganzen Welt, die sich mit Kontaktabbrüchen plagen: Verlassene ebenso wie Abbrecher. Und fast alle berichten von der Angst, sich festzulegen, sich falsch zu entscheiden. Überall Verwirrung und Unsicherheit. Doch ohne Vertrauen und ohne Entscheidung geht es nicht. Das bedeutet auch, dass man mit Widerspruch und versäumten Alternativen leben lernen muss.

Nahe Beziehungen sind wichtig und werden von fast jedem ersehnt. Eine Beziehungsentscheidung ist folgenreich, denn sie bestimmt unsere Lebensqualität. Autonomie und Partnerschaft sind grundlegende Bedürfnisse! Der Wunsch nach Bindung ist *Conditio humana!* Das private Glück steht über allem. Zumindest in Europa. In den USA jedoch, so erklären mir dort praktizierende Psychiater, sei der berufliche Erfolg wichtiger.

Eigentlich geht es beim Ghosting um den Gegensatz zwischen Kontinuität von Beziehungen, Gefühlen und Gedanken einerseits und der unablässigen Suche – manchmal auch Sucht – nach Neuem, nach Veränderung, nach Wandel andererseits. So geht es in diesem Buch auch um die Folgen der Diskontinuität, einer Art nervöser Unbeständigkeit und Wechselhaftigkeit. Am Ende aber hat, wenn wir Pech haben, nichts mehr Bestand.

Wollen wir ein Leben ohne Bestand? – Ich glaube, dass wir uns generell mit dem Verschwinden befassen müssen: Denn es verschwindet ja jede Menge – unsere Lebenszusammenhänge, unsere Naturzusammenhänge, die Tierwelt, die Ressourcen – die Demokratie, wenn es ganz schlecht läuft! Gibt es noch Gewissheiten in der globalisierten und digitalisierten Welt – und welche sind es? Befinden wir uns in einem Zeitalter der Unsicherheit, gar der physischen Auflösung?

Warum also bekomme ich immer häufiger Zuschriften von »Ghosting-Opfern«, die plötzlich und abrupt wortlos von ihrem Partner oder »dem Date« verlassen wurden? Die Zeilen, die ich zugeschickt bekomme, lesen sich nicht weniger dramatisch als die Zuschriften zur »Funkstille«. »Ghosting-Opfer« fühlen sich verletzt und sind schwerwiegend verunsichert. Ihr Selbstbild, aber auch ihre Wahrnehmung, ist getrübt. Haben sie sich alles nur eingebildet? Was hatte man sich erträumt? Was habe ich falsch gemacht? Bin ich nicht liebenswert? Welche Rolle spielten eigene Wünsche und Vorstellungen? Projektionen? War gar alles nur ein Traum? Was ist wahr?

Aber auch diejenigen, die verschwinden, schreiben mir, durchbrechen ihre Sprachlosigkeit, finden also doch Worte. Und vor allem: Es gab sie wirklich. Sie waren keine Geister! Sie haben sich erst dazu gemacht?! Oder sind sie es durch die Umstände geworden? Der Tenor ihrer Zuschriften: *Ich suche. Ich suche nach dem Passenden. Dem Besten.* Der Andere sollte so oder so sein, erfüllte aber meine Ansprüche nicht. Also brach ich ab. Dies oder das habe eben gestört. Wozu das in Worte kleiden? Dank der Digitalisierung sei das virtuelle Regal gut gefüllt. Man müsse nur zugreifen. Passt einer nicht, geht er eben retour. Die Zeilen erinnern an einen Online-Einkauf bei Amazon. Wenn in allen Bereichen das Bestellprinzip gilt, warum nicht auch in Beziehungen?

Sie preisen die Freiheit der Auswahl, wissen aber nicht, wen sie wählen sollen. Und nicht wenige halten, obgleich sie in einer Beziehung leben, weiter nach einem Partner Ausschau. Der »Bessere« oder die »Beste« könnte ja noch kommen. Man muss nur suchen, hart genug daran »arbeiten« – auch an sich. So reihen sich die Suchenden voller Zuversicht in das Regal der Möglichkeiten ein, auch die, die nie die Möglichkeit hatten, zu einer Konsequenz zu werden. Was aber geschieht, wenn die Möglichkeiten zu Mauern werden?

Die Digitalisierung, die Partnervermittlungs- und Dating-Plattformen haben Ghosting als Tool zur Option gemacht, so wie sie aus den Nutzern selbst Optionen gemacht haben. Das Algorithmus-generierte Kennenlernen erfasst nicht mehr, was Annäherung bedeutet. Dating-Plattformen haben die Begegnung, die einst absichtslos geschah, sich bestenfalls magisch einstellte, das vorsichtige Sich-näher-Kommen in ihr Programm eingespeist, berechnet und damit beschleunigt. Denn Zeit hat keiner mehr. Nähe wird auf Knopfdruck produziert, die Auswahl berechnet und der Prozess des Kennenlernens ausgespart.

Die Magie der absichtslosen Annäherung: abgeschafft. Das Flirten: spart man sich. Das vorsichtige Kennenlernen: Es geht auch schneller. Der permanent drohende Ausstieg des Anderen ist ins Programm eingespeist. Gut für diejenigen, die Begegnungen organisieren.

Beim Online-Dating gibt es Vorabinformationen, Berechnungen, Abgleichungen – genannt: Matching. Wird alles uniform? Digitalität verträgt keine Abweichung. Jede graduelle Abweichung gilt als Störung. Der Gesuchte soll dem Profil entsprechen. Tut er das nicht sofort, ist er raus. Dieser Mechanismus hat seinen Weg in die analoge Welt gefunden. Hält eine Begegnung nicht, was sie – oder eben der Algorithmus – versprach, wird sie beendet, bevor sie eine Chance hat, eine wirkliche zu werden.

Anfang, Konsequenz und Ende. All das scheint sich zu verflüssigen, aufzulösen – Auf Begegnungen müssen Konsequenzen folgen, wenn sie mehr werden sollen. Das Ereignis braucht eine Form, um mehr zu werden. »Die Liebenden müssen (...) ein Alltagsleben schaffen und immanenten Widersprüchen standhalten. Deshalb definiere ich die Liebe erstens als Ereignis und zweitens als Prozess. Darin besteht der Sinn von Treue: nicht im subjektiven Sinn des ›Treuseins‹, sondern in der Organisation von Konsequenzen, in der Tatsache, dass meine Entscheidungen auf die Bewahrung von etwas zielen, das einen Anfang gehabt hat«, so der Philosoph Alain Badiou. Doch der über 80-jährige lebte die längste Zeit ohne Internet!

Als ich vor über einem Jahrzehnt damit begann, mich mit dem Verschwinden aus – vor allem familiären – Bindungen, dem abrupten Kontaktabbruch ohne Erklärung, intensiver zu beschäftigen, hat sich vieles verändert, vor allem die Form der Kommunikation, aber auch Erwartungshaltungen. In den neueren Zuschriften finden sich viel mehr extreme Sicherheitsansprüche, gepaart mit einer Form von Hasenfüßigkeit bei gleichzeitigem Geiz. Einem Geiz an Einsatz für den Prozess, der eine Begegnung zu mehr macht, einem Geiz an Gefühlen, Zeit und Ressourcen. Kleinkrämerei bei gleichzeitiger Risikominimierung und gleichzeitig ein Alles-Wollen!

Ein Beispiel: »Ich komme einfach nicht mehr mit. Im Job läuft zwar alles wunderbar. Ich funktioniere, und auch körperlich bin ich topfit. Schließlich mache ich Yoga und ernähre mich gesund. Wende ich aber meine Ansprüche auf einen Partner an, werde ich schnell enttäuscht. Dann breche ich wortlos ab. Der Andere fragt, warum? Aber wozu sollte ich mich erklären? Meist reicht es einfach nicht – jedenfalls nicht für mich. Irgendetwas stört mich immer, macht mich geradezu rasend«, schreibt mir eine Zweiundvierzigjährige. Sie wirkt wie jemand, der allergisch ist auf die Einzigartigkeit des Anderen, die ihr wie ein Makel erscheint. Sie ist überempfindlich. Auf alles. Auf jeden. Gleichzeitig ist sie ungeduldig, unterliegt der Illusion vom perfekten Partner, formuliert unerfüllbare Ansprüche – aber wird sie diesen selbst gerecht? Sie bricht ab, noch bevor sie den Anderen kennenlernen kann. Doch die Verfeinerung von Beziehungen kostet Zeit! Und: Liebe ist Risiko! Auch gibt es keinen Lohn dafür, dass man jemanden liebt, außer die Liebe selbst!

Aktuellen Umfragen zufolge suchen Frauen wie Männer in Beziehungen ›Ruhe und Harmonie‹. »Ruhe und Harmonie« klingt eher nach lauwarmer Wellness oder einschläferndem Wohlbehagen und nicht nach Intensität oder gar Rausch. Und da man nichts mehr wagt, wird berechnet, kalkuliert und verhandelt bis zum Erstickungstod der Liebe.

Der Soziologe Sven Hillenkamp spricht davon, dass wir – er nennt uns zynisch ›die freien Menschen‹ – geradezu »Meister der prä-amourösen Diagnostik, des frühzeitigen Leidenschaftsabbruchs« seien. Niemand spricht mehr mit dem Anderen, nicht jedenfalls, was er könnte, nicht, wie er es könnte. Es wird geschwiegen, bis alles kaputt ist. Ziele werden hinausgeschoben, bis sie unerreichbar werden. Erkennen – Grundvoraussetzung für die Liebe – braucht Zeit.

Zurück bleibt die Verbitterung darüber, auf den Anderen nicht so phänomenal zu wirken wie auf sich selbst. Es verändert sich gerade etwas, was mit Vorstellungen und Erwartungen an den Anderen zu tun hat.

Was passiert ist? – Die Digitalisierung! Das Internet. Und damit die Explosion der Suchmaschinen für die Liebe, Horte der Hoffnung, Sehnsüchte und eben vermeintlicher Möglichkeiten.

»Das Internet ist die ideale Technik für die Idee der unbegrenzten Möglichkeiten. Es ist Massenmedium, nicht nur, weil es Massen erreicht, sondern vor allem, weil es Massen sichtbar macht, selbst erzeugt. Das Internet vollendet den Übergang von der Epoche der Wahl zur Epoche der Auswahl«, so die Analyse des Soziologen Hillenkamp.

Parship-Berater und Psychotherapeut Eric Hegmann dagegen findet es überaus praktisch, dass wir dort, wo wir uns 24/7 aufhalten, nämlich online, auch die Liebe finden können.

Allerdings macht das Internet das Ghosting auch sichtbarer. Ein schöner Widerspruch, denn im Netz taucht der Geist ab, ist aber gleichzeitig auf vielen Plattformen immer noch sichtbar. Ghosting ist auch deshalb so irritierend und kränkend. Und dadurch, dass wir heutzutage sehr viele Möglichkeiten haben, in Kontakt zu treten, fällt es besonders auf, wenn sämtliche Kanäle ignoriert werden. Zurück bleiben digitale Geister.

Die Dating-Plattformen, die sicher auch ihre Berechtigung haben und für manchen die einzige Möglichkeit bieten, mit potentiellen Partnern in Kontakt zu kommen, erleichtern gleichzeitig einen unverbindlichen und auch verantwortungslosen Umgang miteinander. Wir lassen einen Laufsteg der Möglichkeiten an uns vorbei ziehen. Gefällt eine nicht, wird weiter geklickt. So endet mit einem »Weg«, was mit einem »Wisch« begonnen hat.

Die Funkstille ist salonfähig geworden – Das hätte ich nicht für möglich gehalten, als ich anfing, mich mit dem Phänomen zu beschäftigen. Die Funkstille: Nährboden für eine neue Epidemie unserer Zeit?

Nun muss ich gestehen, dass ich zuvor niemals auf einer Dating-Plattform war und daher bei den Recherchen zu diesem Buch fassungslos das virtuelle Treiben auf den Single-Börsen betrachtet habe. Das Vokabular, etwa wenn von »Marktwert« gesprochen wird, verstärkt das Gefühl, dass es bei der Partnersuche um ein Geschäft geht, um eine Investition, eben um eine Börse. Das Überangebot erschwert die Auswahl und täuscht vermeintliche Verfügbarkeit vor. Ist den Suchenden und denen, die gefunden werden wollen, eigentlich bewusst, dass sie nur eine Option unter vielen sind und der Laufsteg der potentiellen Partner extrem lang ist? Das Wartezimmer ist voll!

Und was passiert letztendlich, wenn wir nicht mehr direkt in Konkurrenz zu anderen treten und uns der Konfrontation nicht mehr aussetzen? Wenn wir, sobald es etwas komplizierter wird, verschwinden, wie konfliktfähig sind wir dann noch?

Die unvermeidliche Frage: Hat die Technologie das alles noch schlimmer gemacht? – Ja! Ghosting gilt als *das* Lösungsmittel im technologischen Zeitalter. Das Schweigen ist der unüberhörbare Sound einer Ära der Kommunikationsexplosion.

Was aber passiert, wenn wir uns auf diese Art lösen? Auflö-

sen? – »Ghosting«, schaut man unter die Oberfläche, ist eine Form, die das Zerrissen-Individuelle, das Schwankende, das Ambivalente in uns, in unseren Wahrnehmungen und Empfindungen, beschreibt. Es offenbart das Problem zu vieler – vermeintlicher – Optionen, des andauernden Hin und Hers und damit der Unsicherheit, Unentschiedenheit und Zweifel. Und es zeigt, wie unheimlich es wird, wenn alles zwischen Fakt und Fiktion schaukelt wie auf hoher See, wenn der Horizont bei Wellengang verschwindet, und wie gefährlich es ist, wenn Geschichtsschreibung – die des Einzelnen wie die einer ganzen Gesellschaft – im Ungefähren hängen bleibt.

Und nichts anderes ist Ghosting: ein Verweilen im Ungefähren, im Unklaren, im Status des Nicht-Seins – im Nichts. Ein Sprung ins Ungewisse. Es fehlen die Orientierungspunkte. Der Psychologe und Paartherapeut Wolfgang Hantel-Quitmann assoziiert im ersten Moment Ghosting mit Demenz! Bei der Demenz verschwindet die Person und bleibt nur noch als Körper. Ghosting ist die gewollte Demenz, nur dass hier der Körper verschwindet und der Geist des anderen bleibt. Die permanente Anwesenheit der Abwesenheit quält. Es ist für den Ge-Ghosteten hochgradig problematisch, wenn der andere sich in Luft aufzulösen scheint. Fast ein Substanzverlust. Als löse sich ein Teil des Selbst auf. Als verliere man eine Kraft, die sich auflöst.

Beziehungen werden abgebrochen, bevor sie begonnen haben. Die ungeklärten Dinge beschäftigen uns mehr als begründete Entscheidungen. Wir brauchen geradezu Information, um Unsicherheit zu reduzieren! Wenn Informationen unterbunden werden, schafft dies größte Unsicherheit!

Doch auf die Frage: »Was ist passiert?«, gibt es keine Antwort. Vielleicht wäre die treffendere Frage: Was ist *nicht* passiert? Und ist es vielleicht sogar das, was so trifft?

Und: Was wollen wir überhaupt? Ein Happy-End schon zu Beginn? – Das Happy-End ist eine Erfindung, um sich vom (Er-)Leben zu verabschieden, um gleich zum Ende vorzuspringen.

Der Geist ist aus der Flasche: Ghosting als Kulturphänomen »Die freien Menschen fragen sich jeden Tag, ob sie ihre Beziehung – so sie eine haben – nicht abbrechen sollten. Sie fragen sich jeden Tag, ob sie ihre Freundschaften nicht abbrechen sollten. Sie fragen sich auch, ob ihr Partner, ihre Freunde sich nicht gerade fragen, ob sie die Beziehung, die Freundschaft abbrechen sollten. Sie fragen sich, ob eine andere Beziehung, andere Freundschaften sie nicht mehr erfüllen würden«, so der Soziologe Sven Hillenkamp.

Trennungsträume statt Träume vom Glück – Laut Studien haben 80 Prozent aller *Millenials* (Singles zwischen 18 und 33) die Erfahrung des Ghostings bereits einmal gemacht. Für etwa 95 Prozent der Bevölkerung ist *Ghosting* als Methode, um eine – längerfristige – Beziehung zu beenden, allerdings völlig inakzeptabel. Den Kontakt per Ghosting abzubrechen gilt als eine der am wenigsten wünschenswerten Möglichkeiten, eine Beziehung zu beenden.

Bei ›reiferen‹ Paaren taucht ein ›Partner‹ etwa in einem Drittel der Beziehungen plötzlich ab. In Freundschaften ereignet sich Ghosting mittlerweile sogar in 50 Prozent aller Verbindungen.

Wertvolle, jahrzehntelange Freundschaften werden – nicht selten schlagartig – beendet, weil eine andere Meinung, ein anderer Lebensstil offenbar zu sehr verunsichern oder weil man sich für Menschen keine Zeit mehr nehmen will, die »einem nichts mehr bringen«. Freundschaften werden nach dem Maßstab der Effektivität beurteilt – aber auch hier geht es um *Angst, Scham, Freiheit, Autonomie,*

Unverbindlichkeit und *Bequemlichkeit*. Das sind die Kernbegriffe, die beim Ghosting immer eine Rolle spielen, und davon handelt dieses Buch.

Die paradoxe Korrelation: Die Abbruchmentalität hängt eng mit heftiger Abbruchangst zusammen – Die »Funkstille«, der Kontaktabbruch ohne Erklärung, ist also ein »Zeichen der Zeit«. Wie Menschen miteinander kommunizieren, hat das Internet grundlegend verändert. Die neue Internetkommunikation ist »disruptiv«, hat Branchen, von der Unterhaltung bis zum Einzelhandel, auf den Kopf gestellt. Doch den emotional heftigsten, den »disruptivsten« Effekt hat das Internet dank der Dating-und Partnerschaftsvermittlungs-Plattformen auf die Wahl des Partners.

Das Smartphone ist die virtuelle Bar in der Hosentasche – »Digital Dating« wirkt wie ein riesiges soziales Experiment. Die akuten Folgen sind ein sich völlig veränderndes soziales Verhalten. Ghosting ist nicht zufällig in Zeiten größter Kommunikationsmöglichkeiten entstanden, und Ghosting trifft umso mehr, weil es so viele Möglichkeiten gibt zu sehen, wie dieser »Geist« weiter mit immer neuen und anderen Menschen interagiert – den Verlassenen jedoch ignoriert.

Darauf gehe ich in diesem Buch intensiv ein. Sie finden hier Gespräche, die ich mit Psychologen, Therapeuten, Soziologen und Beratern von Partnervermittlungs-Plattformen geführt habe. Sie alle machen »wesentliche Veränderungen, und nicht nur erfreuliche« im Miteinander ausfindig. Wie sich Menschen heutzutage kennenlernen könnten und wie die Auswahl vollzogen werde, verstärke die Bindungsangst und die Angst vor Kontrollverlust und dem Verlust der Eigenständigkeit.

Hinzu kommt eine Praxis des Miteinanders, die aus der Warenwelt in die Welt der Beziehungen übergegriffen hat.

Welche Sorte soll ich nehmen? Was ist das Besondere? Darf's etwas mehr sein? Ein digitaler Fleischmarkt. Es scheint, als sei die Suche der Sinn. Da muss es doch etwas Besseres geben? Permanente Wiederholung lässt jedoch alles fade werden. Ist ein Zuviel nicht das Gleiche wie ein Zuwenig? Der Mangel, der unzufrieden macht, bleibt.

Verstärkt suchen viele nach dem Perfekten und schließen dabei aus, was den Anderen einzigartig macht. Unvollkommenheiten, Spleens oder auch Neurosen. Eigenarten sind in der von Algorithmen kalkulierten Annäherung nicht vorgesehen. Doch Liebesbeziehungen beruhen auch auf einer Basis, unabhängig von Kritik und Akzeptanz: bedingungslose Annahme. Werden Beziehungen kalkuliert eingefädelt, fehlt genau diese bedingungslose Annahme.

Die Algorithmen bilden den möglichen Kandidaten für die Partnerschaftsbildung ab. Mehr nicht. Alles andere könnte man den Kandidaten überlassen, denn sicherlich gäbe es bei näherem Kennenlernen einiges zu entdecken. Allein Zeit und Geduld scheinen dafür zu fehlen. Nach den ersten Begegnungen wird der Kontakt häufig abgebrochen. Der Andere hält nicht, was er versprach, oder der Suchende ist nicht derjenige, als der er sich auf der Vermarktungsoberfläche im Netz präsentiert hat.

Die Partnervermittlungsplattform »Parship« wirbt großflächig damit, dass sich »alle elf Minuten ein Single über Parship verliebt«. Paare kommen über diese Plattformen tatsächlich zusammen und werden glücklich. Das Versprechen hält der Psychologe Wolfgang Hantel-Quitmann jedoch für völlig nichtssagend: »Wenn Parship damit wirbt, dass sie sagen, alle elf Minuten verliebt sich einer. Was ist denn das für ein Kriterium? Für mich gibt es einen Riesenunterschied zwischen Verlieben und Liebe! Verlieben kann jeder! Es ist das Einfachste der Welt, weil Verlieben, psychologisch gesehen, nichts anderes als eine Idealisierung oder Projektion von Liebes-Sehnsüchten ist. Im Grunde genommen muss der Andere nur stillhalten und das aushalten und versuchen, halbwegs glaubwürdig alles zuzulassen an Projektionen und keine Störfaktoren einzubauen.« So viel zur Oberfläche der Verliebtheit.

Wie eine Beziehung beginnt, so wird sie später oft beendet. Findet die Begegnung ihren Anfang auf einer Dating-Plattform, ist es viel wahrscheinlicher, »ge-ghostet« zu werden oder abzutauchen.

Denn »der Geist ist ja schon aus der Flasche, wenn man damit anfängt, seine Liebessehnsüchte auf Internet-Plattformen zu parken. Das Ganze ist ein Riesengeschäft rund um die Liebes-Sehnsüchte von Menschen und ihre Idealisierung. Da werden Geister sozusagen geschaffen. Ich schaffe den Geist – den von mir selber oder einen idealisierten Geist –, den ich in die Vitrine dieser Datenbanken stelle«, kritisiert Psychologe Hantel-Quitmann.

›Wie man geht‹, ist das überragende Thema auf Dating-Plattformen. Die Menschen suchen eine Anleitung für den Abschied, und gleichzeitig scheint Ghosting auf das Scheitern einer Auseinandersetzung – die nie wirklich stattfand – zu folgen. Fand keine Auseinandersetzung statt, kann das massive Folgen haben – und zwar für den Abbrecher, so der Psychologe Hantel-Quitmann. Am Ende bleibt meist er alleine zurück, oder es entstehen langfristig »Schuldgefühle, die für die verschwundene Person schwer zu verarbeiten sind«.

Auseinandersetzungen sind unangenehm, entlarven eigene Schwächen und kosten außerdem Zeit, die scheinbar effektiver genutzt werden kann – zum Beispiel für die weitere Suche. Und genau diesen Konflikt scheut man: »Ghosting ist einfach und effektiv. Ich verschwende keine Zeit mit Menschen, die mir nicht hundertprozentig zusagen«, so formuliert es ein 50-jähriger Unternehmensberater. Hundertprozentig? Gibt es das? Und muss man nicht Zeit verwenden, um jemanden besser kennenzulernen?

Das Aufkommen von Plattformen wie *Tinder* und der Eindruck, dass immer jemand anderes – buchstäblich – hinter der nächsten Ecke steht, ermutigt die Menschen, eilig zum Nächsten zu ziehen. Sie reagieren so schnell auf den Anderen, dass ein Kennenlernen verpasst wird. Was kaum begann, ist schon vorbei. Die schnelle visuelle Bewertung ist der Treiber.

Wohin das ›Eilig weiter‹ und die ewige Suche nach dem Perfekten führen und warum in Beziehungen ein Umgang wie in der Warenwelt zerstörerisch ist, dazu später ausführlich.

Doch es gibt nicht nur das Ghosting, das plötzliche Abtauchen aus einer Freundschaft oder einer Paar-Beziehung – Heutzutage gibt es zahlreiche Begriffe für hippe »Verabschiedungsformen«, sogenannte »*virtual vanishing acts*«. Früher sprach man von »jemanden hinhalten« oder sich »jemanden warm halten«. Heute nennt man das »*Benching*« (jemanden auf die lange Bank schieben). Es gibt das »*Breadcrumbing*« (immer mal wieder Brotkrumen zuwerfen) oder das »*Stashing*« (verstecken, niemand soll es wissen, dass man eine Beziehung hat). Man zeigt sich nicht mit dem Partner in der Öffentlichkeit und auch nicht auf den Social Media Accounts. Es ist, als ob es den Anderen nicht gäbe. Der Grund: sich weitere Optionen offenhalten.

Das sogenannte »*Orbiting*« beschreibt wie beim Ghosting einen plötzlichen Kontaktabbruch, doch der Abbrecher bleibt über die »sozialen Netzwerke« mit dem Anderen verbunden, hält sich weiterhin in der »Umlaufbahn« des Anderen auf und »liked« sogar dessen Fotos oder Postings. Ein Trend, der ohne Social Media nicht denkbar gewesen wäre. Außerdem gibt es noch das »*Submarining*« (Verschwinden, um irgendwann wieder aufzutauchen) und das »*Love Bombing*«, eigentlich eine Phase des Kennenlernens einer Person mit meist narzisstischen Persönlichkeitsstrukturen. Der neue Kontakt wird auf den Sockel gestellt, bis dieser eigene Wünsche anmeldet. Der Narzisst wird kontrollierend, einnehmend und ziemlich bestimmend. Anfänglich: Zu schön, um wahr zu sein. Dann das reinste Schlachtfeld. Schließlich gibt es noch das beliebte »*Cushioning*«. Man hält sich mehrere Optionen offen und fällt weich, wenn eine Möglichkeit sich nicht als Volltreffer entpuppt. Es gibt das sogenannte »*Firedooring*«, das einseitige Beziehungen beschreibt, »das Cloaking«, das Verbergen jeglicher Kontaktmöglichkeiten und Löschen vergangener Kommunikation auf verschiedenen Apps. Die Person verschwindet auf allen Kommunikationswegen, sodass der Andere nicht einmal nachfragen kann usw. Die Liste könnte noch Seiten füllen.

Es gibt also unendlich viele Einordnungs-Versuche mittels dieser Anglizismen. Und weil mit diesen Umgangsformen niemand glücklich ist, hat sich bereits eine nettere und etwas respektvollere Form des Ghostings ausgebreitet, die im Netz fast schon als Lösung zelebriert wird: Das sogenannte *Caspering* – die spaßig-freundliche Form des Verabschiedens, die nicht ganz so wehtun soll.

Natürlich sind das Etiketten, dem Hang folgend, trendige Begriffe zu kreieren, die man nicht überbewerten sollte. Stillosigkeit und Empathiemangel werden durch hippe Labels ersetzt. Geschmacklosigkeit wird so zu einer besonderen Art, Geschmack zu beweisen.

Manches davon sind neu verpackte Spielarten der ›Funkstille‹. Gleichzeitig versucht man, ein Phänomen zu benennen, das vor 15 Jahren noch nicht einmal in den Praxen der Psychologen und Therapeuten als Problem erkannt wurde oder im besten Fall als »Zigaretten holen« bekannt war. Es geht um wesentlich mehr als um Phänomene, die längst bekanntes Verhalten in hippe Worte kleiden, denn diese neuen digitalisierten Verabschiedungsformen sind zunehmend alltäglich und viel bequemer geworden. Dies ist auch möglich, weil es ohne ein gemeinsames soziales Umfeld und gemeinsame Freunde wesentlich einfacher geworden ist zu verschwinden, ohne Rechenschaft über sein Handeln geben zu müssen. Im Gegenzug ist es im 21. Jahrhundert fast unmöglich, restlos zu verschwinden: Wir alle hinterlassen mediale Spuren, die sich nicht tilgen lassen.

Dating-Phänomene sind Schutzreaktionen vor Verletzungen – »Diese Dating-Phänomene sind Schutzreaktionen vor Verletzungen«, erklärt Eric Hegmann, Parship-Berater: »Die Täter sind Opfer der eigenen Unsicherheit und ihres Bindungsverhaltens. Sie handeln nicht immer vorsätzlich, doch auch Fahrlässigkeit schützt nicht jene, die auf der Wartebank sitzen. ›Cushioning‹ und ›Benching‹ sind, wie alle bekannten Dating-Phänomene, von Furcht geprägt. Entweder von Bindungsangst oder von Verlustangst. Bindungsangst und Verlustangst sind zwei Seiten derselben Medaille: Es geht dabei um verletzten Selbstwert. Bindungsangst sucht Schutz vor Verletzungen, die durch Nähe entstehen könnten, und Verlustangst sucht Schutz durch einen vermeintlich starken Partner. Nach meiner Beobachtung in der Praxis haben die Verhaltensweisen, die durch verletzten Selbstwert geprägt werden, in den vergangenen 20 Jahren deutlich zugenommen«, so der Therapeut. Sind wir sensibler, ängstlicher, aber auch rücksichtsloser geworden, weil wir enge Beziehungen und vertraute Nähe fürchten? Auch dazu später mehr.

Funkstille ist Überlebensinstinkt und stille Rebellion, Ghosting Abstand ohne Auflehnung – Die »Funkstille«, wie ich sie bisher verstand, war eher ein Impuls, ein *Überlebensinstinkt.* Eine *stille Rebellion. Ghosting* dagegen ist *Abstand ohne Auflehnung.* Beim Ghosting gibt es oft den einen Auslöser, der auch eigentlicher Grund für den Bruch sein kann, bei der Funkstille ist der Abbruch dagegen nur der Moment der Entladung.

Die apokalyptischen Reiter einer drohenden Trennung – Verschwinden in der Beziehung, auf Abstand gehen, sich zurückziehen – das sind die Hauptprobleme in Beziehungen. Der US-Psychologe John Gottman spricht von den vier Kommunikationssünden, die zur Trennung innerhalb einer Partnerschaft führen, von den sogenannten *apokalyptischen Reitern*, als da wären:

1. *Kritik*: Schuldzuweisungen und Anklagen, die ihren Höhepunkt in einer generellen Verurteilung des Partners finden.
2. *Abwehr/Verteidigung mit Rechtfertigung* (und Verleugnung der eigenen Anteile), die den Konflikt aufrechterhalten.
3. *Verachtung* und *Geringschätzung* des Partners.
4. *Mauern* ist nach Einschätzung von John Gottman der schlimmste apokalyptische Reiter, die vierte »Sünde«. »Mauern« bedeutet, die Schotten zu schließen und ein kommunikatives U-Boot zu werden, das auf der Oberfläche der Beziehung nicht mehr zu sehen ist, aber die Beziehung torpediert, meist schweigend. Mauern bedeutet Rückzug und Schweigen.

Ghosting ist Mauern, der schlimmste apokalyptische Reiter – Man baut Mauern auf, nichts dringt mehr durch, nichts kommt mehr an. Schweigen mag manchmal vielleicht die effektivere, wenn auch brutalere Art sein mitzuteilen, dass die Beziehung gestört ist. Ghosting hingegen teilt mit, die Beziehung – der Andere oder gar man selbst – habe gar nie existiert! Was in unseren Wahrnehmungen und Empfindungen schwanken lässt, was in uns ambivalent ist, was uns zerreißt, dieses dauernde Hin und Her unserer Gefühlswelten, versuche ich auf den folgenden Seiten zu erhellen.

Ghosting und die Folgen – Posttraumatische Verbitterungsstörung – Auch für dieses Buch hatte ich Gelegenheit, mit vielen Betroffenen zu sprechen, den Verlassenen, die darunter leiden, dass der Andere sich geradezu vaporisiert hat. Ich treffe Zurückgebliebene, die sich künftig vor solchen Erfahrungen schützen wollen, indem sie sich nicht mehr in Beziehungen wagen. Fachleute sprechen dann von einer Posttraumatischen Verbitterungsstörung. Im 5. Kapitel »Wie uns das Leben unter die Haut geht« erkläre ich dieses Phänomen genauer.

Ghosting, Ghoster und die große Beziehungsangst – Ich treffe aber auch die sogenannten »Geister«, die offen über ihr Innenleben berichten. Die Interviews mit den »Geistern« erhellen, warum jemand sich plötzlich »in Luft auflöst«. Es sind meist Geschichten vom Verlieren und Suchen, seltener vom Finden. Dabei suchen viele nicht nur die große Liebe, sondern, so Hantel-Quitmann: »Sie wollen als große Liebe des Lebens erkannt werden. Sie wollen selber eine sein!« Dass Liebe und Leid zusammen gehören, will niemand sehen. Und: Die Abwehr des Einen nährt die Leidenschaft des Anderen. Sich auf dieses Spiel einzulassen scheint vielen zu riskant. Man will ja auf keinen Fall Verlierer sein. Also: Vorsicht!

Paarbeziehungen: der wesentlichste Motor für unsere persönliche Entwicklung – »Es scheint, als lebten wir heute in einer Gesellschaft, die kollektiv zwischenmenschliches Agieren extrem schwierig macht, obwohl wir wissen, dass das Wunder der Nähe im Hinblick auf die Verbesserung unserer Lebensqualität wirkt«, so der italienische Molekularbiologe Giovanni Frazetto, der wie seine Landsfrau Michela Marzano, Philosophin, in den folgenden Kapiteln noch einige Male zu Wort kommen wird. Auch der Paar- und Familienpsychologe Professsor Hantel-Quitmann hilft, wie schon in meinen vorherigen Büchern, das Phänomen einzuordnen und darüber hinaus das schwierige Geflecht der Beziehungen zu entwirren. Er betont, dass »Paarbeziehungen der wesentlichste Motor für unsere persönliche Entwicklung« sind und hält Ghosting, wie viele seiner Kollegen, für eine »Bewältigungsstrategie von Ängsten«.

Lisa Fischbach, Psychologin, *ElitePartner*-Beraterin und Autorin der Studie »So liebt Deutschland«, kann erkennen, dass Frauen genauso häufig »ghosten« wie Männer und Jüngere häufiger »ghosten« als Ältere. Zwar sei das Ideal, mit einem Partner ein Leben lang zusammen zu bleiben, auch bei den jüngeren Menschen ungebrochen, doch die Erwartungen an Beziehungen seien gestiegen. Der Partner müsse alle Rollen abdecken, solle etwa ein guter Freund, ein Förderer sein, emotional wie finanziell unterstützend, aber auch erotische Bedürfnisse erfüllen. Eine idealisierte Phantasiegestalt.

Eine dauerhafte Bindung erfordert aber, genau diese Phantasievorstellungen über Bord zu werfen und den Anderen als den zu akzeptieren, der er ist, mit allen Fehlern und

Schwächen. Realismus ist in Beziehungen gefragt – in der Liebe noch mehr als anderswo! Denn die Verkennung der Realität ist ein Gratisabonnement für Beziehungsvermeidungstaktik. Genährt wird sie vom Märchen des richtigen – des einen – Partners, von hollywoodesken Vorstellungen, in denen das Schicksal zwei Menschen zusammenbringt. Was nach dem Abspann passiert, wenn der Alltag in die kitschige Liebesverklärung einbricht, bleibt im Dunkeln. Der Therapeut und Parship-Berater Eric Hegmann spricht von einer »Disneyfizierung von Beziehungen«.

Einen spannenden Einblick in die merkwürdige Art der Amerikaner, die das wortlose Verlassen und Weitergehen fast schon zum Leitbild erhoben haben, gibt uns der renommierte US-Psychiater Markus Horvath. So sei es in den USA eine Tragödie, wenn man seinen Traum nicht verwirkliche, denn die Karriere sei wichtiger als die Beziehung.

Auch freue ich mich, dass Mirko Bonné, Autor phantastischer Werke wie »Lichter als der Tag« oder »Wie wir verschwinden«, uns seine poetische Sicht auf das Verschwinden nahe bringen wird. Bei ihm wird das Verschwinden zur Poesie! Die Schriftstellerin Anne von Canal hat in »White Out« oder »Der Grund« Funkstille im Roman verarbeitet. Mich freut es ganz besonders, dass mein ehemaliger Deutschlehrer, der Autor (»Rockin' Rausch«) und Journalist Andel Müller, sich Zeit für ein Interview genommen hat.

1. Kapitel

Geister und Ent-Geisterte

Ghosts. Über das Wesen desjenigen, der wortlos verschwindet

Beginnen möchte ich mit denen, die verschwinden, weil sie das größere Rätsel aufgeben, Fragen aufwerfen, aber keine Antworten geben. Ihre einzige Antwort ist das Schweigen. Wer zurückbleibt, hat die Aufgabe, dieses Schweigen zu dechiffrieren. Die Stille, die die Ghosts hinterlassen, wird mal als notwendig hingestellt, mal sogar mit Notwehr gerechtfertigt. Und natürlich gibt es auch gute Gründe für ein plötzliches Abtauchen. Diese Gründe werden wir uns genauer anschauen.

Immer mehr Menschen entziehen sich jeglicher Erklärung, wenn sie eine Beziehung beenden wollen – diese Tendenz bildet sich nach meinen jahrelangen Gesprächen immer mehr heraus. Dabei werden weder die Probleme registriert, die sich für die Verlassenen ergeben, noch die eigenen. Machen Abbrecher jedoch selbst die Erfahrung des Ghostings, dreht sich ihre Meinung um 180 Grad. Das sei ja das Schlimmste, was einem passieren könne, heißt es dann.

In der »Funkstille« war der Abbrecher meist in großer Not, fühlte sich in seinen Bedürfnissen nicht wahrgenommen und häufig nicht auf Augenhöhe mit dem später Verlassenen. Er schützte sich vor Grenzüberschreitungen, vor alten und neuen Ängsten, vor Überforderung. Darüber habe ich mit Hilfe von Betroffenen ausführlich in »Funkstille« und »Der Sturm vor der Stille« berichtet. In diesem Kapitel soll daher nicht noch einmal ausführlich auf die Gründe des Abtauchens eingegangen werden. Für jene Leser, die die beiden Titel nicht kennen, fasse ich hier nur kurz zusammen. Bei der »Funkstille« besagt das Schweigen: Bitte höre, was ich nicht sage! Ich bin auf der Suche, muss nachdenken, und dazu brauche ich Zeit, Ruhe, Stille. Der Andere wird dabei ausgeblendet, muss ausgeblendet werden, sonst kann der, der sich neu sortieren möchte, nicht ganz bei sich sein.

»Ghosting« hingegen scheint auf den ersten Blick die ungeduldigere, kompromisslosere und konsequentere Variante des Schweigens zu sein. Dieses Schweigen schützt vor Verletzungen und unschönen Erkenntnissen, es hilft zu verdrängen und verhindert anstrengende Auseinandersetzungen – nicht zuletzt mit sich selbst. Diese Konsequenz ist nicht zwangsläufig bewundernswert!

»Wenn das, was ich mir wünsche, mit der Realität konfrontiert wird, wenn es zu Unstimmigkeiten in der Beziehung kommt oder auch nur ein Ungleichgewicht entsteht, dann klinke ich mich aus«, schreibt mir der Dreißigjährige Nils. Negative Gefühle taktvoll zu artikulieren ist nicht jedermanns Sache. Doch es bleibt die Frage: Was, wenn wir nicht mehr in der Lage sind, ein Ungleichgewicht, unterschiedliche Meinungen und Kontroversen auszuhalten beziehungsweise auszutragen?

Es lohnt sich, den Wortschatz der »Ghosts« etwas genauer unter die Lupe zu nehmen. In ihren Wortmeldungen wird von ›Projekten‹ gesprochen, vom ›Checken‹, von Veränderung und Entwicklung. Oft wirken die Abbrecher in ihren Erklärungen unruhig, gehetzt und unsicher. Dabei werden Bekanntschaften sogar mit Produkten beziehungsweise deren Werbung verglichen. So etwa heißt es: »Ich bin froh, dass es so viele Möglichkeiten gibt, einen Kontakt zu unterbinden. Die Funktion der Anrufsperre zum Beispiel ist wirklich eine wunderbare Sache. Ich nutze sie für nervtötende Vermarkter, aber auch für aufdringliche Dater. Da mache ich gar keinen Unterschied.« Es scheint die Ansicht zu herrschen, dass Menschen wie Ware behandelt werden können, wenn sie sich auf den Datingplattformen als solche anbieten. Jeder wird zur Möglichkeit, zur Option. Und jeder kann aussortiert werden – zum Objekt einer »Nicht-Wahl« werden.

Doch ganz so einfach ist es dann offensichtlich doch nicht, werden doch in den internationalen Medien, insbesondere in den USA, fast täglich Beiträge veröffentlicht, in denen versucht wird, das Ghosting als ein legitimes Verhalten zu rechtfertigen. So etwa sei das Ghosten ›in Ordnung‹, wenn man den Anderen im realen Leben noch nicht getroffen hat, also zuvor nur virtuell kommuniziert wurde. Man habe ja noch nicht viel in diesen Kontakt ›investiert‹, was spreche also dagegen, ein unschönes Drama zu vermeiden? »Wenn dein erstes Date oder Treffen ein totales Fiasko ist, kannst du abbrechen, ohne die andere Person dies wissen zu lassen. Wenn jemand aufdringlich und übergriffig ist, solltest du lieber das Weite suchen. Das brauchst du nicht mal zu erklären. Offenbar braucht diese Person einen Realitätscheck, und das ist nicht dein Job!« – so etwa lauten einschlägige Tipps in den US-Medien. Auch sei es vollkommen akzeptabel zu »ghosten«, wenn die andere Person gelogen hat, wenn man ihre Gefühle nicht erwidert oder die Person nicht bereit ist, offen über die Beziehung zu diskutieren.

An diesen Beispielen wird deutlich, wie einseitig Ghosting diskutiert werden kann. Es gibt allerdings auch Abbrecher, die sich ihrer eigenen Widersprüchlichkeit bewusst sind: »Ich schließe oft die Kommunikationskanäle, von denen ich erwarte, dass sie aufrechterhalten werden.« Ein anderer »Ghost« schreibt offen und klar: »Ich trenne mein Bedürfnis nach einer festen Bindung strikt von der Lust auf ein unverbindliches Treffen. Ich erwarte nichts, und ich gebe nichts.« Die Trennung zwischen reinem Vergnügen und einer festen Bindung hilft offensichtlich, sich in der Fülle der vermeintlichen Möglichkeiten zu orientieren.

Das Ghosting wird der Begegnung zwischen zwei Individuen kaum gerecht – und erst recht nicht ihrer Komplexität. Ist also »Ghosting« eine unreife Form der Konfliktvermeidung? »Ganz klar«, so der Psychologe Hantel-Quitmann: Man schütze sich kurzfristig, aber lerne langfristig nichts dazu. Konfliktlösung gelte in der Psychologie als eine »Fähigkeit der reifen Persönlichkeit. Sofern Konflikte lösbar sind, sollte man dies versuchen.« Manche Konflikte seien allerdings »nur schlecht oder gar nicht lösbar, insbesondere, wenn beim Anderen keine Möglichkeiten der Selbstreflexion bestehen und die Verantwortung oder Schuld abgestritten oder an andere verwiesen wird. Insofern ist Ghosting eine Ultima ratio.«

Natürlich ist man nicht zwangsläufig verpflichtet, eine ausführliche Begründung zu liefern, wenn man einen Kontakt abbricht. Der Paartherapeut und Parship-Berater Eric Hegmann beschreibt in einem Beispiel aus seiner Praxis, wie sehr die eigene Wahrnehmung den Blick auf die Realität verstellen kann. Eine Dame hatte hier über ein Jahr lang Briefe und Mails an einen Kontakt geschickt, ohne jemals eine Antwort zu erhalten. Schließlich beklagte sie sich in einem weiteren Brief wütend über das angeblich unmögliche Verhalten ihres Schwarms. War das nun Ghosting, oder kam die Botschaft, dass der Andere kein Interesse hatte, einfach nicht bei ihr an? Hegman fragt daher zu Recht: »Ist man verpflichtet, auf jeden Versuch der Kontaktaufnahme einzugehen? Am besten mit einer detaillierten Erklärung, weshalb man den Kontakt nicht vertiefen möchte?«

Die Wahrnehmungen gehen hier offensichtlich deutlich auseinander. Gleichwohl zeuge es von Respekt dem Anderen gegenüber, ihm gegebenenfalls zu erklären, warum man den Kontakt abbricht. Dies jedenfalls galt früher als ungeschriebenes Gesetz.

Mit dem Online-Dating hat sich der Markt der Begegnungen dann allerdings stark gewandelt. Das bestreitet auch Parship-Berater Hegmann nicht: »Ein drittes Date ist aber kein Ehe-Versprechen.« Da müsse man sich also auch nicht rechtfertigen. Ein regelmäßiger Online-Dater erklärt: »Wenn ich sofort erkenne, dass wir nicht zusammen passen, dann investiere ich doch nicht in ein weiteres Date, und wenn ich ehrlich bin, investiere ich auch nicht in eine Begründung. Ich muss der anderen Person diesen Gefallen nicht tun.«

»Doch!«, meint die 45-jährige Schweizerin Ursula, die sich nach einer langen Beziehung nun zum ersten Mal auf dem Dating-Markt umschaut. »Wenn man nach dem Date kein Interesse hat, muss man das höflich sagen. Alles andere ist feige!« Das gehöre zu den elementaren sozialen Fähigkeiten. Der Respekt verlange es einfach, sich zu erklären, auch bei unverbindlichen Begegnungen und erst recht bei langjährigen Beziehungen. Nicht jede Verbindung wird von beiden gleich intensiv erlebt:

»Viele Langzeitpaare sind sich sicher, einander bestens zu kennen. Das ist aber oft ein Trugschluss, der sich in dem alten Scherz zeigt: ›Warum hast du mir zwanzig Jahre lang nicht gesagt, dass dir dein Lieblingsessen nicht schmeckt?‹« Doch auch junge Paare seien betroffen, so Hegmann. Oft höre er Sätze wie »Ich kenne dich besser als du selbst«, was so viel heiße wie »Ich weiß besser als du, was für dich gut ist.« – eine durchaus gefährliche Haltung, so der Therapeut. Gedanken könne man schließlich nicht lesen, sondern nur benennen und austauschen. Nur so sei ein Dialog überhaupt möglich. Alles andere sei »vermessen« oder »übergriffig«, warnt Hegmann.

Ghosting findet in verschiedenen Abstufungen statt und wird entsprechend unterschiedlich aufgenommen. Vom noch geradeso »akzeptablen« Abbruch eines Kontakts nach wenigen Dates bis hin zum als »grausam« empfundenen völligen Ignorieren aller Nachrichten und Anrufe nach einer längeren und intensiven Beziehung ist alles möglich.

Oft wird schon zu Beginn einer Beziehung der Kontakt wortlos abgebrochen. Je nach Vorgeschichte und Prägung kann dies jedoch auf beiden Seiten zu gravierenden und langfristigen Schäden führen. Dazu mehr im fünften Kapitel.

»Ghosting« hat verschiedene Gesichter. Einerseits gilt es als Ausdruck von Feigheit, andererseits als eine gnadenlose Form der Rache. Die Geschichte einer Frau, die ihre Erlebnisse beim US-Online-Portal »Reddit« postete, war ein viraler Erfolg. Nach fünf Jahren Beziehung verschwand sie wortlos. Hier ihre Begründung: »Ich kam eines Morgens zu ihm nach Hause, um ihn mit Frühstück und einem Videospiel zu überraschen. Ich fand ihn nackt, schlafend, seine Ex in den Armen. Er hat mich nicht kommen hören, also habe ich seine Schlafzimmertür geschlossen und sein Frühstück und das Video-Spiel zusammen mit meinem Schlüssel zu seinem Haus auf den Küchentresen gelegt.« Anstatt ihren Freund aufzuwecken und ihn zu konfrontieren hinterließ sie deutliche Zeichen, dass sie dort war und ihn auf frischer Tat ertappt hatte. »Ich ging zu meinem Auto, sperrte ihn bei Facebook und allen anderen sozialen Netzwerken. Dann rief ich meinen Telefonanbieter an, um meine Nummer zu ändern. Ich schrieb Familienmitglieder und enge Freunde an und informierte sie darüber, dass wir nicht mehr zusammen waren. Ich habe ihnen nicht gesagt, warum.«

Sie beendete sogar den Mietvertrag ihrer Wohnung und suchte sich einen neuen Job in einer anderen Stadt. Es gab keine Möglichkeit für ihren Ex-Freund, Kontakt aufzunehmen. »Ich hinterließ keine Spur und gab ihm weder eine Erklärung noch die Möglichkeit, miteinander zu sprechen«, berichtete sie der anonymen Netz-Community. »Ich bin nach dem Betrug aus seinem Leben verschwunden.« Der Thread ist voller positiver Kommentare. Der beliebteste unter ihnen war übrigens: »Welches Video-Spiel hast du zurückgelassen?«

Dieses Ghosting nach einer fünfjährigen Beziehung erscheint konsequent und nachvollziehbar, allerdings hilft es nur vordergründig. Denn eine Auseinandersetzung hätte ihr vermutlich mehr gebracht als die Flucht. Warum hatte er sie betrogen? Sollte man nach fünf Jahren Beziehung nicht in der Lage sein, miteinander zu reden? War das spurlose Verschwinden tatsächlich der richtige Weg? Und auch wenn das Netz Beifall klatscht: Aufgearbeitet wurde durch das Abtauchen sicher nichts, selbst wenn die Gründe der Betroffenen in diesem Fall nachvollziehbar sein mögen.

Problematischer ist es, wenn kein offensichtlicher Grund für das Verschwinden vorliegt. Es wirkt mehr als verunsichernd, wenn sich der langjährige Partner mit einem »Bis gleich, ich freue mich auf heute Abend« verabschiedet und nie wieder auftaucht.

So erging es Clara. Sieben Jahre wohnte sie mit ihrem Freund Julius zusammen. Sie waren beide Mitte 30, auch über Kinder hatten sie bereits gesprochen. Sie verreisten zusammen, galten als das perfekte Paar. »Ich dachte, wir wären glücklich, hätten eine gemeinsame Zukunft. Ich habe ihn nie zu irgend etwas gedrängt. Er war immer sehr verbindlich, las mir jeden Wunsch von den Lippen ab. Wir stritten kaum.«

Am Tag, als er aus ihrem gemeinsamen Leben verschwand, wollten sie am Abend mit Freunden ins Kino gehen. »Ich kam nach der Arbeit nach Hause. Julius war nicht da. Mir fiel erst gar nicht auf, dass etwas anders war in der Wohnung. Ich wartete, sagte den Freunden, dass sie ohne uns ins Kino gehen sollten und wir später auf einen Drink nachkommen würden.« Daraufhin versuchte sie, ihren Freund telefonisch zu erreichen. »›Diese Rufnummer ist nicht vergeben‹, hieß es immer wieder. Sicher ein Fehler, dachte ich. Es wurde später. Ich ging ins Bett. Am nächsten Morgen war er immer noch nicht da. Immer noch nicht erreichbar. Ich zog mich an und bemerkte jetzt erst, dass seine Kleidung nicht mehr im Schrank hing.« Mit ihm waren auch alle Dinge verschwunden, die ihm gehörten. »Langsam dämmerte mir, dass etwas ganz und gar nicht stimmte. Doch ich konnte es nicht glauben. Ich sah unser Foto an der Wand und dachte, dass ich jetzt auf der Stelle verrückt werden würde. Das kann doch nicht wahr sein!«

Je länger sie auf das Bild starrte, desto unschärfer wurde es. Doch es war eine Tatsache. Er blieb wie vom Erdboden verschluckt. Freunden gegenüber sprach er von einer Geschäftsreise nach Asien. Die Eltern wussten von nichts.

Claras Geschichte ist nicht untypisch für den plötzlichen Abgang eines Partners. Wie sich später herausstellte, hatte Julius sein Verschwinden minutiös geplant. Den Vertrag mit dem Telefonanbieter hatte er schon lange Zeit im Voraus gekündigt, ebenso wie sein Konto bei der gemeinsamen Bank. Und selbstverständlich gab es auch in den sozialen Netzwerken keine Spur mehr von ihm. Für Clara begann eine schwierige Zeit. Das, was am stärksten verbittert, ist das Gefühl des Verlassenseins. Sie fühlte sich wie ausradiert. Häufig dachte sie, dass sie sich die Beziehung nur eingebildet hatte. Sie traute ihrer eigenen Wahrnehmung nicht mehr. Er hatte durch sein »Ghosting« das Selbstbewusstsein einer erfolgreichen und stets positiv gestimmten Partnerin bis auf die Grundfesten zerstört. Sie würde sich von diesem wortlosen Abgang lange nicht erholen. Der Schiffbruch war total.

»Ghosting« gilt als die perfekte Flucht. Es habe eine geradezu befreiende Wirkung: »Ich befreie mich von Verbindungen, die mich langweilen, einengen oder verletzen«, erklärt mir eine fünfzigjährige Abbrecherin, die Beziehungen, auch längere, immer mit einem plötzlichen Abtauchen beendet. »Sicher, ich hinterlasse verbrannte Erde. Aber warum sollte mich das kümmern, denn diesen Teil der Erde werde ich nie wieder betreten. Ich komme damit klar, dass ich als die Böse gelte.«

Der Soziologe Sven Hillenkamp inszeniert in seinem Buch »Das Ende der Liebe« ein ›Gespräch‹ über ein Lieben ohne Morgen. »Der Mann sagt: ›Du hast Recht, gehen wir. Wir können uns ja vom Zwang befreien, indem wir nach der Nacht den Kontakt abbrechen.‹ Die Frau sagt: ›So wird es sein. Wir werden uns alles geben, sogar die Hoffnung. Dann werden wir uns aus dem Weg gehen.‹«

Hillenkamp ist der Auffassung, dass unser Freiheitsdrang oftmals das Gegenteil bewirke. So gebe es zwei Gegner der Liebe: »Der eine hat die gesamte Geschichte hindurch die größte Beachtung gefunden; Dramen, Romane, Filme handeln von ihm. Es ist der Zwang – der *Zwang* der Familien, der Kirchenoberhäupter, der weltlichen Herrscher, der Gesellschaft.« Die Liebe sei stets durch höhere Gewalten, Interessen und Abhängigkeiten behindert worden. Der andere Feind hingegen sei kaum wahrgenommen worden und im Übrigen auch nicht von Anfang an dagewesen. Er gelte vielmehr als ihr Begründer und »lenkender Geist«. Zum Feind sei er erst später geworden. Es handelt sich um die Freiheit.

»Die Liebe kann nicht nur an ihren Unmöglichkeiten scheitern, sondern auch an ihren Möglichkeiten, nicht nur an fremden Interessen, auch an den Interessen der Liebeswilligen, an *den Liebesinteressen*, nicht nur an höheren Gewalten, auch an der Gewalt eines sich als frei und originell verstehenden Bewusstseins.« Die Liebe werde in dieser Epoche der unendlichen Freiheit und der unbegrenzten Möglichkeiten unmöglich gemacht. In den vielen Zuschriften Betroffener wird deutlich, dass viele Menschen mit der vermeintlichen Freiheit, aus einem schier unüberschaubaren Angebot wählen zu können, überfordert sind. Es fällt ihnen schwer, sich festzulegen: Sie haben Angst, sich falsch zu entscheiden oder etwas Besseres zu verpassen.

Nun gibt es aber auch Menschen, die durchaus die Macht des Schweigens kennen und das Auf- und Abtauchen als Manipulationswerkzeug benutzen. Man hält bewusst Informationen zurück, um so – unauffällig, aber geschickt – die Bedingungen in der Paarbeziehung oder in Freundschaften zu diktieren. Über toxische Paarbeziehungen habe ich bereits ausführlich geschrieben. ›Perverse Kommunikation‹

nennt die Psychoanalytikerin Marie-France Hirigoyen diese Form der manipulativen und machtorientierten »Kommunikation«. Dies sind Beziehungen, die gern von Menschen mit narzisstischen Zügen geführt werden. Oft spielt dabei die Vorwegnahme des geahnten Verlustes eine Rolle. Daher ist diese Variante der Kommunikation eine angstgesteuerte. Hier wird das Schweigen als Machtmittel eingesetzt, als eine Rebellion gegen den befürchteten Liebesverlust, gegen das Vorab-schon-nicht-mehr-gesehen-Werden.

Auch hier ist die Ursache des Verhaltens Angst. Menschen mit Bindungsängsten tauchen besonders häufig wortlos ab. Es mangelt ihnen an Vertrauen und Verantwortungsbewusstsein für den Partner, für die Beziehung. Für sich. Verantwortung bedeutet auch: seine Gefühle auszudrücken, nichts zu versprechen, was man nicht halten kann, ehrlich zu sein. Verantwortung bedeutet ebenso: nicht einfach wegzurennen, wenn man Angst hat. »Ich habe den Eindruck, dass nur ganz wenige Therapeuten mit dem Bindungsverhalten wirklich arbeiten.« Es kämen viele Menschen in seine Praxis, die infolge einer Trennung traumatisiert seien oder immer wieder in dieselbe Schleife geraten und regelrecht nach Fehlern suchen, dann in Panik geraten und weglaufen, so Hegmann.

Auch die Unentschlossenen, die stets Ausschau nach etwas Besserem halten, sind letztlich Opfer ihrer Angst. Oft handelt es sich hier um Männer über 40, die sich fragen, wer sie eigentlich sind und was sie vom Leben wollen. Es sind Menschen auf der Suche nach sich selbst. Dahinter kann ein narzisstischer Impuls stecken, der mit Unsicherheit und der Sucht nach Anerkennung verbunden ist.

»Ich gehe mittlerweile davon aus, dass Menschen einen Kontakt, den sie vorher noch ganz toll gefunden haben, plötzlich abbrechen, weil sie ein sehr niedriges Selbstwertgefühl mit sich rum tragen. Sie können nicht glauben, dass einer sie so mag, wie sie sind. Dass sie sein dürfen, wer sie sind.« So die Zuschrift eines Betroffenen, der damit nicht ganz falsch liegt. Die Flucht kann zum Lebensprinzip werden. »Dabei hinterlassen sie allerdings nicht nur bei sich selbst, sondern auch beim Gegenüber riesige emotionale Bombenkrater.« Unsicherheit wiederum kann ein Zeichen für ein gestörtes Selbstwertgefühl sein. Sie verhindert Beziehungen, bevor diese eine Chance haben, sich zu entwickeln. Es gibt kein Vertrauen, eine gemeinsame Zukunft aufbauen zu können. Daher wird lieber beendet, was noch nicht einmal begonnen hat – aus Angst vor dem Ende. Dies mag absurd anmuten. »Es gibt keine wirklichen Sicherheiten in diesem Leben. Wir alle stochern in gewisser Weise im Nebel. Aber wenn wir damit beginnen, zunächst uns selbst zu vertrauen, dann werden wir uns auch immer weiter in Richtung Sicherheit und Stabilität bewegen. Und das geschieht durch eine aufrichtige Hingabe an uns selbst und an die Menschen in unserem Umfeld.«

Dies rät der verstorbene Soziologe und Philosoph Zygmunt Bauman. Es gäbe letztlich zwei essenzielle Werte: Freiheit und Sicherheit. Sicherheit ohne Freiheit ist Sklaverei. Freiheit ohne Sicherheit ist das totale Chaos. Wir benötigen beide Dimensionen, um in unserem Leben zu einer gesunden Balance zu finden. Doch das sei nicht so einfach. Manche Menschen fühlen sich blockiert durch die vielen Möglichkeiten, die sie zu einer Entscheidung zwingen. Manche verlieren sich auf ihrer Suche, und andere wüten, weil sie ihr verletztes Inneres nicht nach außen bringen können. Leander (44) ist einer von ihnen. Ich treffe ihn in einem kleinen Café. Er hat mir zuvor über einen längeren Zeitraum in größeren Abständen geschrieben. Der Austausch war stockend, wenn auch vielsagend. Aber irgendwie ging es nicht voran. Die meisten Gespräche mit den sogenannten »Geistern« führe ich über E-Mail oder Skype.

Viele Menschen, die eine Verbindung abbrechen, die abtauchen oder verschwinden, berichten von tiefen seelischen Verletzungen, die zum Teil weit zurück liegen. »Ghosting« ist also nicht bloß ein Phänomen unserer Zeit. Die Angst vor Nähe gibt es schon viel länger, Beziehungsunfähigkeit und Bindungsstörungen ebenso. Häufig liegen die Ursachen in der Kindheit. So auch bei Leander. Erstaunlich dabei ist, dass er sich trotz seiner großen Zurückhaltung dennoch zu einem persönlichen Gespräch bereit erklärt. Er will allerdings anonym bleiben. Die Angst, dass Worte ihn verraten könnten, scheint groß. Er möchte sich abschotten.

Seine Geschichte beginnt scheinbar harmlos: Er war ein glückliches Kind – dachte er jedenfalls. Doch er erinnert sich nur ungern an die Kindheit. Er berichtet davon nie in der Vergangenheitsform. Später flieht er, weder zaudernd noch grübelnd, sondern wortlos, von einer Beziehung in die nächste, den Planeten durchpflügend von einem Ort zum anderen. Er rückt Distanz und Zeitverschiebung zwischen sich und die Zurückgelassenen. Ein Obdachloser auf einem sicheren Polster. Ein Spieler, der wie eine Roulettekugel mal hier, mal dort landet. Schlüssel zu Türen mitnehmend, die er nie öffnen würde, an Menschen vorbeischlüpfend, bis er sie braucht. Eine Botschaft hinterlässt er dabei nicht.

Gewissensbisse oder Mitgefühl für die Verlassenen kennt er auch nicht. Seine Welt besteht aus dem, was er nicht sagt. Manchmal genießt er es sogar, wenn er besonders geheimnisvoll wirkt. Doch es ist anstrengend, das Mysterium dauerhaft aufrecht zu erhalten. Also muss er weiterziehen, bevor der Betrug auffällt. Bevor jemand merkt, dass er nicht halb so mystisch und interessant ist, wie er zu sein vorgibt. Niemand verachtet ihn dann mehr als er sich selbst.

Mir fällt beim dritten Kaffee auf, dass er keine Fragen stellt, mich nicht fragt, wie ich zu seinen Ansichten stehe, ob ich ihn verurteile oder verstehe. Augenkontakt meidet er. Sein Blick ist nach innen gerichtet. Er versucht sich zu erklären. Sein Verhältnis zu anderen sei ambivalent. Er brauche sie, möge sie aber nicht unbedingt. Womöglich sieht er sie als Bedrohung an. Kommt es einmal doch zu einer Annäherung und stößt er dabei auf Kritik, bricht er sofort ab. Nahe Beziehungen sind für ihn mühsam. Purer Stress. Nähe bedeutet Fühlen, und das gilt es unbedingt zu vermeiden. Fühlen ist Leiden. Leander ist ein sprunghafter Typ, bei dem sich die Freund-Feind-Linie blitzartig verschieben kann. Gespräche aus Glas, ein falsches Wort, und er ist weg.

Hinzu kommen selbstzerstörerische Handlungen wie Drogen, Alkohol, Glücksspiel. Doch nichts scheint sein emotionales Vakuum füllen zu können. Es ist eine Verlagerung: von der Sucht nach dem Ungreifbaren zur Sucht nach dem Greifbaren.

Wie aber steht ein Mensch, der sich allem widersetzt, zu sich selbst? »Gerade! Manche Menschen stehen lieber zu allen anderen quer, weil sie sich selbst treu bleiben wollen«, so der Psychologe Hantel-Quitmann, der dahinter eine »schwere Persönlichkeitsstörung« vermutet. Damit liegt er nicht ganz falsch, wie sich herausstellen wird.

Leander schafft sich Parallelwelten, hat unerfüllbare Ansprüche an sich selbst und andere, akzeptiert weder andere noch seine eigene Präsenz in der Welt, hat aber gleichzeitig panische Angst vor dem Nichts.

Seine absolute Freiheitsliebe, sein Veränderungswille haben ihn in ein Dilemma aus Einsamkeit und Fremdheit geführt. Er will keine Zeugen. Es darf niemanden geben, der ihn schwach erlebt. Der Kontaktabbruch ist seine Versicherung. Er muss die Mauern immer höher bauen, um Zukunft zu verhindern.

Es gibt sehr viele Zuschriften von Abbrechern, die sich unabhängig geben und doch ihre Angst vor der eigenen Verletzlichkeit offenbaren. »Dauerte eine Beziehung einmal länger als erwartet, begann ich leise und unbemerkt zu verschwinden«, schrieb mir eine »chronische Ghosterin« (47), wie sie sich selbst bezeichnete. Würde sie sich auf einen Partner einlassen, müsse sie vielleicht leiden, und das gelte es unter allen Umständen zu verhindern. Offenbar schreckt die Angst vor dem Verlust so sehr ab, dass man sich gar nicht mehr in Beziehungen traut. Lieber einsam, anstatt als Opfer oder Täter in dieses Spiel gehen, scheinen viele zu denken. Und so sorgen sie dafür, dass sie nichts mehr wirklich berührt. Das Abtauchen markiert hier den Schlussstrich. Als Geist ist man unberührbar.

Die »Funkstille« dagegen kann auch das Drücken einer Pausentaste bedeuten. Schweigen, um Zeit zu gewinnen. Der Abbrecher zieht sich in einen Schutzraum der Stille zurück, um zu sich zu kommen, dann wieder aufzutauchen und neu zu beginnen. Manchmal muss man vielleicht abtauchen, um zu erkennen, was man wirklich will – und braucht. »Ghosting« hingegen ist auf Endgültigkeit ausgerichtet.

»Ich habe meinen Verlobten ›geghostet‹, als ich feststellte, dass er jahrelang schlecht und abfällig über mich sprach. Ich habe ihn durchs Studium geschleppt, weil wir eine gemeinsame Zukunft planten. Meine eigenen Pläne habe ich so lange auf Eis gelegt, doch er machte sich über meine Gutmütigkeit lustig.« Als ihr Partner auf einem Studienausflug war, zog sie aus. »Er hatte keine Ahnung, warum ich ging, und ich habe es ihm nie gesagt. Ich hatte nichts zu sagen, wollte mich nicht mit ihm anlegen. Freunde erzählten mir, dass er von meinem Auszug völlig überrascht und am Boden zerstört gewesen sei. Ich wünschte, ich hätte sein Gesicht sehen können, als er in die leere Wohnung kam. Ich bereue nichts und würde immer wieder dasselbe tun, wenn ich auf diese Weise wieder betrogen würde.« So schrieb die Amerikanerin weiter in einem Blog. Sie waren verlobt, hatten eine gemeinsame Geschichte.

Wer verschwindet, flieht aus einer als unerträglich, gar unlebbar empfundenen Situation, aus einer Beziehung, die so nicht mehr auszuhalten ist. In nicht wenigen Zuschriften kündigen meine Leser den Abbruch sogar an. Darin beschreiben sie ihr Leben mit dem aktuellen Partner und auch früheren Partnern, die Verhaltensmuster in ihrer Familie und den Umgang mit Freunden. Oft erkennt man schon beim ersten Lesen einen roten Faden: Der Kontaktabbruch kommt in der Familiengeschichte der Abbrecher immer wieder vor. Das Schweigen galt in ihrem Leben als Konfliktbewältigungsmöglichkeit, der wortlose Abbruch gehörte zu den familiären Skills. Über die transgenerationale Weitergabe solcher Verhaltensmuster habe ich ausführlich in meinen ersten beiden Büchern berichtet, weshalb ich an dieser Stelle nicht ausführlicher darauf eingehen werde. Nur so viel: Derartige Verhaltensmuster werden weitervererbt. Hinzu kommt aber nun ein soziales Umfeld, in dem sie noch insofern befördert werden, als der wortlose Kontaktabbruch gesellschaftsfähig wird.

Dass der Abbruch nicht immer aus heiterem Himmel kommt, ist erkennbar, wenn man beide Seiten hört. Die Vorzeichen sind oft mehr als deutlich, das Verhalten in der Beziehung bei genauerem Hinsehen ein einziger Rückzug.

So kann das Verschwinden am Ende auch als eine Handlung aus Selbstschutz gedeutet werden, etwa für Christine. Sie kündigt ihr Abtauchen in einer E-Mail an: »Ich selbst bin kurz vor so einem kompletten Kontaktabbruch zu meinem Noch-Partner. Es wuselt in meinem Kopf hoch her, da sind Fragen wie: ›Ich kann doch nicht nach Jahren der Liebe einfach gehen‹? Doch, kann ich. In Zeiten, wo ich alleine bin, ohne ihn an meiner Seite, vermisse ich ihn gar nicht mehr.« Darüber mit ihm reden konnte sie offensichtlich auch nicht. Er hörte ihr nicht zu: »Er will mich nicht reden lassen, er möchte mir nie zuhören, und das schon seit Jahren. Für ihn ist noch alles gut, wir trennen uns mal wieder auf ›Probe‹, danach kommt er wieder mit ›ach, ich liebe dich und brauche dich‹. Das hatten wir schon einmal. (…) Ich habe einen Geduldsfaden, der gefühlt um die Welt reicht, nur diesmal ist er weg.«

Der Entschluss, alle Zelte abzubrechen, bereitete ihr aber durchaus Kummer: »Mich macht es so traurig, ihn stehen zu lassen. Ihn zu missachten, ihm keine Antwort mehr zu geben. Aber was tut mehr weh? Sich selbst kaputt zu machen durch eine kranke Beziehung oder einfach zu gehen, ohne Abschied? Er würde jammern ›bitte bleib doch, ich ändere mich‹. Noch ist es ein komisches Gefühl, seine Anrufe und Nachrichten zu ignorieren.«

Auf die Frage, warum sie es ihm nicht erklären könne, schreibt Christine: »Schon des Öfteren habe ich versucht, mit ihm zu reden; da er eine ›Störung‹ hat, komme ich aber nie dazu, meinen Standpunkt darlegen zu können, die Beziehung befindet sich da nicht auf Augenhöhe. Immer höre ich, was ich falsch gemacht habe, aber er ist aus seiner Sicht frei von jeglicher Schuld und Fehlern. Das kann ich nicht mehr aushalten, dass er mich so dermaßen ›niederdrückt‹. Ich bin am Ende mit meiner Kraft. Er wird eine Trennung niemals respektieren oder einsehen, dass beide zum Ableben der Liebe beigetragen haben (...).«

Ein Abbruch aus Selbstschutz gilt als probates Mittel, um sich aus schwierigen und erstickenden Beziehungen zu befreien oder auch, um mit dem zuvor dominanten Part auf Augenhöhe zu kommen. Bemerkenswert dabei ist, dass die andere Seite oft eine vollkommen andere Wahrnehmung der Beziehung hat. Es ist, als ob die beiden Menschen einander nie wirklich zugehört hätten. So scheint der letztendlich wortlose Weggang konsequent.

Es ist fast schon ein Grundsatzstreit unter meinen Lesern: Auf der einen Seite stehen diejenigen, die den plötzlichen, wortlosen Abbruch als Akt der Feigheit, des Egoismus und als Zeichen von Unreife betrachten, und auf der anderen Seite stehen diejenigen, die auf ihre Art deutlich gemacht haben wollen, dass sie die Beziehung so, wie sie war, nicht mehr wollten.

Das Problem beim Ghosting besteht darin, dass es eine einseitige Bewusstwerdung des Endes ist und kein gemeinsam durchstandener Prozess. Man kann sich auch abwenden, ohne zu gehen, sich emotional und seelisch aus dem gemeinsamen Leben, der erloschenen Liebe, verabschieden. Was einst magisch war, wirkt nicht mehr, hat seine Zauberkraft verloren. Meist beginnt das Fortgehen schon lange vor dem tatsächlichen Ende. Problematisch ist, dass kaum jemand das eigene Liebesversagen, auch das fast schon geisterhafte Verschwinden der Zuneigung, zuvor anspricht. Dafür gebe es keine Worte, so die Rechtfertigung derjenigen, die in die »innere Emigration« gehen oder verschwinden.

Besonders spannend wird es, wenn jemand die Seiten wechselt, so wie Jana, die mehrfach den Kontakt zu ihren zum Teil langjährigen Partnern abbrach. »Bis es mich selbst erwischte. Mein Freund, mit dem ich drei Jahre zusammen war, verschwand plötzlich. Wirklich, wie ein Geist. Er war weder telefonisch noch über WhatsApp erreichbar. Ich war völlig perplex. Es tat unfassbar weh. Ich war kaum in der Lage zu denken, geschweige denn zu arbeiten. Tatsächlich meldete ich mich wochenlang krank. Ich konnte den Fehler nicht erkennen.«

Ihre Suche nach dem »Fehler« verweist bereits auf das Problem. Wenn gesunde Beziehungen auf Verantwortung beruhen, ist es nachvollziehbar, dass mangelnde Kommunikation als Vertrauensbruch empfunden wird. Es geht hier darum, was einer gleichberechtigten Beziehung im Wege steht. Etwa: überwältigende oder übergriffige Liebe, verletzende Kälte, kränkende Verachtung, enttäuschte Erwartungen – beidseitiges Unvermögen, auf den Anderen einzugehen.

Hinter einem Abbruch können aber auch Unsicherheit oder Überforderung stecken, weil alle Versuche, im Gespräch zu lösen, was nicht bleiben konnte, wie es war, ins Leere geführt haben: »Meiner Meinung nach ist es besser, einfach still zu verschwinden, als ›diese Gespräche‹ zu haben, in denen man erklären muss, warum man die Freundschaft nicht mehr weiterverfolgen möchte. Das Ergebnis wird sich wahrscheinlich nicht ändern. Das letzte Mal, als ich das getan habe, habe ich den alten ›Ich bin es, nicht du‹-Ansatz benutzt, aber meine Freundin hat den Hinweis nicht verstanden.«

Sie versuchte immer wieder, Kontakt aufzunehmen. Aber dafür war es zu spät. Es fällt auf, dass oft in jahrelangen

Freundschaften derjenige den Kontakt abbricht, der sich zuvor unfair oder lieblos behandelt fühlte. Das Ungleichgewicht führt dann zum Bruch. Dabei sind die Grenzen gerade in Freundschaften zuweilen schwer zu ziehen.

Ich habe ein langes Skype-Gespräch mit Pam. Sie hat den Kontakt zu ihrer besten Freundin abgebrochen. Aus der Distanz findet sie klare Worte für den schweigsamen Abgang. Pam gibt offen zu: »Ich hatte Angst vor meiner Freundin. Das erste Mal im Leben hatte ich Angst vor einer anderen Person. Sie konnte wahnsinnig austicken. Mein Hauptgefühl war zu dieser Zeit: Vermeidung von Konfrontation und Angst!«

Ein Abbruch aus Selbstschutz. Wenn einst nahe Freundschaften abgebrochen werden, hat das besonders häufig mit Schutz und Scham zu tun. Pam hatte so große Angst vor der Auseinandersetzung, dass sie nur flüchten konnte. Lieber wortlos gehen, als sich mit der starken Freundin zu konfrontieren. Dafür hätte sie selbstbewusster sein müssen.

Pam hatte ihre Freundin Antje beim Studium im Ausland kennengelernt, in Deutschland trafen sie sich zufällig wieder. Sie freuten sich, dass es sie beide in dieselbe Stadt verschlagen hatte. »Wir wurden ein Team«, sagt Pam. Die Freundinnen wohnten sogar zusammen. Nach sieben Jahren intensiver Freundschaft brach Pam den Kontakt abrupt ab. Für ihre Freundin kam der Abbruch völlig überraschend. Doch die Risse zogen sich schon zuvor, wohl unmerklich, aber tief durch die Freundschaft. »Bevor ich sie geghostet habe, sind einige für mich sehr verletzende Dinge passiert«, erklärt Pam und beschreibt das Verhältnis zu ihrer Freundin Antje genauer: »Grundsätzlich war es eine sehr innige und warme Freundschaft. Antje war sehr zugewandt, konnte aber auch – zu Anderen – sehr drastisch und grob sein.

Als sie von ihrem Freund verlassen wurde, hatte sie großen Liebeskummer. Sie hat immer nach dem Ende einer Beziehung sehr gelitten.«

Pam zog nicht zuletzt deshalb zu ihr. Das Leben in der WG war familiär, sie teilten sogar das Schlafzimmer. Es habe kaum Grenzen gegeben, weder räumlich noch emotional. Mit einer Ausnahme: Antje hatte Pam niemals ihren Freunden vorgestellt, was Pam sehr verletzte. Schämte sie sich etwa für sie?

»Einmal fragte ich, warum sie mich nicht ihren Freunden vorstellt. Sie antwortete darauf: ›Weil du immer schlecht drauf bist.‹ Das stimmte aber nicht. Es war sogar umgekehrt!«

Im Laufe der Zeit wurde es immer komplizierter in dieser Frauenfreundschaft, die richtige Dosis von Nähe und Distanz hinzubekommen. Antje entschied sich für eine Psychotherapie, um ihren Liebeskummer in den Griff zu bekommen, und lernte schließlich einen neuen Mann kennen. Dazu Pam: »Ich mochte ihn nicht. Er war sehr snobistisch, arrogant. Antje ist klug und gebildet. Ansatzweise hat sie sich – so wie der neue Mann – immer als etwas Besseres gefühlt. Das wurde jetzt durch ihn verstärkt. Die Folge: Abwertung im Doppelpack.« Pam zog sich zurück, suchte sich eine eigene Wohnung. Darüber gesprochen hat sie mit Antje erst, als sie die Wohnung bereits gemietet hatte. »Ich hatte Angst vor der Konfrontation, weil sie so stark und klug war.« In der neuen Wohnung fühlte sich Pam regelrecht »befreit«. Jetzt erst merkte sie: Antje fehlte ihr nicht. »Antje dagegen flippte völlig aus. Sie hat dann auch bei mir auf der Arbeit angerufen und mich beschimpft. Ich blieb ruhig und sagte nur: ›Nicht in dem Ton‹!

Es folgten noch ein paar bitterböse E-Mails. Warum ich

mir eine eigene Wohnung gesucht habe, hat sie aber nicht gefragt. Es gab weitere Versuche von ihrer Seite, mit mir in Kontakt zu treten, auf die ich sogar kurz reagiert habe, aber sie war super-aggressiv.« Nachdem Pam gegangen war, »löschte« Antje Pam. Sie sperrte Pam in den sozialen Netzwerken, etwa bei Facebook, mit Pams Freunden blieb sie jedoch verbunden. »Sie war in einer totalen Wutspirale. Ich dagegen fand mich mutig, dass ich all dem standhielt! Ich habe die Grenze aufrecht erhalten«, so Pam. Es erschien ihr als die einzige Möglichkeit, mit der klugen, aber auch unberechenbaren Freundin auf Augenhöhe zu kommen. Denn nun hatte Pam die Macht. Sie bestimmte, ob kommuniziert wurde oder nicht. Die Machtverhältnisse hatten sich verschoben. Pams »Waffe«: Auszug. Rückzug. Schweigen.

Ich frage Pam: Ist Schweigen Kommunikation? Und wenn ja, was wolltest du Antje damit sagen? »Lass mich in Ruhe!«, antwortet Pam prompt. Abbruch also aus Angst und aus dem Gefühl der Unterlegenheit? »Ja, ich wollte es ihr nicht erklären, denn dann hätte ich mich offenbart, und sie hätte mich wieder rumgekriegt«, gibt Pam offen zu.

Sicherlich kommen hier auch bestimmte Bindungsstrukturen aus der Vergangenheit zum Tragen. Warum hatte Pam sich nicht anders gegenüber ihrer Freundin behaupten können? Warum war sie so schnell verletzt, fühlte sich klein oder diskriminiert? »Verlassen werden und betrogen werden spielten in meinem Leben eine große Rolle!«, gibt Pam zu. Als Kind lag sie lange im Krankenhaus. Verlässt sie etwa den Anderen, bevor sie selbst verlassen werden kann? Es kommt durchaus vor, dass Menschen, die sich vor einem neuerlichen Verlassenwerden schützen wollen, contra-phobisch agieren, indem sie selbst gehen.

Ich treffe Marleen, Mitte 30, attraktiv, klug, kommunikativ.

Sie ist beides: Abbrecherin und Verlassene. »Abbrecherin aus Notwendigkeit«, würde sie sagen. Ihr Freund und sie wechseln sich im unverbindlichen Beziehungsverlauf in der Rollenzuschreibung ab. Es ist ihnen nie gelungen, sich lange zu trennen. »Vier Jahre lang haben wir beide es ernsthaft versucht, den jeweils Anderen endlich loszuwerden. Nichts half. Die Notbremse, aus diesem für beide sehr destruktiven Verhältnis heraus zu kommen, sah ich letztendlich dann nur noch im ausdauernden und auch sehr energieraubenden Schweigen! Wir sind beide Verlierer dieser gemeingefährlichen Mechanismen. Doch Reden half eben gar nicht – denn wir redeten aneinander vorbei. Der Abbruch war am Ende deshalb der Schlüssel! Er hat mich endlich verstanden. Seitdem gehen wir anders miteinander um«, so Marleen im Rückblick.

Ihr zeitweises Schweigen war eine erzieherische Maßnahme: »Ich glaube schon, dass der wortlose Abbruch ein Mittel der Heilung in einer Beziehung sein kann! Paradoxerweise ist es aber auch die ungesündeste Variante, sich voneinander zu lösen. Du bist nicht frei! Beide waren wir dadurch weder frei noch in der Lage, einen ›sauberen‹ Schlussstrich zu ziehen. Vielmehr haben wir beide kläglich ›versagt‹, uns endgültig vom Anderen in einem ›gesunden Rahmen‹ zu lösen. Und es ging leider genau darum!« Das Schweigen als Erziehungsmaßnahme? Als Schlüssel, Türöffner? Ich frage sie, wie sie darauf komme und woher sie denn die Funkstille als vermeintliches Konfliktlösungsmittel kenne?

Nach längerem Überlegen fällt ihr ein, dass ihre Mutter den sehr engen Kontakt zu ihrer Schwester plötzlich für drei Jahre abgebrochen hatte. »Ich dachte damals, die spinnt, und fragte sie auch, wie sie das denn aushalten könne.«

Schweigen sei Strafe, so hat sie es als Kind empfunden, und so empfindet sie das auch heute noch. Aber wofür? »Dafür, dass jemand nicht zuhört!« Marleen ist überzeugt davon, dass der Abbrecher fast immer zuvor deutlich kommuniziert hat, dass er die Beziehung so nicht will, der Verlassene aber nicht hingehört habe. Insofern handele es sich um eine taktische Stille.

Der »Ghost« fühlt sich selten als Täter, wie aus den Gesprächen und Zuschriften erkennbar wird. Er habe das Recht, wortlos zu gehen. Das sei er (oder sie) sich schuldig, er/sie suche lieber weiter nach dem Richtigen. Probleme oder gar Grenzverletzungen werden dabei nicht thematisiert. Dann wiederum ist man sich zu schade für eine dauerhafte Beziehung mit einem Mann/Frau, der/die zu wenig von dem erfüllt, was man sich wünscht usw. Der Andere kommt kaum noch vor.

Manchmal frage ich Ghosts, wie sie es mit Anteilnahme und Mitgefühl halten? Ob sie sich nicht vielleicht sogar schämen, derart egoistisch Menschen einfach zu »löschen«, wie sie es selbst formulieren, ob es ihnen überhaupt auffällt, dass ein Auslöschen als vernichtend empfunden werden kann. »Wieso sollte ich mich schämen? Ich habe ja gar nicht die Absicht, den Anderen zu verletzen, und wenn er damit ein Problem hat, ist es doch noch lange nicht meines!«, heißt es dann kühl. Und: »Habe ich nicht das verdammte Recht, für mich die optimalen Bedingungen für eine Beziehung festzulegen?«, fragt mich eine junge Frau, die ihre Beziehungen »konsequent und immer« wortlos abbricht. Über die Ursachen ihres Verhaltens macht sie sich lieber keine Gedanken. Niemand ist gerne Täter. Beim Ghosting werden die eigenen und die Gefühle des Anderen oft ausgeklammert.

»Aber diese psychischen Abwehroperationen helfen meist nur für den Moment und lassen sich in intimen Beziehungen, in denen man auf lange Sicht nicht umhinkommt, halbwegs ehrlich zu sein, kaum dauerhaft aufrecht erhalten. Wenn die Einsicht in das eigene Fehlverhalten bedrohlich ins Bewusstsein dringt, versuchen viele Menschen, einen psychologischen Trick anzuwenden und damit einen Ausweg aus der Misere zu finden, um ihre Täteranteile zu leugnen und doch wieder zu Opfern werden zu können.«

So der Psychologe Hantel-Quitmann, der weiter ausführt: »Sie argumentieren, sie hätten sich nicht bewusst falsch verhalten, sondern die Fehler seien unbewusst entstanden, also unabsichtlich. Sie seien auf diese Weise Opfer ihres Unbewussten geworden. Zu diesen unbewussten Fehlern hat die Psychologie seit Freud eine klare Meinung: Jeder Mensch ist für sein eigenes Unbewusstes verantwortlich. Es ist das eigene Unbewusste, das für Fehler und Fehlleistungen verantwortlich ist.« Allerdings stelle sich für den Betroffenen die Frage, wie solche unbewussten Fehler zu erkennen und zu verändern seien:

»Wie kommt man aus dieser Misere heraus? Wenn unser Denken dazu führt, dass wir uns manchmal falsch verhalten, Fehler begehen, Irrtümern unterliegen oder auf Täuschungen hereinfallen, dann sitzen wir erst einmal in der Falle. Aus dieser Falle wollen die meisten Menschen schnell und schadlos wieder herauskommen und neigen dabei dazu, ihren aktuellen Gefühlen zu folgen. Solche Affekthandlungen führen aber meist zu neuerlichen Problemen. Daher empfiehlt die Psychologie, sich etwas Zeit zu nehmen, die Gefühle und Gedanken zu überdenken und zu einem abgewogenen Urteil zu kommen, bevor gehandelt wird.«

»Ge-Ghostet«. Entgeistert.
Geschichten von Verlassenen

»Wenn Menschen getrennte Wege gehen, scheint alles, was ungesagt bleibt, die Adern zu verstopfen. Gedanken zittern auf den Nerven, Silben balancieren auf der Zunge. Küsse hocken auf den Lippen. Zähne knirschen. Fäuste würgen die Luft.« Dies schreibt die Philosophin Michela Frazetto, die keine Freundin des Unausgesprochenen ist, so wenig wie diese drei Verlassenen: »Ghosting, egal ob analog oder digital, ist der größte vorstellbare Beziehungsgau, weil er Herzen ohne Worte und ohne Erklärungen bricht«, meint Antonia (23). »Ghosting trifft Herz und Ego. Das Herz, weil die Gefühle zerstört wurden, und das Ego, weil das Selbstwertgefühl stark in Mitleidenschaft gezogen wird«, findet Mika (30). »Mich hat das unglaublich verletzt und fast wahnsinnig gemacht. Ich fühlte, dass Anne das Potenzial hat, mich mit ihrem Rückzug zu zerstören«, schreibt Ulf (50).

Drei Zitate aus den vielen Zuschriften Verlassener, die mich fast täglich erreichen. Viele Betroffene können nicht verstehen, warum der ihnen einst nahe Mensch sich so »rücksichtslos« verhält. Mit ein wenig Einfühlung müsse der Ghost doch erahnen, welches Schlachtfeld er hinterlässt. Von unterlassener Hilfeleistung ist die Rede. Von der Frage nach der Moral und der Empathiefähigkeit – und darüber hinaus nach den sozialen Kompetenzen. Um zu verstehen, warum jemand eine Beziehung beendet, ist es unerlässlich, seine Motivation zu kennen, so wie es zuvor in der Beziehung wichtig war, sich in den Anderen einzufühlen. Den Anderen zu verstehen ist für die emotionale Resonanz in

Beziehungen unerlässlich und mehr noch: Es macht Partner füreinander attraktiv!

Etwa Ulf. Als seine Freundin auf die Frage nach den Gründen des Rückzugs nur »ich weiß nicht« antwortete, brach er nach wenigen Monaten selbst den Kontakt ab. »Ich sah keinen anderen Weg. Ich sah es als den weniger leidvollen Weg, selbst eine Entscheidung zu treffen. So wurde ich irgendwie dann auch noch der Abbrecher. Ich konnte es nicht aushalten. Ich habe mich von dieser Geschichte noch immer nicht erholt«, schreibt Ulf. Der Abbruch ist drei Jahre her. Und immer noch fühle er sich gefangen in dieser Erfahrung. Und doch: Er habe das einzig Richtige getan und sei selbst zum Handelnden geworden, indem er den unklaren Schwebezustand beendet, sich der Ohnmacht des Ausgeliefertsein entzogen habe. Ulfs Geschichte zeigt einmal mehr, wie sehr das Schweigen nachhallt, wie laut die nicht gesagten Worte in den Ohren tönen. Räumliche und zeitliche Distanz verändern kaum etwas. Anne hat in gewisser Weise die Zeit angehalten. Er kann nicht loslassen, wenn er nicht weiß, was sie von ihm weg trieb.

Ich treffe Esra (37). Im direkten Gespräch wird deutlich, wie viel Wut und Hilflosigkeit ihren Schmerz noch betäubt. Sie empfindet das Ausbleiben einer Begründung als gezielte Grausamkeit, ja als unterlassene Hilfeleistung. »Es hat so weh getan, dass ich gefühlt zehn Minuten keine Luft bekommen habe. Ich habe gespürt, wie sich mein Herz zusammengezogen hat«, erzählt Esra (37). Ihre Wut ist groß, geradezu physisch spürbar, und ein Trauern auch nach gut einem Jahr kaum möglich. Dafür müsste sie den plötzlichen Weggang ihres Verlobten besser verstehen. Ohne Worte, ohne Erklärung sei das schwierig. Es bleibt zu viel Raum für Interpretation. Ein Geschehen muss sinnhaft sein. Ein

Schlussstrich ohne Erklärung wirkt willkürlich, ja geradezu chaotisch. Um mit einem Verlust klarzukommen, muss man ihn verstehen. Ohne Emotionsaustausch ist eine Interaktion schwierig.

Esra muss alleine mit ihrer Wut und ihrem Zorn klarkommen. Beides ist wichtig für die Verarbeitung des Verlustes. Die Autorin Zeruya Shalev erklärt: »Der Zorn ist auch ein nützliches Mittel, um keinen Schmerz zu empfinden. Mancher neigt zum Zorn, um Schmerz zu vermeiden, andere wiederum zum Schmerz, um sich gegen Zorn zu schützen. Ganz ohne Zweifel sind Zorn und Schmerz miteinander verbunden wie Zwillinge.« Manchmal verstärke der eine den anderen, manchmal verdecke er ihn. »Und jeder ist ein Mechanismus zum Selbstschutz. Der Schmerz entsteht im Nervensystem, um den Körper zu beschützen, und der Zorn ist eine natürliche Reaktion auf eine Bedrohung, er dient unserem Überleben, ermöglicht es, uns bei einem Angriff selbst zu schützen.«

Esra erinnert sich: »Als er sich plötzlich trennte, ging es mir sehr schlecht. Die Welt wurde dunkel, und es hat nichts mehr Spaß gemacht. Ich habe mich zurückgezogen und wurde sehr leise. Ich denke, ich war in einem Schockzustand.« Esra wurde kurz vor der Hochzeit von ihrem Freund nach sechs gemeinsamen Jahren verlassen. Das Aufgebot war bestellt, die Aussteuer füllte ein ganzes Zimmer, und wenige Tage, bevor Esras Leben zerbrach, schauten sie sich gemeinsam Häuser an. Der Architekt war bestellt. Plötzlich zerplatzte Esras Traum wie eine Seifenblase. Esra war tief traurig, kaum für andere und anderes erreichbar. Sie funktionierte nur noch.

Das größte Übel, das wir unseren Mitmenschen antun können, ist nicht, sie zu hassen, sondern ihnen gegenüber gleichgültig zu sein, heißt es. Da sei viel Wahres dran, findet Esra. Sie erlebt das plötzliche Abtauchen ihres Verlobten als seelische Vergewaltigung. Esras Umfeld dagegen ist pragmatisch. Schwamm drüber, weitergehen. Hätte Esra überall blaue Flecken oder sichtbare Verletzungen, würden die Anderen nicht so reagieren, glaubt sie. Die Psychoanalytikerin Marie-France Hirigoyen spricht in Bezug auf die Kontaktverweigerung von einer »sauberen« Gewalt: Man sieht nichts, es gibt keine Arztprotokolle, keine Augenzeugen, keine sichtbaren Verletzungen. Keine Spuren, kein Blut, keinen Leichnam. Der Tote ist ja dem Augenschein nach lebendig.

Das abrupte Ende einer Beziehung durch einen plötzlichen Abbruch führt meist zu einem Zustand seelischen Zusammenbrechens. Zwei Menschen sind auseinandergerissen – nicht durch den Tod, sondern durch das Leben. Mit dem Ende des »Wir« droht auch das »Ich« zu zerbrechen.

Es gibt viele Menschen, die die Erfahrung des wortlosen Verlassenwerdens kennen, etwa aus der Kindheit, aus der jüngeren Vergangenheit oder eben aus der Online-Dating-Welt. Sie leiden. Immer wieder. An die Leere, die der plötzlichen Stille folgt, kann man sich nicht gewöhnen. In den vielen Zuschriften wird auch deutlich, dass sich diese Erfahrungen wiederholen. Sie wiederholen sich einerseits über Generationen hinweg, aber andererseits nehmen sie auch zu, weil es fast schon üblich geworden ist, sich wortlos zu trennen. Doch es schmerzt nicht weniger, je häufiger es durchlebt wird. Manchmal schmerzt es sogar mehr, weil alte Wunden wieder aufgerissen werden.

»Die Gedanken drehen sich täglich um den Menschen, den Geist, der einen verlassen hat. Und die Fragen hören nicht auf. Die Antworten versuche ich für mich selbst zu finden und drehe mich im Kreis. Denn ich bekomme sie ja nicht vom Anderen. Nur dessen Antworten könnten ja alles klären. Die Geister, die uns verlassen haben, spuken weiter in unseren Köpfen herum! Und gleichzeitig fragt man sich: War der Andere überhaupt da?«, so formulierte es Franziska (55). Sie hat zwei Kinder, war verheiratet, trennte sich. Sie weiß, wie man Beziehungen reif und respektvoll beendet. Sie und ihr Mann haben auch nach der Trennung ein gutes Verhältnis. Eine Trennung ohne Gespräch, ohne Austausch, gar ein Verschwinden war für sie bis zur darauf folgenden Beziehung undenkbar. Doch genau das passierte. Sie wurde von ihrem neuen Partner verlassen. Wortlos. Franziska fragt sich vor allem: Will mich der Andere bewusst verletzen? Man habe doch intensiv miteinander Lebenszeit geteilt, auch intime Gespräche geführt, sich offenbart. »Wie kann man von einem auf den anderen Moment den Anderen wie Luft behandeln oder sich gar in Luft auflösen? Das ist ja fast wie ein Doppelmord!«

Eine andere Betroffene, die nach 15 Jahren Beziehung plötzlich und wortlos verlassen wurde, spricht von einem »Kapitalverbrechen«, von einem »Urteil ohne Verfahren«. Denn dem Verlassenen werde ja die Chance genommen, das Problem gemeinsam zu klären oder auch Missverständnisse zu erkennen, auch die Möglichkeit, sich zu rechtfertigen. Der Abbrecher lasse den Anderen nicht mitentscheiden, als ob seine Meinung nicht zählte. Als ob er nicht da wäre. Nicht existierte.

Dieses Gefühl kann alt sein und durch eine neue, ähnliche Erfahrung wiederbelebt werden. Auch Franziska wurde schon einmal ignoriert, und zwar in ihrer Kindheit: »Wir sind in Konkurrenz zueinander aufgewachsen. Mein Bruder hat immer sehr gute Leistungen in Schule und Studium erbracht. Für meine Mutter war das sehr wichtig. Da meine Leistungen eher mittelmäßig waren, wurde ich tendenziell auch weniger beachtet, beziehungsweise stand in ständigem Vergleich und wurde (natürlich) insgesamt schlechter bewertet. Ich denke, für meine Mutter galt: Für gute Leistung gibt es mehr Liebe, für weniger gute Leistung eben weniger Liebe.«

Nach der Schule habe sie, wenigstens räumlich, schnell das Weite gesucht. Die eigentliche, emotionale ›Abnabelung‹ aber habe erst nach ihrer zweiten Trennung stattgefunden. Das Verschwinden ihres neuen Partners riss alte Wunden auf und bewies ihr, dass sie es angeblich nach wie vor nicht wert sei, beachtet zu werden, war sie doch ihrem Ex-Partner ja nicht einmal ein Wort wert. Diese erneute Entwertung traumatisierte sie ein weiteres Mal.

Auf frühe Verletzungen und die Folgen werde ich im fünften Kapitel intensiver eingehen. Und nicht nur die Seele merkt sich Kummer – auch der Körper. Schmerz schreibt sich in unsere Gene ein und macht krank. Dies ist die klare Erkenntnis der Epigenetik.

Verletzungen können sich tief in Körper und Seele graben, und je öfter an der Wunde gerührt wird, desto schlimmer werden die Folgen. Laura ist etwas über 50 Jahre alt, sieht umwerfend aus, ist erfolgreich und weltgewandt. Ich kenne sie seit Langem. Sie gilt als überaus patent, stark und widerstandsfähig. Sie schafft alles aus eigener Kraft – wie zum Beispiel einen Umzug oder das Leben in Shanghai oder New York. Sie brauche keinen Versorger, niemanden, der alles organisiert. Sie brauche einen Partner einzig fürs Herz. Als ihr Freund Henry vor etwa zwanzig Jahren nach dreijähriger Beziehung und einem »wunderschönen Ausflug«

plötzlich den Kontakt abbricht, ist sie völlig verzweifelt. Zeitgleich erhält sie eine beunruhigende Diagnose.

Doch zu meiner großen Überraschung wirft sie die unheilbare, aber meist mit Medikamenten beherrschbare Krankheit weniger aus der Bahn als die Funkstille ihres Ex-Freundes. Er ist plötzlich weg. Reagiert nicht. Kein Durchkommen. Die totale Blockade. »Es ist, als ob eine Fahrspur geschlossen wird. Man steckt fest. Kein Durchkommen«, beschreibt sie sein Abtauchen. Jahrelang zermarterte sie sich den Kopf, was falsch lief, und war nicht in der Lage, eine neue Beziehung einzugehen. Sie hatte anschließend Affären, bis sie Paul kennen lernte, fünfzehn Jahre, nachdem Henry sie verlassen hatte. Sie zogen zusammen, sogar über Kinder sprachen sie. Sie war überglücklich. Nach einem »romantischen Weihnachtsfest, das harmonischer nicht hätte sein können«, so empfand es zumindest Laura, stieg er in sein Auto und fuhr weg. Für immer. Er war nicht mehr erreichbar. Er hatte sich buchstäblich in Luft aufgelöst.

Es gab nie Streit, betont Laura immer wieder. Aber muss man sich nicht manchmal streiten, um mehr voneinander zu erfahren? Was wusste sie von ihm? Nicht wenig. Sie waren fast zwei Jahre zusammen, ihre Familien kannten sich, man fuhr gemeinsam in den Urlaub. Beim letzten Weihnachtsessen mit Freunden und Familie sagte er, er wisse gar nicht, wie er diese zauberhafte Frau verdient habe. Sein überschwängliches Lob – sollte es nur den geplanten Abgang überdecken? Für Laura war diese Maskerade nicht zu erkennen. Sein plötzliches Verschwinden war ein massiver Angriff auf ihre Wahrnehmung – was war wahr? Was hatte sie sich nur eingebildet? Sie suchte nach der Wahrheit und fand sie nicht.

Taucht man tiefer in die Biografien der Betroffenen ein, spielen Bindungsängste und Kontrollverlust auf beiden Seiten eine entscheidende Rolle. Nach der erneuten Ghosting-Erfahrung wurde Laura depressiv, dachte sogar über Suizid nach. Die heftige Reaktion mag erstaunen, doch sie ist kein Einzelfall, und sie hat ihren Grund.

Es lohnt sich, die heftigen Auswirkungen des Ghostings auf Menschen wie Laura genauer zu betrachten, sich also ihre Biografie anzuschauen. Denn natürlich ist die Lebensgeschichte auschlaggebend für Verhaltensweisen – gute wie schlechte Verhaltensmuster werden erlernt, Erfahrungen graben sich in Körper und Seele. Biografische, auch unbewusste und intergenerationelle Anteile spielen eine wichtige Rolle. So etwa der frühe Verlust von Geborgenheit. Wie wir im fünften Kapitel erfahren werden, begann Lauras Leben mit einer Funkstille, und auch in ihrer Jugend erlebte sie ein Verschwinden, wie es kaum härter hätte sein können – vor allem, was die Folgen betraf.

Und dennoch fragen sich Menschen wie Laura: Sorge ich in gewisser Weise selbst dafür, dass ich immer wieder verlassen werde? Und wenn ja, warum? »Das eigentliche Problem war ich selbst. Denn nur die Verbissenheit, mit der ich dafür sorgte, dass die Dinge sich wiederholen, ist eine Erklärung dafür, dass auch mit ihm alles zu scheitern drohte.« So schreibt die italienische Philosophin Michela Marzano über ihre eigene Beziehung in ihrem ebenso wunderschönen wie erhellenden Buch »Alles, was ich über die Liebe weiß«.

Aber: Die Verlassenen dürfen die Gründe nicht nur bei sich suchen, findet Psychologe und Paarberater Oskar Holzberg. Denn die Gründe für das Abtauchen liegen natürlich auch in der Persönlichkeit des Abbrechers. Bei allem Verständnis für das Gefühl desjenigen, der aus einer Enge flieht und aus einem als unzumutbar erscheinenden Beziehungskonstrukt ausbrechen will, deklariert der Psychologe das Verhalten des »Ghosts« schlichtweg als »unreif« und kritisiert scharf »Typen«, die sich dem Konflikt nicht stellen.

»Natürlich hat das etwas mit Reife oder eben mit dem Fehlen derselben zu tun. Das kann man nicht beschönigen! Diese Typen haben keine Konfliktfähigkeit und sehen im Ghosting eine gute Möglichkeit, Konflikte zu vermeiden, natürlich vor allem, um eigene Kränkungen zu vermeiden. Das ist ein narzisstisches Verhalten!« Stelle man sich hingegen der Auseinandersetzung, bekomme man auch über sich selbst eine Rückmeldung. Dann könne es natürlich auch passieren, dass man in Frage gestellt wird. Den Ghosts wird damit eine »innere Unfähigkeit zu diesem Prozess« bescheinigt.

Die Tragik liegt darin, dass sich der Verlassene allein mit den Ursachen abkämpfen muss und die Beziehung in dem Zustand erstarrt, den sie zuletzt erreicht hatte. Für Laura war es der schöne Weihnachtsabend. Kein hässlicher Streit. Keine Beleidigungen. Das macht es schwerer für sie, sich zu lösen. Und: Paul schweigt, daher kann sie die Gründe nur bei sich suchen. »Es liegt an mir«, eine Aussage, die vor allem für Frauen typisch ist. So vergrößert sich der Schmerz um Schuld und Scham. Doch ist die Scham-Spirale erst einmal in Gang gesetzt, besteht die Gefahr, dass man irgendwann hinter einer Maske verschwindet. »Wen nennst du schlecht? Den, der immer beschämen will. Was ist dir das Menschlichste? Jemandem Scham zu ersparen«, schrieb Nietzsche.

»Ghosting«, auch wenn es leichter und hipper ist oder eher dem Zeitgeist entspricht als die »Funkstille«, hat bei den Verlassenen ähnlich verheerende Folgen. »Es ist schon eine Vernichtung des Anderen! Man sagt: ›Ich bin toll und ich bleibe toll, aber du bist gar nichts mehr wert‹. In diesem »Ghosting« liegt eine unglaubliche Entwertung!«, fasst dies der Paartherapeut Oskar Holzberg zusammen. Es fällt auf, dass es beim Ghosting nicht nur um das Verschwinden des Abbrechers geht. Es lösen sich eigentlich beide auf. Der Verschwindende für den Verlassenen und umgekehrt. »Ghosting« ist ein Sich-Auflösen. Gelöst jedoch ist damit nichts.

Denn die Gefühle lösen sich nicht so leicht auf wie die vermeintliche einstige Einheit. Denn es gab ja die Zeit, die das Paar miteinander hatte. Sie ist Teil ihrer Vergangenheit. Sie macht das Leben aus, auch das künftige, denn man muss wissen, wo man herkommt, um zu wissen, wo man hin will. Die Geschichten, das Erlebte, und damit meine ich nicht die ungebrochene stringente Deutung von Vergangenheit, sondern die Erfahrungen. Sie machen unser Leben aus. Was wir durchleben, ist unsere Geschichte.

Der Psychologe Wolfgang Hantel-Quitmann betont in seinem herausragenden Buch »Die Othello-Falle«, wie wichtig unsere Erfahrungen sind: »Erinnern bezieht sich aber nicht nur auf die Vergangenheit. Unser Gedächtnis hat sogar eine herausragende Bedeutung für unsere Zukunft. Wenn wir vor schwierigen Aufgaben stehen, Probleme lösen oder Konflikte bewältigen müssen, dann werden zunächst alle ähnlichen Erfahrungen aus der Vergangenheit, besonders die guten und wirksamen, abgerufen.«

Das antizipatorische Gedächtnis ermögliche es. Sich gedanklich vorzubereiten, Situationen ausführlich durchzuspielen, ein Probehandeln in einzelnen Schritten zu vergegenwärtigen, um die anstehenden Aufgaben bewältigen zu können. Also Vorsicht: Man kann die Vergangenheit nicht stückchenweise eliminieren. Dies wäre eine Art Selbstverstümmelung. Kränkende Erfahrungen und auch bereits erlebte Trennungen spielen in allen zukünftigen Beziehungen eine wichtige Rolle. Sie bleiben. Egal, wohin man flüchtet.

Auffallend viele Ghosting-Erfahrungen werden in einem frühen Stadium der Beziehung gemacht oder an Schwellen, etwa einem Weihnachtsfest, einem Geburtstag, dem ersten Treffen mit der Familie, den Freunden, nach oder vor einem gemeinsam geplanten Urlaub – eben meist, wenn der nächste Schritt ansteht.

Das wortlose Verschwinden schmerzt auch nach kurzer Zeit, wenn der Kontakt intensiv war oder ein Versprechen auf mehr enthielt. »Wir wissen zum Beispiel aus Untersuchungen über die Bedeutung von Beziehungen, dass es nicht unbedingt die langen Beziehungen waren, sondern häufig eben die kurzen, die haften bleiben. Denn die kurzen, aber langfristig wirksamen Beziehungen passieren oftmals an den Schnittstellen der eigenen Entwicklung.«

Man bewege sich sozusagen aus einem bestimmten Entwicklungssegment hinaus und in ein neues hinein. Und hier ereignen sich ganz entscheidende Sprünge in der eigenen Reifung. Wenn man also an einer solchen Schwelle auf jemanden treffe, sei man weich und verletzlich, auch veränderungsbereit und könne viel stärker durch einen anderen Menschen in seiner eigenen Entwicklung beeinflusst werden, manchmal sogar so, dass man diesen Entwicklungsschritt nur gemeinsam mit diesem Menschen schaffe, und dadurch bekomme dieser Mensch, auch wenn er im Nachhinein nur für eine kurze Phase des Lebens wichtig war, im Rückblick eine viel größere Bedeutung für die eigene Entwicklung, erläutert der Paartherapeut und Psychologe Hantel-Quitmann.

Das wortlose Verlassenwerden ist in seiner Wirkung also auch nach kurzer Zeit bemerkenswert stark. Auch wer nach einer dreimonatigen Beziehung zurückbleibt, empfindet den Weggang ohne Begründung als Vernichtung, als Verunsicherung und massiven Angriff auf das Selbstwertgefühl. Aber es schwingt in diesen Beziehungen noch etwas anderes mit, etwas, was gerade in der Anfangsphase – oder in Affären – besonders ausgeprägt ist. Man hat noch Vorstellungen, baut Luftschlösser, malt sich aus, wie es sein könnte. ›Was hätte werden können, wenn‹ ist ein Gedanke, der sehr quälend sein kann. Nach einer langjährigen Beziehung kennt man auch den Alltag und weiß, dass Unstimmigkeiten in der Beziehung dazu gehören.

Alicia ist eine attraktive Frau, Mitte 30 und Mutter eines kleinen Sohnes, beliebt und überaus umtriebig. Sie gibt ein eigenes Magazin heraus, malt und schreibt, arbeitet gelegentlich als Model. Nach der siebenjährigen Ehe mit einem narzisstischen Partner, der Vater ihres Kindes ist, schlittert sie von einer Affäre in die nächste. Für die Partner ist sie oft der Seitensprung.

Grundsätzlich hat sie kein Problem damit, dass es neben ihr noch eine andere Frau gibt, doch sie möchte in der Zeit, die sie mit ihrem temporären Gefährten verbringt, voll und ganz seine Aufmerksamkeit. Das ist gelegentlich schwierig, wenn die andere Frau nicht für eine offene Beziehung zu haben ist. Alicia dagegen lässt ihren Partnern viel Raum. Das macht es dem Anderen leicht, über sie zu verfügen. Der Mann entscheidet sich am Ende dann doch für die Frau, mit der er offiziell zusammen ist. Zur Zeit hat Alicia einen zehn Jahre jüngeren Freund, Tom. Sie weiß, dass er eine Freundin hat. Zwar sei er gerade in »Beziehungspause« und auch ausgezogen, aber er mache mit seiner Freundin eine Paartherapie, und alles sähe danach aus, dass sie wieder zusammen kommen. Von Alicia wolle er aber auch nicht lassen und sie auch nicht von ihm. So haben sie eine intensive »Affäre«. Sie halten über WhatsApp Kontakt, wenn sie sich nicht sehen, sogar mehrmals am Tag. »Er schreibt auch Nettes zurück, nennt mich weiter bei einem Kosenamen und macht mir Komplimente.« Doch plötzlich endet der Kontakt: »Keine Antworten auf meine Nachrichten – von ›Guten Morgen‹ bis ›Alles ok?‹ kam nichts mehr zurück. Diese Kontaktsperre hielt fünf Tage. Dann sind wir uns zufällig auf der Straße begegnet, und danach haben wir wieder Kontakt aufgenommen. Aber es ist immer so, dass ich den Kontakt wieder aufbaue. Natürlich ist das falsch«, weiß Alicia. Noch »falscher« allerdings ist, dass sie für ihn auf Abruf bleibt. Eine Beziehung im Stand-by-Modus. So setzt sich Alicia selbst auf die Wartebank. Wenn Tom ruft, ist sie für ihn da. Aber sie suche doch keine klassische Beziehung, verteidigt sie sich. Das hatte sie bereits, und es gefiel ihr nicht.

Doch sie will auch nicht die praktische Rückfallposition für einen unentschlossenen jungen Mann sein. »Für mich ist Beziehung nicht die klassische Nummer: Wir leben zusammen und machen alles zusammen, bis ans Ende unserer Tage. Für mich bedeutet Beziehung auch Freiheit, mit dem gewissen Vertrauen zu einem Menschen, dem ich alles erzählen kann. Ich brauche das Gefühl, dass ich für ihn etwas Besonderes bin. Dass ich wertgeschätzt werde und in seinem Leben eine besondere Rolle spiele. Dass man für mich – sollte ich in Not sein – alles stehen und liegen lässt. Daher kann ich auch offene Beziehungen leben, wenn ich dennoch das Gefühl bekomme, dass zwischen der anderen Person und mir eine bestimmte Innigkeit besteht. Natürlich auch sexuell«, erklärt mir Alicia, die durchaus mit ihrem

Verhältnis die Momente erlebt, die eher einem Paar vorbehalten sind. Zum Beispiel Rituale: »Wir haben uns immer donnerstags nach der Arbeit getroffen und in der Badewanne Pizza gegessen. Und geredet. Wir haben oft gut eingekauft und was Leckeres zusammen gegessen. Und samstags haben wir uns vormittags immer zum Frühstück gesehen.« Einen gemeinsamen Freundeskreis gab es dafür nicht. Und auch keine gemeinsamen Partys.

Was sie jedoch hätte aufhorchen lassen können: Ihr »Freund« gleitet immer von einer Beziehung in die nächste, verlässt die eine Frau für eine andere. Seine Beziehungen beginnen mit einem Betrug. Und so enden sie auch. Weiß er nicht weiter, verschwindet er. Laufen sie sich dann zufällig wieder über den Weg, beginnt alles von vorn, bis Alicia den Beziehungsstatus erneut anspricht. »Er hat mehrfach gesagt, dass er mich liebt und ich eine der wichtigsten Frauen für ihn sei.« Nach dem Liebesgeständnis folgt meist der Abbruch. Klassisches »Cushioning« würde man sein Verhalten heutzutage nennen. Warum Alicia sich das gefallen lässt? »Ich habe auch schon probiert, mich ganz zurückzuziehen. Sobald ich mich mal nicht sofort zurück melde, meldet er sich. Ich habe es noch nicht geschafft, konsequent nicht zu antworten. Ob ich jemals jemanden finde, der mich liebt? Er sagt, ich bin eine tolle Frau.« So ganz scheint sie das nicht zu glauben.

Wenn man Alicias Lebensgeschichte betrachtet, ahnt man, warum sie sich nicht liebenswert fühlt. Frühe Erfahrungen sind prägend. Und Alicia kennt das Gefühl, nicht gewollt zu sein. Es wurde ihr in die Wiege gelegt. Dazu später mehr.

Alicia ist eine ehrliche Person, offen und damit angreifbar, und sie weiß, dass ihre Probleme tiefer liegen. »Ich komme derzeit schlecht mit mir zurecht. Vor allem, weil es das vierte Mal in Folge ist, dass ein Mann – obwohl er mir sagt, dass ich einzigartig und liebenswert bin – nicht mit mir zusammen sein möchte. Ich tue mich schwer damit, mich zu akzeptieren oder mich zu lieben. Ich habe manchmal das Gefühl, ich strahle etwas aus, was die Männer glauben lässt, sie können mich ausnutzen. Und werde ich mal härter und bestehe auf etwas, führt das oft eher ins Umgekehrte. Dass Männer sich dann früher oder später komplett herausziehen«, so Alicia. Vielleicht spüren sie, dass das aufgesetzte Selbstbewusstsein gespielt ist und nicht echt. Sie kann sich nicht verstellen.

»Wir sind gleichzeitig frei in der Partnerwahl, und doch werden wir gelenkt durch unsere Prägungen. Mit Zufall hat das Ganze nichts zu tun. Ich höre häufig den Satz: ›Ich gerate immer an die Falschen!‹ Nein, jeder wählt sie schon selbst aus!«, mahnt Paarberater Hegmann.

Tom ist nur der Katalysator, und Alicia ahnt das. Trennungen spielen dabei eine große Rolle – sowohl die aktuellen als auch vergangenen, ob nun verarbeitet oder nicht. Wieder einmal auf der Wartebank sitzend, schreibt Alicia mir und weiß genau, sie muss tiefer sitzende Probleme angehen.

»Wenn ich meinen Sohn nicht hätte, wüsste ich nicht, warum ich überhaupt da bin. Soweit reichen meine Gedanken schon. Hinzu kommt, dass ich wenige Freunde habe. Es wurde mir die letzten Wochen noch mal sehr bewusst. Ich hatte wenige Anrufe, außer beruflich, und kaum Kontakt zu Menschen. Oft hocke ich allein in der Wohnung.« Dabei kenne sie nicht eben wenige Leute durch ihre Arbeit. Dennoch fühle sie sich einsam: »Diese Funkstille zwischen ihm und mir – und die Einsamkeit –, dazu noch finanzielle

Sorgen, ein Kind, das emotional auch angeschlagen ist (...), das ist momentan recht viel für mich. Und zu sehen, wie mein narzisstischer Ex-Ehemann sich ein heiles Leben aufbaut, (...) aber keinen Cent für seinen Sohn hat. All das zu verarbeiten, positiv zu bleiben und stark zu sein. Das geht manchmal doch nicht so leicht. Auch wenn der Kopf das alles weiß.«

Diese beiden Geschichten von Laura und Alicia habe ich ausführlicher beschrieben, weil ich an ihnen deutlich machen möchte, wie sehr uns die eigene Lebensgeschichte in unserem Handeln beeinflusst. Alicia und Laura hat die Erfahrung des Ghostings heftig zugesetzt. Was tun, wenn sich Abgründe auftun und man nicht weiß, wie man sie zuschütten soll? Beide dachten an Suizid, was übrigens bedeutet, das eigene Verschwinden für den Anderen konsequent zu Ende zu denken. Im Selbstmord tötet man das ›Selbst‹.

Nun sind die Folgen nicht immer so dramatisch, und es sind ganz und gar nicht nur Frauen betroffen. Aber eines eint alle Verlassenen, mit denen ich in Kontakt kam: Die Verlassenen betrachten nach der Erfahrung des Ghostings nicht selten alles Zwischenmenschliche als hoffnungslos oder schmerzvoll. Für ihre Zukunft bedeutet das schlimmstenfalls, dass sie eine Bindungsphobie oder übersteigerte Verlustängste entwickeln. Die Angst, neue Beziehungen einzugehen oder darin zu klammern, führt dann möglicherweise zu einer weiteren Ghosting-Erfahrung. Ein Teufelskreis.

»Solche Verletzungen werden im Dating-Zeitalter zunehmen«, mahnt Parship-Berater Hegmann, »weil das Verlassen so einfach geworden ist. Gleichzeitig ist die Frustrationsschwelle sehr niedrig geworden, etwa durch Helikoptereltern, die ihre Kinder vor allem Schlechten beschützt haben.

Wenn diese nun Verletzungen erleiden, empfinden sie das als nahezu unerträglich.«

Ghosting ist brutal. Für jeden. Liest man im Netz die vielen Erfahrungsberichte, die weltweit gepostet werden, ist die Meinung einhellig: So etwas macht man nicht! Wer ghostet, ist ein Idiot.

»Wenn du mehr als drei Dates mit einer Person hast und vermittelt hast, dass du interessiert bist, dann kannst du nicht einfach so gehen. Das ist verwirrend. Breakups können dich verfolgen!«, warnt ein 25-jähriger in einem Forum.

Wer Erfahrungen mit Ghosting gemacht hat, empfindet Wut. Diese Wut kann aber auch dabei helfen, in der Zukunft vorsichtiger zu sein. »Wut hilft am Anfang«, sagt die Psychologin Lisa Fischbach und fährt fort: »Danach wird die Sicht klarer und ein Prozess der Genesung kann in Gang kommen. Adäquate Wut! Wer sich so verhält, ist mies. Für die Zukunft ist es wichtig, sich auch weiterhin auf jemanden einlassen zu können, aber dabei nicht zu vergessen, eine gesunde Wachsamkeit zu entwickeln. Es ist nämlich schon so, dass viele sagen, ›naja, da gab es schon mal hier und da Hinweise. Ein Achtung!‹«

So habe sie einmal eine Klientin in der Praxis gehabt, die bereits im Voraus ahnte, dass sich der Partner trennen würde, sobald sie sich ihm hingegeben hätte. Sie sagte: »›Ich habe sehr lange gezögert, mit ihm intim zu werden. Es gab irgendwas, was mich abgehalten hat.‹ Doch irgendwann gab sie nach. Ich habe sie dann gefragt: ›Warum sind Sie sich nicht treu geblieben? Warum haben Sie nicht noch ein bisschen gewartet?‹ Sie wusste es nicht.«

Doch genau in diesem Punkt sich selbst treu zu bleiben, sei überaus wichtig. Tatsächlich endete die Beziehung kurz danach. Dieser Fall sei nicht untypisch, denn viele Klienten würden intuitiv spüren, dass eine Beziehung nicht hält, was sie verspricht – oder besser: was man sich von ihr verspricht. »Ja, meine Klienten sagen oft: Ich habe es gespürt. Ich hab's nur nicht wahrhaben wollen. Sie sagen auch, dass sie sich am meisten über sich selbst ärgern und wissen, dass sie es anders könnten. Das stimmt. Aber nur, wenn sie sich treu geblieben wären. Das ist ganz wichtig«, insistiert Lisa Fischbach.

Gleichzeitig beobachtet die Psychologin gerade bei erfolgreichen Frauen eine große Angst vor dem Verlust der Autonomie, wenn sie sich in eine Partnerschaft begeben. Solche Frauen muss ein »Ghosting« besonders quälen. Zu einem Leben, das vor allem auf Selbstbestimmung basiert, gehört unbedingt dazu, das Ende mitzugestalten.

Anderen Frauen geht es mehr um Sicherheit. Eine junge Frau schreibt mir: »Du wirst sicher denken, wie klein mein Problem ist, aber ich fühle mich wie eingefroren. Kennen gelernt haben wir uns über eine Dating-Plattform. Wir schrieben uns etwa 6 Monate, manchmal sogar mehrmals täglich. Ich hatte das Gefühl, dass wir uns schon ewig kennen. Alles stimmte.« Er habe sogar einen Song für sie komponiert und ein Gedicht geschrieben.

»Okay, ich kannte nur seine Stimme, bevor wir uns dann endlich ein erstes Mal trafen. Ich fand sie unendlich sympathisch. Was sollte nach solch einem intensiven Austausch schief gehen? Wir trafen uns also. Es war geradezu perfekt. Wir verbrachten einen wunderbaren Abend zusammen, trennten uns spät in der Nacht, und am nächsten Tag verabredeten wir uns für einen Spaziergang im Park.« Auch das zweite Treffen verlief so, wie sie es sich erhofft hatte. Es war alles so vertraut, dass sie dachten, sie hätten endlich den »Menschen gefunden, der zu uns passt. Er sagte, noch nie habe er jemanden getroffen, mit dem er so offen und ehrlich über seine Gefühle habe sprechen können. Spät in der Nacht küssten wir uns. Am folgenden Wochenende wollten wir uns wiedersehen«.

Die nächsten Tage versicherten sie einander gegenseitig, dass sie es kaum erwarten konnten, sich wieder zu sehen. »Ich kann mich nicht erinnern, jemals so ein gutes Gefühl gehabt zu haben. Ich machte mich zurecht und ging am Samstagnachmittag zum vereinbarten Treffpunkt. Als er nach einer Stunde noch nicht da war, wurde ich unruhig. Ich schaute immer wieder auf mein Handy. Nichts. Nach zwei Stunden ging ich völlig verwirrt nach Hause. Auch am Abend: keine Nachricht. Am nächsten Morgen ging für mich eine Welt unter. Er hatte mich überall, auch bei Facebook, gesperrt. Der komplette social media freeze. Auch telefonisch war er nicht erreichbar. Kein Anschluss.«

Ausgelöschte Lebenszeit. Diese Zuschrift ist geradezu idealtypisch. Was war passiert? Was hatte Julia übersehen? Sie findet keine Antwort. Möglicherweise scheute er sich vor einer Beziehung, trotz seiner Verführer-Attitude.

Und gerade solche Menschen haben eine besonders starke Anziehungskraft, wie das folgende Statement des Molekularbiologen Giovanni Frazetto belegt: »Tief in ihrem Inneren sind die Ängstlichen niemals sicher, dass jemand sie tatsächlich lieben könnte. Sie glauben, dass es immer eine riesige Kluft geben wird zwischen der Intimität, nach der sie sich sehnen, und dem, was ein Partner tatsächlich zu geben in der Lage ist.«

Ein Vermeidender bestätige diesen Glauben. Wenn der Vermeidende abwesend und unaufmerksam sei, mache sich der Ängstliche Sorgen um die Beziehung. Wenn der Vermeidende die plötzliche Andeutung von Aufmerksamkeit oder einer liebevollen Geste zeige, mache der Ängstliche vor Freude Luftsprünge. Die Ereignisse lassen sich noch eingehender deuten: »Das vorübergehende Glücksgefühl wird fehlinterpretiert als beständige Liebe, Hoffnungen werden wieder aufgebaut. Der Ängstliche fühlt sich bestätigt: Er bedeutet seinem vermeidenden Partner etwas. Die diskontinuierliche Aufmerksamkeit des Vermeidenden, vermutlich ein Überbleibsel der inkonsequenten Bezugspersonen, ist für den Ängstlichen auf bizarre Weise nährend.«

Auf der anderen Seite passe der Vermeidende gut zum Ängstlichen, weil der Ängstliche seinen Glauben bestätige, dass Intimität eine unentrinnbare Falle sei. Der Wunsch nach Unabhängigkeit und die dominierende Macht des Vermeidenden würden durch die Bedürftigkeit und das Gefühl der Unzulänglichkeit des Ängstlichen legitimiert.

»Der Vermeidende setzt Grenzen, um eine Protestreaktion hervorzurufen. Er nimmt vieles auf sich, um Intimität aus dem Weg zu gehen – manchmal, indem er sich unbeliebt macht. (...) Im Allgemeinen kann der Ängstliche, obwohl er akutere Phasen emotionalen Schmerzes erlebt, dank fruchtbarer Reflexion seine Trennungserfahrungen für eine persönliche Weiterentwicklung umwandeln.« So nochmals Giovanni Frazetto.

Andererseits erfahre der Vermeidende möglicherweise zwar eine schnelle emotionale Heilung, verliere aber durch das Fehlen der Selbstreflexion und das krampfhafte Festhalten an einer positiven Selbsteinschätzung die Chance, über seine Fehler nachzudenken und irgendeinen konstruktiven Sinn aus Trennungen zu ziehen. Er bleibe in seinen festgefahrenen Mustern stecken, so analysiert der Molekularbiologe Giovanni Frazetto das Wechselspiel zwischen Beziehungsvermeidern und Beziehungsängstlichen.

Ein Kontakt, der an- und abgeschaltet wird, ist eine Hinhaltetaktik, die durchaus als Vorstufe eines endgültigen Bruchs betrachtet werden kann. Der Schalter liegt an der Oberfläche, auf der Tastatur. Wie sehr aber ein Hin und Her, ein unzuverlässiges Kommunikationsverhalten in Zeiten zahlreicher Kommunikationswege Betroffene auf Trab halten kann, beschreibt eine junge Frau humorvoll und selbstironisch in einem Blog.

Nennen wir die Story ›modern love‹: »Um 6:30 Uhr morgens trocknete ich mir die Haare und bereitete mich auf die Arbeit vor. Ich begann damit, das Ende meiner zweiwöchigen Beziehung zu akzeptieren. Der Sargnagel war wohl eine etwas anzügliche Textnachricht, die ich ihm noch nachts geschickt hatte. Er antwortete nicht. Der Morgen wurde zu einer schnellen, aber emotional turbulenten Reise durch die fünf Phasen der Trauer. Erstens: Verleugnung. Es war durchaus möglich, dass er den Text nicht gesehen hatte. Er hätte tief schlafen können. Er hätte sein Telefon in die Toilette fallen lassen können. Er hätte sterben können! Jede dieser Optionen war beruhigend. Ich öffnete meine Nachrichten, um zu schauen, was genau ich gesendet hatte. Um 22:02 Uhr schrieb ich: ›Ich kann nicht aufhören, darüber nachzudenken, was ich jetzt als ›Bankzeit‹ bezeichne.‹«

Sie waren sich auf einer Bank im Park näher gekommen. Die Autorin dieser Zeilen ist Amerikanerin. Die Flirt-Prozesse in den USA sind klarer definiert als etwa in Deutschland. Dates verlaufen nach klaren Regeln. Der Frau steht der aktive Part eher nicht zu. Beziehungen sind immer auch an kulturelle Muster gebunden. Und die Dating-Plattformen verstärken das automatisierte Schema der Partnerschaftsanbahnung. Nun fragte sich die junge Amerikanerin also, ob ihre Nachricht nicht völlig unangemessen war:

»Aber: Wie schwer kann es sein, einen errötenden Smiley-Emoji oder auch nur »nett« (auch nicht gut – »schön« wäre noch schlimmer gewesen) zu antworten. Ich legte mein I-Phone mit dem Display nach unten weg und stellte den Klingelton aus. Zwei Minuten später. Immer noch kein Text! Ich begann über mein Leben nachzudenken und wie es von außen aussehen könnte. Ich dachte, es wäre gut verlaufen, unser Date. Als wir uns auf dem Bahnsteig trennten, war ich sicher, dass wir wieder miteinander ausgehen würden.«

Und weiter heißt es selbstironisch: »Es war vielleicht zu früh, sich so selbstsicher zu fühlen. Ich dachte, dass er mich wirklich mochte. Aber als ich meine Wohnung betrachtete – Handtuch immer noch auf dem Bett, Walmart-Lampe vom College in der Ecke – überlegte ich noch einmal. Ich bin chaotisch, faul und nur selektiv freundlich. Andere Frauen sind ordentlich und haben kleine Schüsseln mit dekorativen Steinen gefüllt auf ihren Kommoden. Andere Mädels machen Yoga. Ich sagte mir, wir hätten alle Fehler, aber ich bezweifelte, dass die Schwächen anderer Frauen genauso schlimm waren wie meine. In der Vergangenheit, als ich meine Freunde nach ihren Fehlern gefragt habe, haben sie Dinge gesagt, die nicht zählen: Manchmal sind sie frustriert oder haben zu viel gearbeitet. Diese Gespräche endeten unweigerlich damit, dass ich sagte: ›Die sind nicht schlimm genug.‹ Sie haben nicht gesagt, was ich hören wollte. Sie sagten nicht, dass sie sich nach Aufmerksamkeit sehnten, aber Schwierigkeiten hatten, sie Anderen zu geben. Sie haben nicht verraten, wie grausam sie sein konnten. Das waren sicherlich die Fehler, die er in mir gesehen hatte. Was aber nun, wenn er meine Fehler erkannt hatte und deswegen nicht getextet hätte? Was, wenn er erkannt hat, wer ich bin und mich nicht mochte? Aber: Wenn er nicht getextet hatte, weil er mich nicht mochte, war das so schlimm? Beziehungen sollten nicht dazu dienen, die Menschen mit einer keimfreien Version von sich selbst in die Irre zu führen, nur um später auf sie zu stoßen. Vielleicht hatte er mein wahres Ich gesehen und entschieden, dass ich nichts für ihn war. Viele Dinge sind nichts für mich: Laufen, Actionfilme, Hunde. Nichts davon ist schlecht, nur weil ich es nicht mag! Und wenn er mich nicht mag, warum sollte ich mit ihm zusammen sein wollen? Ich will eine Beziehung mit jemandem, der mich wundervoll findet! Unordentlich, vielleicht. Kann nicht mit Geld umgehen, absolut. Aber wunderbar! Vielleicht hatte er erkannt, wofür andere Menschen Jahre brauchen. (…) Es war besser, jetzt zu reagieren und sich elegant zu verbeugen. Besser, uns Jahre der Unentschlossenheit, des Grolls und der Verzweiflung zu ersparen. Vielleicht hatte er mir, indem er keine SMS schrieb, das Geschenk für den Rest meines Lebens gemacht!« Gut gelaunt beendete die junge Amerikanerin das für den permanent drohenden Kontaktabbruch so typische Schattengespräch. Orchester im Kopf. Und dann schrieb er.

Warum verschwindet jemand spurlos?

Meine Recherchen haben ergeben, dass Bequemlichkeit, Gleichgültigkeit und Gefühlskälte nicht die eigentlichen Gründe für einen plötzlichen Kontaktabbruch waren. Im Gegenteil. Oft ging es dabei um heftige Emotionen, um Angst, große Not und Scham. Enge macht Angst. Angst ist Enge – auch dem Wortsinn nach. Angst im lateinischen Angustiae bedeutet Enge. Das Adjektiv »angustus« stammt aus dem Indogermanischen und bedeutet: »eng, bedrängend«. Das Verschwinden, um aus einer Enge zu entfliehen, war häufig das Hauptmotiv für Kontaktabbrüche in Familien, wie ich es in den vorherigen Büchern beschreibe. Das Verschwinden kann dann eine Notwendigkeit sein. Oft ist es die konsequente Handlung von Menschen, die sich zuvor nicht gesehen fühlten, nicht lebten, was sie fühlten. Dann ist es eine Befreiung.

Das Verschwinden kann aber eben auch in Paarbeziehungen Vermeidung bedeuten, etwa zu einem anderem Menschen in eine dauerhaft nahe Beziehung zu gehen. Aus Angst vor Nähe, aus dem Gefühl, klein gehalten zu werden, eben weil ich schlechte Erfahrungen gemacht habe – oder weil ich eine Störung habe.

In »Der Sturm vor der Stille« schildere ich die Geschichte von Stephan, der von seiner Freundin Marie plötzlich verlassen wurde. Marie lockte Stephan, band ihn eng an sich und entzog sich ihm immer heftiger, je ernster die Beziehung wurde. Dahinter steckte der Versuch der Selbstbewahrung und Ich-Abgrenzung. Wie es scheint, hatte sie Angst, von zu viel Nähe überwältigt zu werden, also die Kontrolle zu verlieren. Aus dieser Angst versuchte sie sich gegen allzu starke Gefühle zu immunisieren, um so vermeintlich unverwundbar zu werden. Distanz schützt vor Verletzungen oder Enttäuschungen. Nähe könnte ihr Ich ins Wanken bringen, ihre Identität gar gefährden. Sie brauchte Distanz, um ihren Halt an sich selbst nicht zu verlieren. Sie wollte nicht in ihre Abgründe schauen. Liebe bedeutete für Marie ein Sich-Ausliefern. Die Preisgabe ihrer Angst. Und das ist auch nicht ganz falsch, denn Vertrauen ist dort zu finden, wo wir uns verletzlich zeigen dürfen.

Meine ehemalige Linguistikprofessorin, Silvia Bovenschen, hat einmal in einem Gespräch mit dem Philosophen Alexander García Düttmann gesagt: »Ich glaube, dass die Liebesfähigkeit bei Menschen dort ist, wo sie es nicht vermeiden, in den Abgrund zu schauen. (...) In der Liebe bedeutet das, sich den Abgründen eines anderen hemmungslos auszusetzen.«

Der Philosoph entgegnete: »Wenn es im Zusammenhang mit Liebe überhaupt so etwas wie Rettung geben kann, dann ist das keine Rettung, die uns davor bewahrt, in den Abgrund zu schauen. Liebe ist nichts, das es uns erlauben würde, an etwas festzuhalten, woran wir sonst nicht festhalten könnten, sondern umgekehrt: Die Rettung, die sie bietet, hat mit Preisgabe zu tun.« Darauf Bovenschen: »Man liefert sich aus.«

Der Philosoph: »Genau, man liefert sich aus. Man gibt preis, man setzt sich aus, denn das, was man Liebe nennt, ist ja immer etwas, das mit einer Gunst zu tun hat. Liebe ist nichts, was wir willkürlich und willentlich hervorbringen oder hervorrufen können. Und insofern hängt tatsächlich die Preisgabe und das Schauen in den Abgrund, das Aushalten des Anblicks dieses Abgrunds, mit Liebe zusammen.«

Doch mit dem Ausliefern scheint es nicht ganz so einfach zu sein. Verletzlichkeit wird heutzutage gerne als Bedürftigkeit interpretiert. Sicherheit und Kontrolle scheinen den Menschen wichtiger zu sein als Hingabe. Sie trauen sich nicht mehr in Beziehungen. Lassen berechnen und kalkulieren, ob der Kandidat passen könnte. Und auch mit der Preisgabe tut sich mancher schwer. Doch mit unseren Abhängigkeiten von anderen Menschen müssen wir umzugehen lernen, wenn wir dem Leben zugewandt sein wollen. »Riskieren wir das nicht, bleiben wir isolierte Einzelwesen ohne Bindung, ohne Zugehörigkeit, letztlich ohne Geborgenheit, und werden so weder uns selbst noch die Welt kennen lernen.« Dies ist eine der »Zumutungen« unseres Lebens, erklärte der Psychoanalytiker Fritz Riemann in seinem Standardwerk »Grundformen der Angst«.

»Ich fühlte mich machtlos und schämte mich, dass ich nicht diese Person sein konnte, die ich für ihn sein wollte. Deshalb bin ich desertiert«, schrieb mir ein Mann, der sich durch Ghosting von seinem Freund »verabschiedete«. Der 30-Jährige glaubte, ihm nicht zu genügen, dachte, dass er, wenn er er selbst sein würde, seinen Freund gar »wütend« machen könnte.

Eine junge Frau schrieb über einen Mann, den sie »spannend« fand und der sie zum Essen einlud: »Ich konnte mich nicht dazu durchringen, ihm zu antworten. Ich war emotional nicht verfügbar. Ich hätte ihm das erklären können, aber ich wollte das nicht aus Angst, dass er mich für zu kompliziert halten würde. Also antwortete ich gar nicht.«

Ghosting ist in erster Linie eine Vermeidungstaktik! Vermieden wird die lästige Konfrontation, eine ehrliche Betrachtung eigener Unzulänglichkeiten, und, ja, zumindest die teilweise Preisgabe seines Selbst – und nicht zuletzt ist Ghosting eine effektive Strategie, um Aufwand zu vermeiden, der sich vermeintlich nicht lohnt. Ein Ghosting-Abgang schont die Ressourcen! Man hält sich nicht mit Klärungsdebatten auf, spart Zeit und Nerven. Auch fällt es offenbar schwer zu sagen: Hör' zu, das wird nix! Es erfordert Konfliktfähigkeit, sich dem auszusetzen. Die Schweizerin Ursula hat sich selbst verordnet, ehrlich und aufrichtig zu sein. Die 47-Jährige datet seit eineinhalb Jahren hauptsächlich bei Tinder. »Ich entscheide schon beim ersten Date, ob es Zukunft hat oder nicht. Und sage es auch! Gerade gestern sagte ich meinem Tinder-Date beim Abschied, dass ich nicht denke, dass es für uns eine Zukunft gibt. Und er sagte: Ach, und das weißt du jetzt schon?« Ja, Ursula wusste es gleich, und doch hat sie dieser Satz aufhorchen lassen. Warum gibt sie ihm keine weitere Chance? Ist Beziehung nicht auch Entwicklung? Können Beziehungen nicht auch wachsen?

Immerhin erklärt ihm Ursula, dass sie keinen weiteren Kontakt will, auch weil sie selbst schon geghostet wurde. Auch wenn man sich mit der Zeit fast daran gewöhne, verletze Ghosting: »Ich war schon perplex, dachte, ich habe mich doch anständig benommen. Was ist passiert? Ein Autounfall? Man denkt wirklich, dass der Andere vielleicht tot umgefallen ist. Und, ja, es verletzt! Interessanterweise haben sich zwei Männer, die ich bei Parship kennen gelernt hatte und die plötzlich den Kontakt abbrachen, etwa ein halbes Jahr später erklärt. Sie erklärten, dass sie mit mir überfordert gewesen seien. Ich war denen zu viel, zu anstrengend, zu fordernd.«

Aussagen wie »Wozu in etwas investieren, was man nicht will?« oder »Was es nicht gab, muss man auch nicht beenden«, höre ich immer wieder. Und doch lohnt es sich, diese zumindest einseitig Ressourcen schonende Variante des Schlussmachens – auch bei langjährigen Freundschaften – genauer zu betrachten.

Natürlich verpflichten ein, zwei oder auch drei Verabredungen noch lange nicht dazu, ausführlich zu begründen, warum man ein Wiedersehen nicht wünscht. Nicht selten verhalten sich die später Verlassenen zuvor klammernd, sodass nur noch konsequentes Ignorieren zu helfen scheint. Und dass eine Aussprache nicht unbedingt vor weiteren Kontakt-Attacken schützt, hat vielleicht schon jeder einmal erlebt. Doch wie wir zuvor gesehen haben, geht es vor allem darum, was zuvor – oder eben gerade nicht – kommuniziert wurde, verbal oder auch nonverbal. Wer widersprüchliche oder auch eindeutige um den Anderen werbende Signale aussendet, muss sich nicht wundern, wenn der Andere diese Zeichen – oder gar den Absender – ernst nimmt. So wie Laura, die sich über die Komplimente ihres Freundes beim Weihnachtsessen freute, bis sie sich einen Tag später als falsch erwiesen.

Mit der Flucht aus der Beziehung entzieht sich derjenige, der verschwindet, jeglicher Konfrontation. Ghosting ist eine Vermeidung von Konfrontation und Stress – zumindest für eine Seite. Mit Trauer und Wut will sich der Abbrecher, der oft das Verführen besser versteht als den eleganten Abgang, nicht konfrontieren. Flucht hat mit Angst zu tun, und Angst tritt auf, wo wir uns in einer Situation befinden, der wir nicht oder noch nicht gewachsen sind.

Die Angst, nicht man selbst sein zu können oder, wenn man es wäre, abgelehnt zu werden, wird natürlich größer, je näher man sich kommt. Ist das Versteckspiel nicht mehr möglich, flieht der von Ängsten Überforderte.

Dass, wer einmal schweigt, dies immer wieder tut, habe ich ausführlich beschrieben. Der Schweigende hat es so erlernt, in der Familie, ist so sozialisiert. Es ist ein Muster. Der französische Schriftsteller Philippe Besson schreibt: »Wenn man einmal geschwiegen hat, schweigt man immer, selbst wenn man mit der Hand auf dem Herzen versichert, dass man das nächste Mal reden wird. Man schweigt, weil man nicht anders kann, weil man so gebaut ist, weil es ein Verhängnis ist, dem man nicht entkommt. Man schweigt, weil man nicht den Mut hat, die zerbrochenen Teile wieder zusammenzukleben, weil man zugibt, dass man verloren hat und dass jede Rückeroberung nur vorübergehend und illusorisch wäre. Man schweigt, weil Tränen ganz gut in die Stille fließen.«

Ghosting ist ein Verschwinden. Man verschwindet buchstäblich von der Bildfläche oder versinkt im Boden – auch aus Scham. Scham ist eine heftige Verletzung der eigenen Selbstvorstellung. Würde man es aussprechen, würde es die Scham zementieren – also flieht man. Der US-Psychiater Markus Horvath erzählt von einem perfekten Familienvater, Ehemann, der sich umbrachte. Sein Umfeld war erschüttert, dachte bis zum Suizid, dass er das Idealbild der perfekten Familie leben würde. Er ging aus Scham. Wollte nicht zugeben, dass er finanzielle Probleme hatte und mit den Ansprüchen der Familie überfordert war. Das Perfekte ist allzu gut geeignet, den Abgrund dahinter zu verbergen.

Eine Demütigung kann uns offenbar so sehr beschämen, dass wir uns wünschen, nicht mehr zu existieren. Wenn ich nicht mehr da bin, kann man nicht sehen, was mich beschämt. Also entziehe ich mich, vermeide jede Begegnung, breche den Kontakt ab.

»Scham ist ein toxisches Gefühl. Sie lauert lautlos im Inneren. Je weniger sie mitgeteilt oder preisgegeben wird, desto größer wird sie. Sie ist ein Gift mit langer Halbwertzeit«, so der Molekularbiologe Giovanni Frazetto.

Wenn man erkennen muss, Opfer des eigenen Denkens und daher auch ein wenig Täter geworden zu sein, wird die Sache nicht nur kompliziert, sondern psychisch bedrohlich. Die Scham versucht, diese Einsicht in eigene Fehler zu verdecken, die Schuld wird abgewehrt und lieber Anderen zugewiesen. Aber diese psychischen Abwehroperationen helfen meist nur für den Moment und lassen sich in intimen Beziehungen, in denen man auf lange Sicht nicht umhinkommt, halbwegs ehrlich zu sein, kaum dauerhaft aufrechterhalten. Warum aber verschwinden heute mehr Menschen als früher? Sind wir empfindlicher geworden? Ängstlicher? Schamvoller? Bequemer? Liegt es daran, dass es dank der Dating-Plattformen einfacher geworden ist? Oder liegt der Grund für die häufigeren Ausbrüche darin, dass Menschen mehr Beziehungserfahrungen machen als früher?

»Da junge Singles häufiger kurze Partnerschaften eingehen, bevor sie Anfang bis Mitte 30 dann bereit sind zu heiraten oder eine Familie zu gründen, erleben sie mehr Trennungen. Jedes Beziehungs-Aus verletzt! Viele Menschen klagen, dass sie kein Vertrauen mehr in andere fassen können, weil sie solch schmerzhafte Erfahrungen gemacht haben. Diese – oft traumatisch erlebten – Erfahrungen führen zu Schutzreaktionen vor weiteren Verletzungen, und diese zeigen sich in den typischen neuen Dating-Phänomenen wie dem Ghosting.«

So der Therapeut und Parship-Berater Eric Hegmann. Ein Teufelskreis. Schutz- und Schamreaktion. Angst. Wobei es ja nicht nur um die direkte Angst geht, sondern vor allem auch um den Erhalt des Selbstbildes, das zu verschwinden droht. Ghosting ist im Grunde eine Weigerung, sich mit der Wirklichkeit auseinanderzusetzen. Diese Art von Verleugnung ist ein frühkindlicher Abwehrmechanismus. »Anscheinend haben die Menschen eine gewisse Reife verloren, mit der sie in der Lage wären, Wahlfreiheiten zu nutzen! Es liegt aus meiner Sicht immer wieder an der mangelnden Reife«, betont der Psychologe Hantel-Quitmann.

Wir verschwinden also, weil es an der Ernsthaftigkeit und Geduld fehlt, uns auf eine Beziehung einzulassen oder uns für ihr Gelingen einzusetzen. Wir verschwinden, weil wir die Phase der Ambivalenz nicht aushalten, weil wir Ambiguität nicht leben können. Wir verschwinden aus Bequemlichkeit, Überforderung, Empathielosigkeit. Es gibt viele Gründe. In den Zuschriften erkenne ich ein allzu flinkes Umschlagen von der Idealisierung eines Partners, einer Beziehung, hin zur völligen Entwertung.

Für das Ende findet sich nur noch eingeübte Belanglosigkeit: ›Es funktionierte einfach nicht‹ oder ›nicht mehr‹. Die Sachlichkeit der Formulierung sagt alles: Es gibt nichts mehr zu tun – außer zu gehen.

Die digitalen Kommunikationsmittel machen es möglich, auf Knopfdruck zu verschwinden und sich schnell und ohne allzu viel Aufwand neu zu orientieren. Sich festlegen bedeutet in dieser Denklogik: Optionen verpassen, vor allem bessere Optionen. Also bleibt jeder im Stand-by-Modus, denn der Traumpartner könnte jede Minute aufpoppen.

> »Liebe beglückt und verstört, heilt
> und vernichtet. Sie kennt keine Regeln.«
>
> Michela Marzano

2. Kapitel

Die Suchmaschinen der Liebe

Rund 21 Millionen Singles gibt es in Deutschland. Laut Statistischem Bundesamt nehmen Eheschließungen eher leicht zu, Scheidungen hingegen deutlich ab. In einer Zeit, in der Partnerschaftsbörsen immer wichtiger werden, sind die Ehen offenbar stabiler. Aber: Gibt es auch mehr Liebe?

Im Schnitt registrieren sich pro Jahr zwei Millionen Mitglieder bei den beiden größten Partnervermittlungsplattformen in Deutschland: 1,5 Millionen bei Parship und eine halbe Million bei ElitePartner. Die PARSHIP ELITE Group hat 2017 rund 120 Millionen Euro erwirtschaftet. Parship und ElitePartner sind aus den Kleinanzeigen der Wochenzeitung DIE ZEIT hervorgegangen und gehörten anfänglich dem Holtzbrinck-Verlag. Später übernahm die Sendergruppe ProSiebenSat1 die Dating-Portale Parship und ElitePartner.

Statistisch gesehen ziehen Paare, die sich online gefunden haben, schneller zusammen als »Offline-Paare«, sie bekommen früher Babys und heiraten schneller. Die Partnerschaftsbörsen erscheinen auf der Oberfläche als Garant für funktionierende Beziehungen, und das liege, glaubt man Parship-Berater Eric Hegmann, an den psychologischen

Tests, auf deren Basis die Partnervorschläge generiert werden.

Aber ist das Liebe? Oder geht es hier nicht eher um ein Produkt, das auf einer Plattform eingekauft wurde und sich nun auch lohnen muss? Hegmann gibt offen zu, dass meist diejenigen zu Parship kommen, die zuvor »frustrierende Erfahrungen bei unverbindlicheren Dating-Apps gemacht haben«. Nun suchen sie Sicherheit. Doch wie passen Sicherheit und Liebe zusammen? Es gibt kaum einen Lebensbereich, wo das schlechter gelingen wird. Liebe wird genährt durch Unsicherheit, Widerstand, durch die Notwendigkeit, Nähe zu erhalten und den Verlust zu verhindern.

»Frustriert« sind die User der Dating-Apps deshalb, weil sich die vielen vermeintlichen Möglichkeiten letztendlich als unmöglich herausstellen. Es sind eher fiktive Optionen, weil es zu viele andere Möglichkeiten gibt, die Auswahl groß ist und weil die eigenen Erwartungen zu hoch sind.

Die User fragen einander ab, formulieren Kriterien zur Partnerwahl und stellen sie erwartungsvoll in die Cloud. Aber ist die Liebe berechenbar? Kann man Gefühle verhandeln? »Man kann die Welt der wahren Gefühle nicht mehr von den Waren trennen«, warnt die Soziologin Eva Illouz. Online-Dating-Portale werden in dieser Warenwelt der Gefühle zu posterotischen Agenturen, zu Verkaufsstellen der Liebe. Passt etwas nicht, wird es storniert. Das Risiko einer Enttäuschung wird minimiert, indem man bei der Vorauswahl strenge Kriterien anlegt. Auf Effizienz getrimmter Dating-Kapitalismus. Der Kandidat: eine Liste von Parametern. Es geht um Sicherheit. Von Anfang an. Aber: Brauchen Beziehungen nicht Widerspruch, Streit – auch Zweifel? Ohne Reibung keine Nähe!

»Die Liebe nimmt überhaupt erst ihren Anfang mit Zweifeln und Unvollkommenheiten. Wenn man aufhört, die Gefühle zu idealisieren und sich mit der Realität abfindet. Wenn man begreift, dass es nicht so schlimm ist, sich zu streiten. Die Liebe ist stärker als Meinungsverschiedenheiten, und sie besteht weiter, auch im Streit. Sie wächst sogar noch. Eben weil das Ich die Freiheit besitzt, seinem Ärger Luft zu machen und zu widersprechen, frei von jeglicher Erwartung.« So die Philosophin Michaela Marzano. Bisher galt, dass Liebe nicht erzwungen, nicht willentlich hervorgebracht werden kann. Die Partnervermittlungsplattformen haben sich die Aufgabe gestellt, diese Sicht auf die Liebe zu widerlegen. Die Suche wird zum Ziel. Aber warum suchen wir eigentlich?

In diesem Kapitel soll es um das Suchen und Finden der Liebe im digitalen Zeitalter gehen – und auch um das Gefunden-Werden. Das ist insofern von Bedeutung, als es für den Fortgang der Beziehung entscheidend ist, wie eine Liebe beginnt.

»Innerhalb von Millisekunden schätzen wir eine andere Person als sympathisch oder unsympathisch, freundlich oder gefährlich, langweilig oder interessant, hässlich oder schön ein. Solche Vorgänge bleiben vorbewusst, und es bedarf einer Willensanstrengung, diese vorbewussten Automatismen zu erkennen, zu überprüfen und zurückzunehmen, um sich vorurteilsfrei dem anderen Menschen zu nähern. Geschieht diese bewusste Reflexion nicht, dann ist die Wahrscheinlichkeit groß, dass wir im Sinne einer selbsterfüllenden Prophezeiung lediglich unsere Erfahrungen oder Vorurteile bestätigen.« So äußerte sich der Psychologe Wolfgang Hantel-Quitmann. Die Suche nach Liebe ist also der Weg. Dabei kann man auf viele Irrwege und in viele Sackgassen geraten.

Die Suche nach dem Passenden

Noch nie war es so leicht, einen neuen Partner kennenzulernen. Und trotzdem scheint es schwerer denn je, die Liebe zu finden.

Menschen, die an der Optimierung ihres ohnehin schon privilegierten Lebens arbeiten, verlangen geradezu nach der idealen Beziehung. Ihnen fehlt es an nichts. Außer an Nähe. Kein Problem, denn die Nähe kann man ja berechnen, kaufen, aushandeln. Etwas freudlos und schematisch wirkt das, was einmal Liebe werden soll, ohne Gespür für das, was es ist und werden könnte: ein hochkomplexes und eben nicht berechenbares Gefühl, eines, das sich nicht erzwingen lässt – denn Liebe braucht Zeit. So wundert es nicht, wenn die »Liebe« auch so endet, wie sie begann: ereignislos. Ohne Emotionen.

Lange Zeit dachte man ja, Liebe passiere plötzlich, ungeplant, gerne auch auf den ersten Blick. Heute passiert sie auf den ersten Klick. Und wenn das nicht passiert, wird der Kandidat kurzerhand aussortiert. Das kann ein entscheidender Fehler sein.

»Im Rückblick kann ich sagen, ich habe meine Freundin Sarah Schumann vor 40 Jahren kennen gelernt. Aber wenn Sie mir am Anfang gesagt hätten, dass das 40 Jahre dauern und irgendwann als Liebe durchgehen wird, dann hätte ich den Kopf geschüttelt und Sie für verrückt erklärt. In unserer Liebe kam es immer auf das Undefinierte an: auf das Gewordene, das Zufällige, auf die Vermeidung der Bekenntnisse, der Festlegungen und Sortierungsversuche. Liebe wird ja heute gerne einsortiert.«

Dies sagte meine ehemalige Linguistik-Professorin, Silvia

Bovenschen, einmal über die Beziehung zu ihrer Lebensgefährtin.

Die Suche nach dem Passenden läuft auf den Partner-Vermittlungsplattformen über rund 30 Items ab, also Eigenschaften, die abgefragt werden – zum Beispiel, ob man bei offenem Fenster schläft. Es geht dabei weniger um die tatsächliche Antwort, als vielmehr um die Kompromiss- und Toleranzfähigkeit. Psychotherapeut Oskar Holzberg sieht diese Matching-Tests allerdings kritisch:

»Das funktioniert nicht. Man kann solch ein komplexes Geschehen wie eine Begegnung zwischen zwei Menschen nicht auf 30 Items oder auch mehr reduzieren. Wissen wir, ob der Andere gut riecht? Biochemie! Was ist mit den ganzen Übertragungsphänomenen? Das lässt sich ja nicht fassen. Wir suchen natürlich Ähnlichkeit. Wenn ich auf Heavy Metal stehe und Sie Mozart hören, dann wird es eventuell schwer. Also suchen wir Ähnlichkeiten in der Weltanschauung, in der Differenzierungs-Fähigkeit, also so eine Art psychische emotionale Reife. Wenn ich bereit bin, über mich selber zu reflektieren und auch meine Gefühle nicht einfach so annehme, sondern eher Fragen stellen und differenzieren kann, suche ich jemanden, der das auch kann.«

Holzberg spricht hier etwas an, das durchaus wichtig ist, nämlich: Wie reflexionsfähig ist ein Mensch? Suche ich jemanden, der gut unterscheiden kann, was der eigene Anteil und was der des Anderen ist? Vermag man dies selbst nicht allzu gut, vermisst man es auch beim Anderen nicht.

Möglicherweise suchen wir intuitiv nach Ähnlichkeiten, vor allem aber suchen wir Verbindung, will sagen Bindung. Dabei spielt Anziehungskraft eine große Rolle. Etwas, das man weder berechnen noch erzwingen kann.

Was also versuchen Plattformen herzustellen? Eine Verbindung oder gar Bindung? »Das ist doch vor allem eine Marketingstrategie: ›Wir helfen Ihnen, den Besten zu finden. Den Passendsten.‹ Was immer das sein soll«, so Holzberg.

Nun müsse man auch zwischen Dating-Plattformen und Partnervermittlungs-Plattformen unterscheiden, erklärt die Psychologin Lisa Fischbach. Partnervermittlungs-Plattformen arbeiteten mit psychologischen Tests und weniger mit Äußerlichkeiten wie Bildern. Erst komme also das Matching und dann die anonymisierten Partnervorschläge.

»Ihre Fotos sind nicht sichtbar. Das hat etwas mit Diskretion zu tun, aber auch dem Bedürfnis, häufig gerade von Frauen geäußert, eben nicht wie auf dem Jahrmarkt da zu stehen. Im Dating-Bereich dagegen stellt man sich offen zur Schau. Da haben Sie auch keinen psychologischen Test, auch kein Matching. Da geht es ganz viel um diese Checklisten, die Sie von sich erstellen und die Sie auch ihrem Gegenüber als Schablone auferlegen.«

Lisa Fischbach weiß, wovon sie spricht. Sie selbst hat die Tests für die Partnervermittlungs-Plattformen mitentwickelt. Das Auswahlverfahren ist von Psychologen erarbeitet, die Kriterien wurden jahrzehntelang erforscht. In den Tests gehe es vor allem darum, was für ein Beziehungs-Typ man sei. Gefragt werde etwa, ob man eher intro- oder extrovertiert ist, wie das Kommunikationsverhalten ist, das Bedürfnis nach Nähe und Freiheit. Andere Punkte betreffen etwa Versorgungsanspruch oder Charaktertyp. In den USA werden den Kunden der Partnerschaftsvermittlungen bis zu 1000 Fragen gestellt, aber kaum einer kann sie alle beantworten. Doch selbst wenn die psychologischen Grundtendenzen weitestgehend harmonieren, muss nicht automatisch der Funke überspringen. Viel zu entdecken gibt es ohnehin nicht mehr. Auch kann ein totales Match in gewisser Weise reizlos sein. Und: Braucht es nicht mehr für eine Partnerschaft – für eine Liebe? »Ich würde sagen, wir erfassen mit den Tests 30 Prozent einer Persönlichkeit, also etwa Konfliktfähigkeit«, schätzt Fischbach.

Denkbar ist natürlich auch, dass Selbstauskünfte nicht immer der Wahrheit entsprechen und man sich selbst beispielsweise für konfliktfähig hält, auch wenn man tatsächlich nach der kleinsten Kritik an die Decke geht. Doch das Konzept scheint aufzugehen. 30 Prozent der Online-Sucher finden einen Partner. Verliebt wird sich sehr schnell. Alle 11 Minuten. Doch ist das wirklich so? »Ich habe gehört, dass es sogar nur 8 Minuten sind«, sagt ElitePartner-Beraterin Lisa Fischbach.

Ob acht oder elf Minuten: Verlieben kann man sich schnell. Die Liebe dagegen erfordert Zeit. Liebe ist nicht die Voraussetzung für eine gute Beziehung, sie ist das Ergebnis. Verliebtheit findet an der Oberfläche statt. Sie geht vorüber. Immer.

Die Partnerschaftsplattformen vermitteln – freilich kalkuliert – den Rausch der Verliebtheit. Übrigens dauert der längstens zwei Jahre. Von der Liebe aber ist ihr Werbespruch noch weit entfernt. Liebe bedeutet: Kommunikation und Arbeit. An sich und dem Anderen. Doch das verkauft sich nicht. Möglicherweise geht es hier jedoch weniger um Liebe als vielmehr um Sicherheit. Die Menschen, insbesondere der jüngeren Generation, verlangten vor allem nach Sicherheit, bestätigt Parship-Berater Hegmann: »Die Leute schreien geradezu nach Sicherheit. Ich brauche Sicherheit! Gib mir Sicherheit! Das Spannende ist eigentlich: Die Liebe soll uns heute Sicherheit geben, obwohl Liebe par excellence das Sicherheitsrisiko schlechthin ist! Das ist vollkommen auf den Kopf gestellt.«

Aus dem Abenteuer Liebe ist eine Versicherungspolice geworden. Und bei einer Versicherung ist Schummeln offenbar erlaubt. Wir wollen Sicherheit, aber gleichzeitig vermeiden wir jede Verbindlichkeit. Bloß kein Risiko eingehen oder gar Versprechen machen. Ohne Netz und doppelten Boden wagt sich kaum noch einer in Beziehungen. Dahinter verbirgt sich nicht zuletzt die Angst vor einem erahnten schmerzhaften Ende, vor der emotionalen Katastrophe, wenn sich der Andere abwendet. Dann geht man besser gar keine Beziehung ein.

Doch verschlimmern die Partnervermittlungsplattformen diese Situation nicht noch, indem sie vermeintliche Sicherheit suggerieren? Und ist diese vermeintliche Sicherheit nicht vielmehr der Erstickungstod jeder Liebe? Der Kunde will Sicherheit. Parship-Berater Hegmann insistiert: »Parship versucht, Sicherheit zu geben, indem die Partner-Vorschläge über ein wissenschaftliches System kommen. Das sagt dem Kunden: Sie müssen keine Angst haben! Wir können Ihnen mehr oder weniger garantieren, dass, wenn Sie jemanden hier kennenlernen, es in der Beziehung funktionieren wird.«

Nachgefragt: Aber kann man Liebe berechnen? »Nein. Liebe lässt sich nicht berechnen, aber man kann berechnen, was eine Beziehungszufriedenheit ausmacht. Das kann man sogar messen! Wenn ich mit Paaren arbeite, dann stecke ich denen ein Blutdruckmessgerät an den Finger, damit ich sehe, ob ich eine klassische Forderungs-Rückzugs-Dynamik habe. Also zum Beispiel: Er sagt gar nichts mehr. Liegt das daran, dass er sich wirklich abgekoppelt hat oder liegt es daran, dass er so von seinen Emotionen überflutet ist, dass er gerade nicht rauskommt?«

Das merke die Partnerin zwar nicht unbedingt, der Therapeut aber kann es sehen: »Ich kann sagen: So, jetzt versuchen wir, Sie erst mal wieder aus dieser Flut von Emotionen rauszukriegen. Auch Hirnregionen können gemessen werden, etwa während man sich streitet. Da kann man eine ganze Menge messen, was man allerdings nicht messen kann, ist, ob sich zwei Menschen verlieben!«

Liebe ist individuell, und sie ist geprägt durch persönliche Erfahrungen, Elternhaus und bisherige Beziehungen. Letztlich stellt sich die Frage: Liebt man nun die Person oder die Eigenschaften? Was bedeutet überhaupt die Suche nach dem Besten, dem Perfekten? Findet man jemanden gut, weil er perfekt ist? Oder ist es nicht eher umgekehrt, dass man die Wunden anziehend findet, den kurzen Moment, wenn die Maske fällt? Das Unperfekte macht doch meist den Reiz aus. Und was müsste der Passende überhaupt vorweisen? Eine lückenlose Liste rühmlicher Eigenschaften? Sind es nicht vielmehr die Leerstellen, die spannend sind, im Leben wie in der Liebe? Und warum müssen Liebende überhaupt zusammen passen? Tötet die Durchleuchtung des Kandidaten nicht jedes Geheimnis ab, das wir doch nach und nach ergründen wollten? Und gehört die Angst davor, dass jemand sich abwenden könnte, nicht sogar dazu?

»Wenn wir hoffen, wir könnten leben und lieben, ohne je verletzt oder betrogen zu werden, dann haben wir nicht verstanden, dass die Begegnung mit dem anderen auch auf dem Nicht-Gesagten und dem Geheimnis gründet. Wenn wir glauben, wir könnten in jedem Augenblick auf den anderen zählen, dann bringen wir eine falsche Note in das Beziehungsspiel.« So die Philosophin Michaela Marzano. Und der Psychoanalytiker Daniel Sibony schreibt: »Wenn der andere absolut verlässlich ist, dann existieren Sie nicht mehr, oder aber er spielt selbst ein falsches Spiel, indem er Sie in dem Glauben lässt, er sei noch am Leben, obwohl etwas in ihm längst erstarrt ist.«

Schaut man sich die Fragebögen genauer an, beispielsweise die darin verwendeten Kategorien, spricht man mit Beratern und Nutzern der Partner-Vermittlungsplattformen, wird tatsächlich deutlich: Die Suchenden wollen Ähnlichkeiten – aber vor allem soll es passen. Und das sei auch gar nicht so falsch, erklärt ElitePartner-Beraterin Fischbach: »Ich würde sagen, dass es Konstellationen gibt, die besser passen als andere.«

Im besten Fall sollte es einen gesunden Abstand geben, ideal sei demnach, wenn man sich so ähnlich beziehungsweise unähnlich ist, dass genug Unterschiedlichkeit für eine angemessene Spannung bleibe, diese Unterschiedlichkeit aber als ergänzend und bereichernd erlebt werde und nicht als Zumutung. Zu große Verschiedenheit führe zu Konflikten, schüre Ängste. Treffe etwa eine Person, die vorrangig dem sexuellen Typus zuzuordnen ist und zudem einen starken Ludus-Anteil (der spielerische Typ) habe, auf einen sicherheitsorientierten, romantischen Typ, seien die Bedürfnisse konträr und könnten sich negativ verstärken – Freiheit versus Nähe führe zu Distanz und Klammern.

Es hat sich gezeigt, dass zwei Personengruppen auf den Plattformen besonders aktiv sind: Die Generation 30+ und 50+. »Diejenigen, die auf Partnerschaftsvermittlungs-Plattformen gehen, werden immer jünger! Das geht ab 30 los. Das ist die Zeit, in der die Menschen an Familienplanung und verbindliche Beziehung denken. Vorher probieren sie sich aus. Mitte 30 wird geheiratet. Das war mal anders. Auch das hat mit Unsicherheit zu tun. Die Jungen haben eine totale Angst, nicht die richtige Wahl zu treffen!« So Parship-

Berater Hegmann. Und da vertraut man lieber einer Suchmaschine als seiner eigenen Intuition. Informationen über den Anderen sollen die Unsicherheit minimieren.

Doch warum auch ältere Menschen, die schon einige Erfahrung haben, sich gerne den Suchmaschinen anvertrauen, mag erstaunen. Es sind diejenigen, die schon einiges hinter sich haben und noch einmal jung sein wollen – aber mit den Vorteilen dessen, was man erreicht hat. Die Familie ist zerbrochen. Nun suchen sie nach Ersatz, also einer neuen Version von Vollständigkeit.

Diese Version muss so schnell wie möglich die entstandene Leere füllen – und zwar mit dem Besten, was zu erreichen ist, mit dem, was man selbst noch nicht hat. Menschen in der Midlife-Crisis sind im Grunde fertig. Das Beste gehört längst zum Lifestyle. Sie kennen sich aus mit gutem Essen, Wein und guten Filmen.

Bei den Menschen ist es nicht ganz so einfach. Für ihren Wert gibt es noch kein Vergleichsportal. Vielleicht sind Menschen nicht einmal miteinander vergleichbar. Der Soziologe Hillenkamp warnt: »Im Fall der Liebe überschreitet der feine Geschmack notwendig seinen Gegenstand. Es gibt Spitzenweine, Spitzenfilme, aber keine Spitzenmenschen. Das liegt daran, dass ein Mensch Tag für Tag genossen werden muss, nicht einmal, nicht ab und zu. (...) Die freien Menschen entwickeln mehr und mehr Kriterien für eine Partnerwahl. Sie fragen: ›Aus welchem Grund sollte ich diesen wählen? Warum nicht jenen? Was hat dieser, was jener nicht hat? Was verpasse ich, wenn ich diesen wähle?‹ An die Stelle der unbewussten Logik der Liebe tritt also die bewusste Logik des Wählens, die allmählich aufscheinende Logik der Nichtliebe. Die Freiheit zwingt die Menschen, sich selbst Kriterien und Zwecke zu schaffen – und bringt somit ihr Gegenteil hervor, den Zwang zur Zweckmäßigkeit.«

So führe das ewige Wollen direkt ins Unglück, denn der Mensch habe ja das Gewollte bereits gehabt – in seiner Fantasie. Das Wollen ist nicht einfach ein Wunsch, sondern ein Wunsch *und* dessen Erfüllung in der Fantasie. Es ist ein Bedürfnis und ein Bild von dessen Befriedigung. Das Wollen zeigt nur vermeintlich einen Mangel an, tatsächlich ist es vollständig, ein geschlossenes Ganzes. Der Mensch kann seinem Wollen nichts mehr hinzufügen. Das Gewollte existiert ja bereits als fixe Idee. Nun sind Hillenkamps Thesen zwar provokant, aber durchaus zutreffend. Wer in seiner Fantasie bereits eine Beziehung durchlebt hat, muss in der Realität zwangsläufig enttäuscht werden. Denn: »Das Paradox der Wunscherfüllung lautet: Es erfüllen sich nur Wünsche, die *nicht existieren*. Der Mensch muss von einer Erfüllung überrumpelt werden, bevor er ein Bedürfnis (und ein Bild von dessen Befriedigung) entwickelt hat. Es kann sich nur dann erfüllen, was der Mensch will, wenn sein Wollen auf die Erfüllung *folgt*, nicht umgekehrt. Glück entsteht, wenn die Erfüllung dem Wollen zuvorkommt.« Das Konzept der Liebes-Suchmaschinen funktioniert jedoch umgekehrt.

Aber noch etwas anderes irritiert. Schaut man sich die Profile der 50+ Kandidaten an, ist das Muster ›Vollständigkeit sucht Vollständigkeit‹ deutlich erkennbar. Diese Partnersuchenden wollen nichts mit dem Anderen aufbauen, der Andere muss fertig sein. Die Wohnung, der Job, der Erfolg, der spannende Bekanntenkreis. All das muss er mitbringen. Das Bild ist fertig. Der Andere soll im Leben stehen, so, wie man das selber tut. Besonders erstrebenswert sind Beziehungen, die einen Gewinn für einen selbst darstellen, die eigene Entwicklung fördern. Hier treffen sich zwei vollständige Menschen mit einem fertigen Leben.

Erfülltes Leben sucht erfülltes Leben. Das andere Leben soll sich einfügen, zwischen Arbeit, Yoga, den Freunden und der Familie. Bei diesem Deal, der Verbindung vom Besten zweier vollständiger Existenzen, muss die Liebe auf der Strecke bleiben. Zuviel Berechnung. Zu wenig Raum für den Anderen, seine Bedürfnisse und Eigenheiten. Zuviel Ego.

Die Suche nach Vollständigkeit lässt sich auf Partnervermittlungs-Plattformen fabelhaft berechnen, dann wird die Suche nach dem Passenden zu einer Suche nach dem Gleichen plus das Ideal. Ist die Liebe also doch nur Kalkül? Ist Liebe vereinbar mit Vorsatz? Können wir uns nach einem Baukasten der Eigenschaften den richtigen Partner basteln? Dann wären tatsächlich Algorithmen der richtige Weg. Die Online-Partnersuche als Schicksalssimulation, als Schicksalsgöttin.

Liebe jedoch macht selten das, was Romantiker von ihr erwarten: Liebende zusammenzuführen. Schleichen sich Angst, Langeweile, eine neue Liebe oder Gleichgültigkeit ein, ist sie vorbei. Das hat mit ihrer Natur zu tun. Sie ist wandelbar, und sie verändert sich auch ohne unser Zutun – denn sie ist ein Gefühl! Sie bleibt nicht an einem Punkt stehen! Und mit einer Merkmalsliste ließe sich dieses Gefühl auch niemals erfassen.

Tatsächlich suchen Menschen, wenn sie nach dem Passenden suchen, eine Art des Gleichen plus des Besseren, ein idealeres Ich, in der Hoffnung, dass der Andere ihnen geben wird, was ihnen fehlt.

Der Soziologe Hillenkamp vergleicht die sogenannten »freien Menschen« mit Statuen und Bildhauern: »Die freien

Menschen wollen den anderen nach ihrem Bilde formen, ja, das auch – doch sie wollen vor allem vom anderen nach ihrem Bild von sich selbst *geformt werden*. Sie sehnen sich nach einem Bildhauer, der sie formt, der aus einem Klotz ein Kunstwerk macht. Sie sind Steinblöcke auf der Suche nach einem Bildhauer (...). Sie wollen lernen, werden aber von ihrem Partner nicht belehrt, sie wollen geheilt werden, aber nicht therapiert. Sie verklagen den anderen wegen Lehr-Unfähigkeit, wegen unterlassener ärztlicher Hilfe. Der Stein verklagt den Bildhauer wegen Untätigkeit, Unfähigkeit.«

Bedeutet diese Verformung nicht auch Erstarrung?

Hinzu kommt: Vorherbestimmung wird ersetzt durch Übereinstimmung, Fügung durch Matching. Auf den Plattformen wird gezielt nach mehr gesucht als dem Gleichgesinnten – es ist die Suche nach dem Gleichen.

Die Suche nach dem Gleichen

Die Menschen sagen: »In meinem Leben stimmt nichts überein mit meinem wahren Ich. Aber ich werde ein Du finden, das ihm entspricht«, so Hillenkamp.

Die Suche nach dem Gleichen ist, psychologisch betrachtet, die Projektion von Liebe und Sehnsüchten, die sich in der Idealisierung wiederfinden. Viele sehnen sich nach einem Partner, der sie spiegelt. So scheint es manchmal, als suchten sie weniger nach dem anderen Menschen, sondern vielmehr nach sich selbst. Auch in der losen Gemeinschaft des Likens begegnet man eher seinesgleichen – sich selbst.

Die Algorithmen der Plattformen, die für die Suchmaschinen arbeiten, berechnen also eher die Sehnsüchte des

Suchenden, der, weil er offenbar keine Überraschungen wünscht, das Vertraute sucht. Er sucht nach Spiegelung. Es scheint, als stünden sich Menschen mit unterschiedlichen Ansichten heutzutage wie die ärgsten Feinde gegenüber – und vielleicht ist das so, weil das Fremde, die andere Meinung, das Eigene verunsichert. Das Selbstbild der Suchenden scheint nicht stabil genug für andere Sichtweisen. Abenteuer und Ungewissheit machen offenbar Angst. »Man sucht also das Vertraute, obwohl die Angstwahl vielleicht besser für die eigene Entwicklung wäre. Eine Liebesbeziehung bietet immer noch die beste Möglichkeit, sich selbst zu verändern, aber wenn man diese erst einmal finden muss, um sich zu verändern, steckt man in einem Dilemma«, so der Paartherapeut Hantel-Quitmann.

Macht uns das Anderssein vielleicht auch Angst, weil es Distanz schafft und das so erwünschte symbiotische »Wir« in Frage stellt? Es ist dieses »Wir«, das im Privaten wie auch im Beruflichen Zugehörigkeit, Gemeinsamkeit und Vertrauen signalisiert, aber auch Trennlinien aufweicht, die nötig sind, um sein eigenes Revier abzustecken. Wäre Ghosting in diesem Sinne eine Grenzverletzung des Anderen – beziehungsweise: Achtet der Ghost nur seine Grenzen?

Der Mensch möchte einem Anderen angehören, ein »Wir« sein – besonders dann, wenn es keines gibt. Ein Fehler, findet die Linguistin Sylvia Bovenschen: »Ich würde sagen, dass Liebe genau das Gegenteil bedeutet. Es geht nicht darum, so etwas wie ein Wir herzustellen. Ich glaube sogar, dass durch Liebe eine gewisse Einsamkeit entsteht. Wenn ich einen Menschen, den ich liebe, nicht vereinnahmen will, dann mache ich auch eine Einsamkeitserfahrung. Indem ich einem anderen Menschen seine Freiheit zugestehe, werde ich mir meiner eigenen Freiheit bewusster. Ich spüre, dass es vollkommen andere, vielleicht auch mir unverständliche, Weisen gibt, in der Welt zu stehen und die Welt zu sehen. Dass ich dessen deutlicher gewahr werde – das geht mit einem Gefühl von Einsamkeit und auch von Kälte einher.«

Ein Paradox: Wir streben nach Unverbindlichkeit und Freiheit und wollen sie durch Partnerschaften bezwingen. Und sollte man den Anderen nicht interessant finden, gerade weil er anders ist, ihn also schätzen für das, was er ist? Aber Unterschiede machen auch Angst. Andersartigkeit ist ein Synonym für Fremdheit, das störende Element bei Freud (das fast unübersetzbare *Unheimliche*), dieses Etwas, das »anders« ist, nicht nur im Hinblick auf unsere eigenen Wünsche, wie der Andere sein sollte, sondern auch im Hinblick darauf, wie wir selbst sind.

Andersartigkeit ist aber auch eine Bereicherung. Das Unerkundbare bringt Spannung in die Beziehung und verringert das neuerdings so ersehnte Erwartbare. Und: Mehrere Sichtweisen vergrößern die Chance, ein Problem zu bewältigen: »Ein Paar, das ganz gleich tickt, ist auf Veränderungen schlecht vorbereitet. Denn wenn Sie als Paar exakt gleich ticken, haben Sie nur einen Werkzeugkasten für alle Herausforderungen, die kommen. Sie haben jedes Werkzeug zweimal. Wenn Sie aber unterschiedlich sind, dann haben Sie zwei Werkzeugkästen und können Probleme mal so oder so lösen. Dazu braucht es aber das Verständnis für die Andersartigkeit des Partners. Dann würden Sie sagen, welches Werkzeug nehmen wir: Deines oder meines? Und dann ist der Unterschied auch keine Bedrohung, sondern eine Bereicherung.«

Dieses Verständnis aber müsse sich erst einmal entwickeln. Für eine Paarbeziehung sei dies Grundlegendes. Unterschiedliche Paare hätten mehr Werkzeuge und mehr Möglichkeiten, so Paarberater Hegmann.

Die meisten Online-Suchenden streben offenbar nach dem Gleichen – und nach dem, was sie für sich erträumen. Der Andere soll auch eine Bereicherung sein, möglichst Tür und Tor zu neuen spannenden Begegnungen, Ereignissen und Möglichkeiten öffnen. Insofern darf er sich in den zusätzlichen Möglichkeiten unterscheiden, die er bietet, etwa indem er Zugang zu höheren oder prominenten Kreisen oder zu mehr Wohlstand ermöglicht. Der Andere macht uns die Räuberleiter. Hillenkamp schreibt: »Auf den ersten Blick ist jeder Geliebte eine Leiter, die an einer Mauer steht. Mit der Zeit aber wird der Geliebte selbst zu einer Mauer. An dieser steht wieder eine Leiter. Das ist der nächste Geliebte. Die freien Menschen aber sehen in keinem mehr die Leiter, in allen schon die Mauer.«

Ich habe einige meiner Interviewpartner gefragt, ob sie mit sich selbst eine Beziehung führen wollten. Die Antwort lautete in allen Fällen Nein. Das Problem dabei ist, dass das, was wir bei uns selbst nicht leiden können, genau das ist, was uns am Anderen am meisten stört.

Fragt man Paare oder auch Freunde nach dem Verbindenden, antworten viele: Seelenverwandtschaft. Und das im Guten wie im Schlechten. Wir suchen das Vertraute. Das geht sogar so weit, dass Kinder von Alkoholikern, wenn sie nicht selbst zu solchen werden, sich Partner suchen, die ein Alkoholproblem haben. Wir haben immer wieder dieses Phänomen, dass man glaubt, etwas überwunden zu haben, was für einen selbst belastend oder vielleicht sogar traumatisch war – aber gelöst ist in Wirklichkeit nichts. Seelenverwandtschaft meint dann: Man sucht sich nur Gegensätze innerhalb des exakt gleichen Koordinatensystems, also Gegensätzliches vom Gleichen. Das Grundthema ist also das Gleiche. Wer wen sucht, hat viel mit den klassischen Varianten zu tun, wie etwa Nähe-Frau sucht Distanz-Mann. Damit ist natürlich dem Ghosting Tür und Tor geöffnet. Dieser oder jener passt zu meiner Grundneurose, zu meinen Grundängsten!

Nun frage ich mich, ob die Partnervermittlungsagenturen diese Prägungen abfragen. Auch weiß nicht jeder um seine Bindungsstörungen und Neurosen. Wie soll man also in einem Fragebogen unbewusste Themen markieren? Auf den Partnervermittlungsplattformen werde nicht nach Neurosen gefragt, sondern eher nach Schwächen, so Elite-Partner-Beraterin Lisa Fischbach. Aber da sei niemand wirklich ehrlich, gibt sie zu. »Da werden Stärken als verkappte Schwächen verkauft, wie bei einem Bewerbungsgespräch«, so Fischbach, die einräumt: »Ja, vielleicht könnten da die Partnervermittlungsplattformen mutiger werden!«

Doch das Bindungsverhalten wird sich nicht so leicht ändern lassen. Parship-Berater Eric Hegmann ist sich nicht sicher, ob es helfen würde, den Bindungstypen beim Matching abzufragen:

»Manchen Menschen wäre das nicht geheuer – und da sind wir auch schon beim Bindungsverhalten! Ängstlich sucht nach Bewährtem, wenig Risiko. Vermeidend will nicht auf der Stelle stehen bleiben. Es ist eine Typenfrage. Sie werden niemandem, der seine Liebe festhalten möchte und die Zeit am liebsten anhalten oder zurückdrehen will, so einfach die Angst vor Veränderung nehmen können.«

Das Verzwickte ist außerdem, dass ein spezifisches Bindungsverhalten dafür sorgt, dass Menschen jemanden attraktiv finden, der ein entgegengesetztes Bindungsverhalten zeigt oder zumindest Gegensätzliches vom Gleichen. Verlustangst und Bindungsangst sind die zwei Seiten der gleichen Medaille! So hat jemand, der klammert, Angst vor dem Verlassenwerden, genauso wie derjenige, der immer wieder vermeidend agiert. Wäre es da nicht besser, jemanden an seiner Seite zu haben, der ein bisschen mehr Freiheit und Lässigkeit in die Beziehung bringt? Der Klammernde könnte sich etwas entspannen.

Diese psychologischen Tiefen, auch etwa unbewusste frühkindliche Prägungen, in einem Fragebogen zu ergründen erscheint schwierig.

Sind das überhaupt Themen, die bei der Beziehungsanbahnung zählen? Stehen nicht an erster Stelle Dinge wie das Aussehen, Charaktereigenschaften und Wertevorstellungen?

In einem psychologischen Test wurden Studenten zu einem Rendezvous geschickt. In einem ersten Durchgang stimmten sie dem Anderen ausschließlich in allem zu. In einem zweiten Durchgang widersprachen sie immer wieder. Der Zustimmende wurde als wesentlich attraktiver gewertet als der Widersprechende. In einem dritten Durchlauf widersprach der Student seinem Rendezvous nur in der ersten Hälfte des Treffens, in der zweiten Hälfte stimmte er ausschließlich zu. Diese Form der Kommunikation wurde als besonders verführerisch empfunden. Denn der Student ist auf den Anderen eingegangen, so sehr, dass er sich offenbar von ihm hat umstimmen lassen.

»Die Werte, die politischen Ansichten und moralischen Vorstellungen waren absolut identisch mit meinen.« Ein Satz, der immer wieder in den Zuschriften auftaucht, der als Garant dafür gelten soll, dass es doch hätte klappen müssen. Der Wunsch nach Ähnlichkeit scheint stark ausgeprägt. Auch Lisa aus dem 1. Kapitel schreibt: »Prinzipiell bevorzuge ich jemanden, der mir ähnelt, z. B. in Wertvorstellungen, das bedeutet gemeinsame Basis.« Oder Nathalie: »Ich suche nach Vertrautem, nicht unbedingt Gleichem, aber auch nicht nach dem explizit Fremden.« Und die Schweizerin Ursula sucht nach »jemandem, der mir ähnlich ist, aber Dinge kann, die ich nicht kann. Also: Ich und mein Ideal«!

Keiner jedoch würde den Anderen als Objekt einer symbiotischen Verschmelzung betrachten wollen, sondern als eine bereichernde Erfahrung, und zwar gerade weil der Andere sich von uns unterscheidet.

Es gibt eine Reihe von Eigenschaften, die sich im Laufe des Lebens kaum wandeln. Sie gehören zum Kern der Persönlichkeit, die sogenannten Big Five: Extro- oder Introvertiertheit, Verträglichkeit, Gewissenhaftigkeit, Offenheit und Neurotizismus (also seelische Instabilität). Ähnlich wie unsere Intelligenz machen diese Eigenschaften im Leben zwar auch Veränderungen und Entwicklungen durch, aber die relativen Unterschiede zu anderen Personen bleiben dabei gleich. Den Kern des Ich-Gefühls macht etwas anderes aus: nämlich das Bild, welches der Mensch von sich selbst generiert. Anlagen und Umwelteinflüsse bedingen sich wechselseitig.

Die Suche nach dem Gleichen verstärkt wiederum bereits angelegte Wesenszüge. Und ist die Identität erst einmal gefunden, tun wir alles, um sie zu stabilisieren. Abrupte Umbrüche wie beim Ghosting sind ein Angriff auf die stabile Identität oder zumindest die Illusion davon. Deshalb sind die Betroffenen so erschüttert oder geraten sogar aus der Balance. Der Bruch im Selbstbild ist unvermeidbar. Aber auch derjenige, der geht, gerät ins Wanken, sucht sich aber meist schnell etwas, was ihm erneut Stabilität – und Identität – geben könnte.

Die Persönlichkeit ist zwar stabil, aber trotzdem immer

in Bewegung. Genau wie Partnerschaften, in denen immerwährend ausgehandelt werden sollte, wie der Umgang miteinander ist, indem man sich immer wieder neu auf Veränderungen einstellt. Und das hat nichts mit einem Sich-Anpassen zu tun, sondern vielmehr mit der so oft gerühmten Authentizität. »Wir ändern uns, weil wir uns den Anforderungen des Lebens anpassen. Und wir bleiben, wer wir sind, weil wir nur dies auf die uns eigene Art und Weise tun«, erklären die Psychologen Franz Neyer und Judith Lehnart.

Menschen suchen Bindungen, um wahrgenommen zu werden und über die andere Person eine neue Wahrnehmung zu erleben. Diese Person sieht das Gleiche wie ich, aber sie sieht es dennoch anders, sieht mehr oder hat einen anderen Blickwinkel. In jedem Fall sehe ich mit dem anderen mehr.

Paarberater Hegmann hat eine Idee für einen spielerischen Umgang mit den Stolpersteinen in Paarbeziehungen: »Es gibt ganz viele Beziehungen, die in die Paarberatung kommen, wo ich dann sage: Das ist ein Luxusproblem! Die vermissen etwas und können das kaum benennen. Daraus entstehen neue Konflikte. Aber das sind nicht eigentlich wirklich grundlegende Konflikte. Die müssen sich nicht trennen, sondern die leben sich auseinander, weil sie sagen, irgendwas fehlt uns. Es bräuchte Programme für Beziehungen, wo Menschen von vornherein ein paar Dinge üben könnten. Und zwar, solange das Problem noch nicht da ist und es noch Spaß macht.«

Und wenn am Ende der Grund für das eigene Abtauchen der ist, dass der Andere nur anders war als erträumt oder wir selbst nicht dem Idealbild entsprechen, das wir von uns gezeichnet haben?

Ein Dilemma, findet Soziologe Hillenkamp: »Wie soll ich mein *Gegenstück* finden – wenn ich selbst doch niemals fertig werde? Wer soll zu mir passen, mir gleichen – wenn ich mich doch immerzu verändern will? Nur wer sich gleich bleibt, kann einen Gleichen finden. Wer mir heute gleicht, ist mir morgen fremd, dem bin ich morgen schon entwachsen. Ich wachse aus jeder Liebe heraus wie ein Kind aus allen Kleidern.«

Doch verschlimmert die Matching-Praxis der Partnerschafts-Agenturen nicht die Gleichmacherei, indem sie Arrangements verfestigt, in denen man nur denjenigen lieben soll, der ähnlich ist? Hegmann meint dazu: »Sie matchen nach Gleichheit, und damit führen sie das ins Extreme weiter, was Tinder jetzt schon macht: Sie geben ein Gefühl von Sicherheit. Es muss unbedingt verhindert werden, dass die Suchenden Frustrationen erleben! Das führt aber auch dazu, dass die Menschen, die mit dieser Beziehungs-Erfahrung aufwachsen, also ohne Zurückweisung, immer ein Garantiepolster dazwischen haben.«

Und irgendwann kommt man mit Andersartigkeit, anderen Meinungen und Zurückweisungen nicht mehr zurecht. Man hat es verlernt oder nie gelernt.

Was wäre die Lösung? Die Andersartigkeit des Anderen nicht nur zu akzeptieren, sondern als Bereicherung anzusehen.

Die Suche nach dem Einen

Die Idee, dass es irgendwo den einen Menschen geben muss, der uns zu einem Ganzen macht, ist alt. Platon liefert die Antwort auf diesen Gedanken in der Gestalt des »Mythos von dem Kugelmenschen«. Darin wird erzählt, dass es einst ein mannweibliches Geschlecht gab, also aus beiden Geschlechtern zusammengesetzt. So war die Gestalt des Menschen rund. Urvereint ging es den Menschen glänzend. Ihre Existenz war von Zuversicht und Lebensfreude geprägt. Übermütig rückten die glücklichen und sehr vitalen Kugelmenschen den Göttern zu Leibe, worauf Zeus machtbewusst entschied, es sei besser, jeden in zwei Hälften zu zerschneiden.

Von Sehnsucht getrieben suchen wir nun seit jenem Schicksalstag – so der Mythos – beständig unser entsprechendes Gegenstück, unsere andere, sozusagen bessere Hälfte. Wir suchen also die verlorene Einheit. Erst seit dieser Ur-Teilung wüssten wir, was Angst ist. Folgt man diesem Mythos, gehören Liebe und Angst also zusammen, bedingen einander und verstärken sich. Liebe macht verletzbar, und doch ist sie die beste Antwort auf die Angst.

Die Suche nach dem einen Richtigen ist so wichtig, weil das Ideal immer noch die ewige Liebe ist. Das Problem dabei: Zwischen Idealisierung und Realität klafft eine riesige Lücke. Ich möchte am liebsten einen Partner für alles und für immer, so lautet die Antwort, wenn man nach dem Ideal fragt. Nur der Weg dahin hat sich verändert. Man will sich dieses Ideal absichern durch die bestmögliche Auswahl. Und wie sollte das besser erreichbar sein als durch möglichst viele Daten? Berechnungen wird meist mehr Glauben geschenkt als ungreifbaren Gefühlen – auch wenn es die eigenen sind.

Liebe ist ein Prozess. »Das Erfolgsrezept einer Partnerschaft ist ganz altmodisch: Vertrauen, miteinander sprechen und Konflikte gemeinsam klären«, so Psychologin und ElitePartner-Beraterin Lisa Fischbach.

Doch die Dating-Plattformen schicken ihre Kandidaten in die entgegengesetzte Richtung. Schon den Kennenlernprozess spart man sich. Am liebsten würde man auch die Konflikte streichen – die konsequenteste Form ist Ghosting. Zeitraubende Auseinandersetzungen sind etwas, das die Menschen im Dating-Zeitalter nicht suchen. Zeit ist knapp, und nicht jedem will man sie schenken.

»Die Leute denken, beim ersten Date müsse es ›bang‹ machen. Wenn es nicht gleich flasht, dann geht man weiter. Als ob alle Beziehungen mit Liebe auf den ersten Blick beginnen würden«, beobachtet Nathalie, die selbst auf Dating-Plattformen nach ihrem Traummann sucht, mittlerweile jedoch etwas desillusioniert ist. Es sei, als ob man Bewerbungen sichte, immer in der Hoffnung, den Einen zu finden. So aber wird die Begegnung zum Vorstellungsgespräch. Anstrengend sei das und unromantisch. Nathalie vermisst Leichtigkeit. Die Dates würden beschwert durch die permanent im Hintergrund schwelende Frage: Bestanden oder durchgefallen?

Ihre Freundin, die auf einer Dating-Plattform die Liebe ihres Lebens gefunden hat, rät Nathalie, sich mehr Zeit zu nehmen: »Sie sagt, ich solle jeden Kandidaten immer dreimal daten, auch wenn er beim ersten Mal scheinbar nicht passt. Sie hat ihren Traummann gefunden, hatte sich tatsächlich erst beim dritten Date in ihn verliebt. Jetzt leben sie zusammen.« Solange es diese Happy-End-Geschichten gibt, solange wird Nathalie auch weiter online auf die Suche nach dem Traummann gehen, auch wenn es ihr längst keine Freude mehr macht. Denn eigentlich will sie nicht mehr suchen. Sie will gefunden werden.

Aber am wenigsten will sie ein hoffnungsloser Fall sein. So geht es den meisten Nutzern von Partnerschaftsbörsen.

»Zu Parship kommen Leute, die ein blaues Auge und ein gebrochenes Herz nach dem anderen erlebt haben. Nun suchen sie die Beziehung fürs Leben. Unerfüllbar!«, weiß Parship-Berater Hegmann. Sie kämen von Dating-Plattformen wie Tinder und hofften nun auf den Einen oder die Eine, verbunden mit einem Anspruchsdenken, das hoffnungslos unrealistisch sei: »Aber nun ist es eben so, dass ich nur investieren will, wenn ich sicher bin, dass das Investment sich auch auszahlt. Viele Frauen erwarten als Zeichen von Verbindlichkeit die volle Aufmerksamkeit. Wenn sie entdecken, dass parallel gedatet wird, steigen sie aus. Umgekehrt ist das natürlich völlig anders. Umgekehrt gucken sie natürlich selbst auch an mehreren Ecken.«

Die Suche nach dem Einen führt dazu, dass man sich mit der Entscheidung, mit dem Festlegen, immer schwerer tut und eher dazu neigt, den Kontakt wortlos abzubrechen. Studien aus den USA zeigen, dass diejenigen, die besonders romantischen Vorstellungen von Partnerschaft und Liebe nachhängen und an »den Einen« glauben, besonders häufig »ghosten«.

Wer auf das Schicksal setzt und glaubt, dass man für den Einen bestimmt sei, sieht Beziehungen nicht als Prozess. Der geht eher wortlos. Die Beziehung ist dann eben auch dazu bestimmt gewesen zu scheitern. Und auf den Erfolg kommt es an, auch in Beziehungen.

Jene, die eher einen Freund im Partner suchen, glauben, dass eine Beziehung dann gut funktioniert, wenn beide Partner bereit sind, hart daran zu arbeiten, um sie aufrechtzuerhalten. Also: Die vermeintlichen Romantiker, die an das Schicksal glauben, halten Ghosting für eine praktikable Option, um mit einem Partner Schluss zu machen. »Und da sind wir beim Dating genau an dem Punkt, der problematisch ist: Ich will auf der einen Seite diese Beziehung haben mit der einen Person, weil mir das überall versprochen wird, dass es das gibt, und auf der anderen Seite ahne ich, wie schwer diese Entscheidung für den Einen sein muss. Und das ist nicht Unverbindlichkeit in Form von Wahllosigkeit. Ich glaube, dass die Leute wirklich, so zumindest erlebe ich es in der Beratung, verzweifelt sind und sich ständig fragen, ob sie die richtige Entscheidung treffen. Und nachdem wir heute viel mehr Beziehungen führen als früher, ein Vielfaches, und jede Beziehung mit einer Trennung endet und jede Trennung auf das Selbstwertgefühl schlägt, weil jede Trennung sagt: Ich habe versagt. Ich habe die falsche Wahl getroffen. Ich habe einen Fehler gemacht. Das war wieder nichts. Ich habe zehn Jahre umsonst investiert – oder auch nur drei Monate.« Dies führe dazu, dass die Leute sich immer schwerer tun, diese Entscheidung zu treffen, beobachtet Paartherapeut Hegmann.

Es ist eine der Grundsatzfragen der Liebe: Welcher Anteil an ihr ist dem Zufall geschuldet? Der Zufall ist sicher ausschlaggebend für so manche Begegnung. Wie zufällig aber kann sie noch sein, wenn dahinter ein konkreter Plan steckt? Aber wenn man die Initialphase nun schon einmal den Plattformen überlässt, kommt es immer noch darauf an, was man daraus macht. Allerdings frage ich mich: Haben die Dating-Plattform-Betreiber da nicht einen Interessenkonflikt?

Schließlich bezahlen die Menschen für ihre Suche, sollen also möglichst lange dabei bleiben. »Stimmt«, gibt Parship-Berater Hegmann zu: »War die Leistung gut, kommt der Kunde nicht wieder, das ist richtig. Aber den Kunden lange auf der Plattform zu halten, ist dabei kein Ziel – außer bei Dating-Anbietern, die eher ein Unterhaltungsbedürfnis erfüllen. Tatsächlich ist eine Partneragentur kein Markenartikel, der von einem einmal gewonnenen Kunden immer wieder profitiert. Das ist auch ein Grund, weshalb die Gebühren dieser Anbieter nicht günstig sein können: Ihr Auftrag ist es, ihren zahlenden Mitgliedern passende Partnervorschläge zu machen. Dazu müssen Sie in Marketing investieren. Aber heute kennt jeder ein Paar im Bekanntenkreis persönlich, das sich beispielsweise über Parship oder ElitePartner gefunden hat. Am Ende ist jede erfolgreiche Vermittlung auch Marketing.«

Aber vielleicht ist das Konzept der Liebes-Such-Maschinen doch durchtriebener als gedacht. Denn wenn wir immer auf der Suche nach dem Ideal sind, muss die »bessere Hälfte« doch irgendwo zu finden sein. Ich muss nur hartnäckig genug suchen, und da die Möglichkeiten so unüberschaubar erscheinen, kann nur ein Algorithmus helfen. Sie werden solange weiter suchen, bis sie glauben, das Ideal gefunden zu haben.

Doch in ihrer Suche-Sucht haben sie eines vergessen: Geschichten werden gemeinsam geschrieben, sie wachsen, sie werden erkämpft. Und so kann sich auch nach längerer Zeit erst herausstellen, wer wirklich zu uns passt. Das braucht Geduld, Ausdauer und auch Konfliktfähigkeit. Und nicht zu vergessen: Jede Sucht fordert Opfer.

Problematisch wird es, wenn die Suche nach dem Einen sich mit dem Wunsch, den Besten zu finden, vereint, der Eine also auch noch der Beste sein muss. Eine Erwartung, die zwangsläufig zu Ghosting-Verhaltensweisen führt. Denn wer gibt sich schon mit dem Zweitbesten zufrieden? Und wer zweite Wahl ist, wird entweder ein besonders besitzergreifendes Verhalten an den Tag legen oder für jemanden offen sein, für den er die erste Wahl ist.

Die Suche nach dem Besten

Die Suche nach dem Besten ist auch eine Suche nach dem Besseren. Esther Perell, eine der berühmtesten Paartherapeutinnen der Welt, stellte fest: Die Leute trennen sich nicht mehr, weil sie unglücklich sind oder sich nicht mehr mögen, sondern weil es vielleicht einen Besseren gibt. So lebten die Menschen ein vorläufiges Glück. »Stable Ambiguity« nennt das Perell. Wir treffen auf eine einzige Person und wollen, dass sie uns all das gibt, was früher ein ganzes Dorf leisten musste. Wir wollen »Alles mit Einem für Immer« – den sogenannten »AMEFI«-Partner, der bester Freund, leidenschaftlicher Liebhaber, Sparring-Partner, Sport-Begleiter, Vater oder Mutter unserer Kinder ist. So erklärt die amerikanische Psychoanalytikerin Perell das Dilemma unserer Partnerwahl: Wir wollen alles gleichzeitig und für immer.

Wo ein Mensch für den Anderen »alles« sein soll, ist das plötzliche Abtauchen auch Folge einer Überforderung. Man flüchtet, geht weiter, verfehlt vielleicht einander. Die Sehnsucht aber bleibt.

Die Entscheidung für den richtigen Lebenspartner scheint die wichtigste im Leben zu sein. Da will man nichts falsch machen – deshalb macht man entweder nichts oder alles falsch, indem man kalkuliert, berechnet, manipuliert, sich schützt. Immer geht es darum, was jemand will oder nicht will. Dabei geht es in erster Linie nicht darum, etwas zu geben, sondern darum, was der Andere zu bieten hat. Alle Kategorien der Berechnung, der Absicherung und des Selbstschutzes werden auf der Suche nach dem Besten aufgerufen. Werden diese – unerfüllbaren – Ansprüche nicht bedient, gibt es nur einen Ausweg: Abbruch. Funkstille. Ghosting.

Und das sei gar nicht so abwertend gemeint, wie es wirkt, meint Paar-Coach Eric Hegmann: »Natürlich kann es sein, dass jemand anderes besser zu einem passt. Ich glaube, die Entscheidung ist so schwer, weil das Ausmaß dieser Entscheidung so riesengroß geworden ist. Doch was liegt dahinter? Geht es nur um mehr Gewinn, Spaß und Spannung in einer anderen Partnerschaft? Oder geht es nicht eher darum, dass über die Zeit der Eine sich nicht mehr in den Anderen einfühlen kann oder will? Und dabei würde es auch nicht ausreichen, wenn nur einer das noch kann. Einfühlung basiert auf Austausch! Doch dieser geht den Paaren über die Jahre verloren. Zu Beginn einer neuen Beziehung jedoch scheint dieser Austausch in tage- und nächtelangen Gesprächen nie zu versiegen.«

Woher kommt dieser Wahn, immer nur das Beste zu wollen, den besten Laptop, das beste Betriebssystem, die beste Wohnung, die beste Nahrung und den besten Gefährten? Wir leben in einer Kultur, die uns suggeriert, dass es für alles eine bessere – bequemere – Lösung gibt. Es liegt auf der Hand, dass diese Kultur dem Kapitalismus verhaftet ist, wie schon Erich Fromm in »Die Kunst des Liebens« gezeigt hat. Doch erst die Algorithmen der Dating-Maschinen haben dieser Kultur zur völligen Dominanz verholfen. Dass diese Kultur irgendwann auf die menschlichen Beziehungen abfärbt, ist naheliegend, findet der Psychologe Oskar Holzberg, und er berichtet von einem Selbsttest: »Also ich habe mich mal zum Spaß bei einer Partnervermittlungsplattform für kurze Zeit angemeldet. Ich hatte dann in meinem Briefkasten dreißig Anmeldungen und dachte, wie geil ist das denn? Von der Zahnärztin bis zur Anwältin. Alles da! Und warum sind diese tollen Frauen da? Viele karrierebewusste Frauen kommen um zehn Uhr abends nach Hause. Die gehen nicht mehr vor die Tür. Sie sagen vielmehr: Ich habe keine Zeit auszugehen. Ich lerne niemanden mehr kennen, also gehe ich ins Netz. Allein dadurch, dass das Angebot da ist. Und dann suche ich mir natürlich das Beste aus. Das ist nicht anders, als wenn ich mir Sushi beim besten Lieferanten bestelle!«

Und damit ist es nicht getan. Laut Esther Perell ist es zudem so, dass auch diejenigen, die in Beziehungen leben, das Bedürfnis nach etwas Besserem verspüren, insgeheim vielleicht denken, sie hätten etwas Besseres verdient. Irgendetwas fehle, sagen sie. Was genau, darüber schweigen sie sich aus – so wie später beim wortlosen Abgang. Zwei Drittel der Tinder-Nutzer leben im Übrigen in Beziehungen. Sie sind unzufrieden, und so stellen sie sich dem Wettbewerb, reihen sich ein ins Regal der Möglichkeiten und werden selbst zum Objekt ihrer Suche.

Dabei stellt sich die Frage, ob man den Anspruch »Das Beste ist gerade gut genug« auch bei sich selbst anlegt. In den Selbsteinschätzungen setzt man sich meist positiver in Szene. Männer machen sich größer und Frauen leichter. Das positive Selbstbild sucht ein Ideal.

Und natürlich hat die Suche nach dem Besten viel mit dem fast schon zur Manie gewordenen Hang zur Perfektion zu tun. Alles muss perfekt sein – vor allem die Beziehung. Was viele sich eigentlich wünschen, wenn sie nach dem Besten und Passenden suchen, ist Bestätigung. Die Kontrolle möchte man dabei freilich nicht verlieren. Etwa störende Emotionen. Der zwanghafte Versuch, alles zu kontrollieren, verrät außerdem, dass es etwas zu kontrollieren gibt. Fehler aber sind in diesem Konzept der Perfektion nicht zugelassen. Doch sich verlieben heißt auch, Fehler zu machen. »Die Liebe kennt weder Haben noch Soll. Sie ist gemacht aus vielen Fehlern«, so die Philosophin Marzano. Der krampfhafte Versuch, Fehler vermeiden zu wollen oder abzuwägen, was der Andere im Schilde führt – hat er es etwa auf mein Geld abgesehen? Ist sie treu? – lähmt, verhindert Unbekümmertheit und Leichtigkeit und blockiert gerade die Emotionen, die Liebe ausmachen. Berechnungen dieser Art haben in der Liebe nichts zu suchen. Liebe braucht Offenbarung, Vertrauen, Preisgabe. Man zeigt sich, wie man ist.

Die Maximierer machen es sich also selbst schwer. Nichts scheint gut genug. Eine Entscheidung könnte dazu führen, dass man eine theoretisch bessere Option verpasst. So dürfte der Maximierer eigentlich nie ankommen. Stattdessen ist er zum ewigen Weitersuchen verdammt. Die Suche nach dem Besten erzeugt also Druck. Denn gleichzeitig beinhaltet die ›Gunst des Augenblicks‹ den Fluch, Chancen sofort nutzen zu müssen. Aus jedem Moment muss das Beste gemacht werden. Ein nutzenorientiertes Denken, das immer darauf abzielt: Was hole ich für mich dabei heraus?

Die Hoffnung, immer noch etwas Besseres zu finden, nimmt einem jede Gelassenheit und verhindert es, dass man sich jemals irgendwo angekommen fühlt. Doch genau das wünschen sich viele Menschen.

Es stellt sich die Frage nach dem Warum. Was versprechen sich die Menschen von all dem? Die Psychologin Lisa Fischbach meint dazu: »Die Suche nach dem perfekten Partner für die perfekte Beziehung ist etwas, was ich zunehmend hier in der Praxis habe. Ich habe natürlich mit den Klienten erst Kontakt, wenn die Beziehungen scheitern. Sie sitzen in der Anspruchsfalle. Alle anderen haben doch den perfekten Mann, nur ich nicht. Und warum darf ich diese Ansprüche nicht haben? Da gilt es eben zu unterscheiden zwischen den gesunden Ansprüchen, die mir helfen, und diesem überzüchteten Anspruchsdenken, hinter dem sich meiner Meinung nach häufig eine Beziehungsangst verbirgt.« Denn genau das verhindere ja letztendlich eine Beziehung:

»Vielleicht müsste ich dann ja zugeben, dass mich meine letzte Beziehung so verletzt hat, dass ich immer noch traumatisiert bin. Wenn ich sage: Ich tue ja alles, aber ich finde niemanden, dann müsste ich in die Selbstreflektion gehen. Das wollen viele aber nicht. Woran liegt das? Das ist ein psychologischer Prozess, wo ich dann gucke, inwieweit Angst dahinter liegt. Und dann arbeiten wir an dem Thema Angst.« Ein guter Ansatz, denn das Gefühl, sich vor Verletzungen schützen zu müssen, schirmt auch die Liebe ab.

In vielen Beziehungen herrscht ein Anspruchsdenken, wie wir es aus der Werbung kennen. »Das Beste oder nichts«, wirbt Mercedes mit gutem Gespür für den Wahn der heutigen Zeit. Wir haben eine Mercedes-Mentalität. Das wird uns ja täglich eingehämmert. Selbstverwirklichung und Bedürfnis-Orientierung sind ein Muss. Man muss sich selbst verwirklichen. Man muss sich selbst optimieren. Wie aber geht man mit einer Situation um, in der etwas nicht ganz so gut läuft? Kompromisse scheinen unmöglich zu sein. Unbeirrbar jagen wir einem starren Idealbild hinterher.

Doch der Alltag unseres Lebens ist im Allgemeinen nicht das Beste, nicht das Herausragende und wird daher von Menschen, die das Beste suchen und bei jeder Begegnung ein Feuerwerk erleben wollen, mit Verachtung gestraft. Hinter der Verachtung des Alltags verbirgt sich jedoch nichts anderes als die Angst vor dem Realitätstest. Bovenschen schreibt:

»Vielleicht gelingen Beziehungen auch, wenn ständig Gelübde abgegeben und Klärungen erzwungen werden – ich bin da aber skeptisch. Übrigens spricht die Offenheit der Liebe nicht gegen ihre Alltäglichkeit. Wir müssen uns alle morgens die Zähne putzen, müssen uns anziehen und dann und wann zum Arzt. Das Triviale ist permanent vorhanden und steht in keinem Gegensatz zur Liebe. Das tun Vereinbarungen, Definitionen, Bürokratie. Dort, wo die Liebe groß gemacht werden soll, durch Beschwörungen, durch Formeln, dort wird sie oft gestört.«

Wenn man online »unterwegs ist«, bekommt man meist die sanierten, glänzenden, ge-photoshopten Leben von mustergültigen Menschen präsentiert. Der Druck, der dadurch erzeugt wird, ist immens. Im realen Leben jedoch hat man kein Instagram-Äußeres, keine Filter für jede Stimmung. »Die digitale Welt mit ihren geschönten Bildern und ihren umfassenden Vorgaben, was schön, fit und gesund ist, liegt wie Blei auf dem Selbstwertgefühl«, mahnt der Psychoanalytiker Wolfgang Schmidbauer.

Beziehungen aber funktionieren oft nach dem Prinzip des optischen Reizes. Soziologe Hillenkamp hat dabei eine interessante Beobachtung gemacht: »Nur eines ist schlimmer, als hässlich zu sein – gut auszusehen, also Chancen zu haben. Nur eines ist schlimmer als uninteressant zu sein – interessant zu sein. Nur eines ist schlimmer, als keine Chance zu haben – alle Chancen zu haben.« Die meisten Plattformen, wie etwa Facebook, wurden von Männern erfunden, denen es genau darum ging: ums Äußere, die Hülle, die Präsentation. Jeder wird zum Darsteller seiner selbst.

Das Selfie dient dabei der permanenten Eigenwerbung. Eine elektronische Visitenkarte sozusagen. »Ich« bin die Währung, mache mich selbst zum Medium. Die egozentrische Selbstoptimierung nährt sich aus der Furcht, nicht genug Anerkennung zu bekommen. Manchmal scheint es geradezu, als führten die Menschen ihr Leben auf der Plattform vor. Es fällt auf, dass oft auch jene nach Beurteilung, Wahrnehmung und positiver Bestätigung suchen, bei denen es im privaten Umfeld niemanden gibt, der dies tut.

Wie aber gehen die Partnervermittlungsplattformen eigentlich mit der Individualität des Menschen um – einer Eigenschaft, die nicht unbedingt mit dem Besten gleichgesetzt werden kann? In den Fragebögen taucht die Frage auf: Welche ungewöhnliche Eigenschaft hast du? Die Antworten darauf allerdings dienen insgeheim wieder der Selbstvermarktung. Man sei ungeduldig, arbeite zu viel und so weiter.

Die Konkurrenz ist groß – auch wenn ich sie auf den Plattformen nicht sehe. Ein falsches Wort, und die Optionen schwinden. Die Partnersuche wird zur schweißtreibenden Arbeit.

Verstärkt werden diese Extreme durch das, was der Soziologe Hartmut Rosa das »Steigerungsspiel« der Spätmoderne nennt: In immer mehr Lebensbereichen herrscht Wettbewerb, konkurrieren Menschen nicht nur um Wohlstand, sondern auch um Anerkennung und Status. Dieses Steigerungsspiel kann auch Eskapismus und Engagement umfassen – nach dem Motto: Wer klinkt sich am coolsten aus? Wer engagiert sich noch mehr als der Rest? Die Suche nach sich selbst hat sich in eine tagesfüllende Knochenarbeit gewandelt.

Aber: »Jeder will doch ein tolles ICH sein«, so eine Leserin. Vielleicht sollten wir unseren Lebensstil etwas überdenken. Vielleicht sollten wir uns erlauben, mehr wir selbst zu sein, dann können wir auch dem Anderen gegenüber großzügiger sein.

Doch mit der Entdeckung des Individuums war zugleich die Logik vom Wettbewerb in der Welt – die nie enden wollende Suche nach Einzigartigkeit, Originalität und Neuheit, genannt: Freiheit. Heutzutage jedoch erscheint das Streben nach Einzigartigkeit eher wie eine Fessel.

»Wir müssen aufhören, diese emotional perfekten Kreaturen zu sein«, warnt die Soziologin Eva Illouz: »Der Druck, emotional fit zu sein, ist hoch. Nie zuvor waren wir von so vielen Menschen umgeben, nie zuvor haben wir mit so vielen Menschen gearbeitet, zudem in derart komplexen Organisationen, die uns so viele gegensätzliche Reaktionen abfordern: Man muss nett sein, aber auch durchsetzungsfähig und loyal der Firma gegenüber, und am besten immerzu die eigenen Fähigkeiten updaten. Wir müssen ständig performen, in der Schule, an der Uni, in der Arbeit. Das verlangt nach Selbstmanagement.«

Was beim Online-Dating passiert, treibt die »Vermarktung« des Menschen auf die Spitze. Beziehungen werden unter den Kriterien von Ertrag und Rentabilität betrachtet. Sie müssen perfekt sein, weniger ist nicht akzeptabel. Die Dates wirken in den vielen Gesprächen mit Betroffenen wie Episoden einer Casting-Show. In unserer perfektionistischen Welt muss eben auch der Partner perfekt sein – so unrealistisch dies auch sein mag. Niemand kann von sich selbst behaupten, perfekt zu sein oder dies von anderen erwarten. Das wäre geradezu unmenschlich, weil jeder Mensch natürliche Schwächen hat. Und dennoch: Es muss den Einen, den Besten, geben! Dieser ist es nicht. Also: Der Nächste bitte!

Serielles Leben: Der Nächste, bitte!

»Wenn ich im Netz jemanden kennen lerne, weiß das ja niemand. Ich bewege mich sozusagen im luftleeren Raum. Und wenn ich mit meiner Netzbekanntschaft danach nichts mehr zu tun haben will, weil sie mich enttäuscht hat, kann ich sie deleten. Wegwerfen. Zack! Bin sie los. Das ist total unverbindlich.«

So schwärmt eine 26-jährige Tinder-Userin. Der Nächste bitte! Die Tinder-Nutzerin sagt tatsächlich »wegwerfen«, als ob sie ihr Date einfach so in den Papierkorb verschieben könnte. Sie reduziert den Anderen zum Objekt, zum Produkt, das man konsumiert und dann in die Tonne wirft. Denn das nächste Produkt steht schon bereit. Der Konsument ist immer hungrig. Ich frage nach, wie sie es fände, wenn man sie wie ein Wergwerfprodukt behandeln würde. Dass ihr Konzept nicht ganz unproblematisch ist, weiß sie sehr wohl. Vor allem, »wenn Gefühle im Spiel« seien. Doch war das nicht der eigentliche, ursprüngliche Grund für die Suche? Ist der wortlose Abgang demnach ein Ausdruck des Mangels an Mitgefühl? Gefühle sind wichtig, um andere Menschen nicht zu verletzen. Gefühle sind wichtig, um zu lieben. Und: Gefühle sind wichtig, um zu denken.

Der Neurowissenschaftler António Damásio hat Menschen mit Hirnverletzungen beschrieben, die seltsam gefühlskalt wirkten, aber in Intelligenztests abschnitten wie zuvor. Trotz ihres logischen Denkvermögens konnten diese Patienten ihre Arbeit nicht mehr sinnvoll planen und waren lebensuntüchtig. Denken und Fühlen gehören zusammen.

Sucht die Tinder-Nutzerin, die sich so schwer tut, wenn

Gefühle im Spiel sind, lediglich nach unverbindlichen, rein sexuellen Begegnungen? Möglicherweise weiß sie selbst nicht, was oder wen sie sucht. Das gehe ihr auch so, gibt die 45-jährige Ursula zu. »Ich habe eine langjährige wunderbare Beziehung hinter mir. Ich weiß noch nicht genau, was ich auf Tinder suche. Unterhaltung. Ablenkung. Zerstreuung. Die heimliche Sehnsucht nach Nähe aber bleibt.«

Tinder sei übrigens perfekt für diese Phase und darüber hinaus besser als sein Ruf, so die Schweizerin. Tinder sei eine Transitzone. Spielerischer als Partnerschaftsagenturen, man sei dort freier, offener. Tinder sei Abenteuer, Parship dagegen eher Schwarzbrot, findet Ursula. Bei Tinder streift man sich, bleibt aber nicht aneinander hängen, weil es am Horizont vielleicht noch etwas Verheißungsvolleres gibt. Dabei ist Ursula durchaus bewusst, dass so aus einer Begegnung kaum mehr werden kann. Das war vor rund 20 Jahren, als sie zuletzt Single war, anders. Und noch etwas hat sich verändert. Früher wählte der eine. Der andere bot sich an. Heute wählen beide, und beide bieten sich an. Es ist also komplizierter geworden.

Viele Menschen gehen auf eine Datingseite, wissen aber nicht, wonach sie suchen. »Oft habe ich das Gefühl, mein Gegenüber weiß nicht, was er will. Wenn ich mich bei einer Firma bewerbe, weiß ich doch auch, warum!«, beklagt sich Nathalie, wissend, dass sie selbst ein krasses Konsumverhalten in Beziehungen zeigt. Der nächste Partner ist ja nur einen Klick entfernt. Das ist schon paradox: Die große Auswahl erschwert es, den Einen zu finden, gleichzeitig glaubt Nathalie: Je größer die Auswahl, desto wahrscheinlicher, dass sie ihn trifft. Passt nicht? Was soll's, es gibt ja noch 400 weitere Profile. Nathalie sagt: »Ich merke schon selbst, wie ich abstumpfe. Das läuft alles automatisiert ab.

Ah, so ein Typ ist das! Nee, gefällt mir nicht. Schublade zu! Am Anfang habe ich dem Anderen noch viel mehr Chancen gegeben. Nun schaue ich mir fix die Profilbeschreibungen an. Man sucht Gefühle und eine Beziehung, aber auf der Grundlage einer technischen App, wo sich die Bewerber selbst einschätzen!«

Tatsächlich sind Dating-Plattformen heutzutage fast schon wie ein berufliches Netzwerk. Man sondiert Chancen und Möglichkeiten, und dann bewirbt man sich. Nathalie, sonst ein verantwortungsvoller und aufmerksamer Mensch, ist sich nicht sicher, wann ihr Umgang mit den Bewerbern kippte. Ihr fehle mittlerweile die Geduld, genauer hinzuschauen.

»Der Oberflächenreiz muss für ein erstes Screening reichen«, erklärt auch Thomas. Er ist Architekt und Bienenzüchter, 39 Jahre alt, lässig und beliebt bei den Kumpels, Wohnung im Prenzlauer Berg. Er verkörpert geradezu das Klischee eines Hipsters. Passt ihm etwas nicht – wahlweise die Firma, die Bar, die Freunde oder die Freundin, zieht er eilig weiter. Die Verantwortung hat er im Job geparkt. Unumwunden gibt er zu, dass er auf den Dating-Plattformen »seinen Marktwert« testen wolle. Mit dem exotischen Spezialwissen zur Bienenzucht panzert er sich gegen die Erfordernisse des schnöden Alltags. Beim Sprechen verbirgt der Vollbart sein Mienenspiel. Offenbar wirkt diese zur Schau getragene Unnahbarkeit. Oder ist er das sogar? Will er eigentlich keine Beziehung? Er wolle in erster Linie seinen »Marktwert« testen. Damit steht Thomas nicht allein. Etwa 20 Prozent der Dating-Plattform-User sehen das ähnlich. Es sind die Prinzipien der Marktgesellschaft, die sie höchst freiwillig auf das eigene intime Leben anwenden. Die Wahl des Partners verläuft so ähnlich wie die

Wahl des Jobs oder der Kauf einer Wohnung: Eine kritische Abwägung von Kosten, Optionen und Präferenzen. Doch: »Die Liebe produziert nichts. Sie steht nicht im Dienste des Kapitals. Sie gibt keinen Kredit. Sie ist antikapitalistisch«, so die Philosophin Michaela Marzano.

Verlieben, hassen und verlassen. Thomas fackelt nicht lange, wenn es nicht passt. Dabei argumentiert er folgendermaßen: »Warum sollte ich Zeit investieren, wenn ich doch gleich sehe, dass mir etwas nicht gefällt?« Er »sieht« also, ob *es* nicht passt. Der Andere wird auch hier auf einen Gegenstand reduziert. Macht es für ihn noch einen Unterschied, ob er in eine Galerie geht oder sich die Ausstellungsräume der Möglichkeiten im Netz anschaut, frage ich. Thomas räumt ein, dass er sich selbst manchmal wie ein Gegenstand fühle. Schließlich präsentiere auch er die bessere Version von sich. Was immer das auch sei. Man stelle sich eben ins Schaufenster und bewerbe sich. Und wenn's gut läuft, kommt es zur Begegnung zweier geschönter Selbstbilder. Insofern sei es stimmig, dass es ums Sehen gehe. Auch sei er eben ein visueller Typ, schätze Stil und Schönheit. Und welche Rolle spielt das Fühlen für ihn? »Das Fühlen hängt vom Sehen ab«, entgegnet Thomas fix. Es gibt für ihn nur zwei Kategorien: attraktiv und unattraktiv, dementsprechend wischt er nach rechts oder links. Einen unattraktiven Menschen könne er niemals mögen. Er will sich ja auch mit dem Anderen zeigen können, repräsentieren. Schaut, was für eine tolle Frau ich habe! Interessiert ihn eine Frau, möchte er möglichst schnell eine Beziehung. Ist die Frau noch nicht so weit, probiert er es bei der nächsten.

Dank der Dating-Plattformen gibt es ja eine scheinbar unendliche Verfügbarkeit von potenziellen Partnerinnen. Und weil alles passieren könnte, passiert nichts. Oft scheitert eine Liebe nicht, weil sie zu früh endet, sondern weil sie niemals richtig begonnen hat.

Psychologin Lisa Fischbach hat zusammen mit ihrem Kollegen Prof. Burghard Andresen den Liebestypen-Test entwickelt, der 11 verschiedene Liebestypen beschreibt. Grundlage hierfür sind jahrelange Forschungsarbeiten zur Beziehungs-Persönlichkeit von Prof. Andresen. Überraschend war bei dieser Arbeit, dass sich neben den zehn anderen Kategorien ein neuer Liebestyp zeigte, der sich stark durch eine hohe Anspruchshaltung mit Marktorientierung auszeichnet.

»Der Typus (M) hat bei extremer Ausprägung in Sachen Partnerwahl und Beziehung eine ausgesprochene Anspruchshaltung. Sein Suchmuster ist nach ›oben‹ gerichtet, er legt Wert auf gesellschaftlichen und ökonomischen Status. Nur das Beste ist ihm gut genug.« Die typischen Mechanismen des Wirtschaftsmarktes werden hier auf die Liebe übertragen: »Eine Konsum-Persönlichkeit, die bei der Partnersuche alles durchscannt und, wenn etwas nicht passt, sofort verwirft, gar eine gewisse Tendenz entwickelt, immer etwas Neues haben zu müssen und dabei am Ende nicht mehr in der Lage ist, sich zu binden. Eben weil sie glaubt, immer noch was Besseres finden zu können. Deshalb kann sie sich nicht festlegen. Es geht dabei also um die Unfähigkeit, sich einzulassen.«

Jeder von uns habe, so Fischbach, Anteile in dieser und den anderen 10 Dimensionen – so gibt es etwa den spielerischen Typus oder den extrovertierten, den eifersüchtigen oder den pragmatischen Typus und noch einige mehr. Dabei seien bestimmte Bereiche jedoch stärker ausgeprägt als andere und würden das Verhalten in der Liebe entsprechend beeinflussen.

Vor allem Online-Dater suchen sich ihre Bekanntschaften nach den Kriterien des Marktes aus. Die Liebe wird zu einem Geschäft, das sich rechnen muss, denn man hat ja investiert – zumindest Geld, nicht unbedingt Gefühle. Die Haltbarkeit sozialer Lebensformen wird vorab überprüft, das Verfallsdatum ist in dieser Verwertungslogik einkalkuliert. So sind ›wahre Gefühle‹ kaum noch von der ›Ware‹ zu unterscheiden. Manche Frau geht mit ihrem Partner um, als führte sie eine neue Handtasche spazieren. Wenn sich herausstellt, dass das Modell doch nicht passt, greift sie zum nächsten.

Mir selbst würde dazu noch ein weiterer Persönlichkeitstyp einfallen: der episodische oder serielle Persönlichkeitstyp. »Der Nächste bitte« erinnert an das Konsumverhalten bei Serien. Kaum ist die eine Folge zu Ende, verlangt es nach der nächsten. Binge-Dating.

Auch der kulturelle Kontext spielt eine wichtige Rolle. Der US-Psychiater Markus Horvath betont, dass Amerikaner dazu neigen, wortlos weiter zu gehen, Altes hinter sich zu lassen und nach vorne zu schauen. Das Neue ist immer besser als das Alte. Dieses »Neuigkeits-Gen« sei ihnen praktisch schon in die Wiege gelegt worden.

»Viele Menschen, die hier in den USA leben, verließen die ungünstigen Bedingungen ihres Ursprungslandes, um ein neues Leben aufzubauen. Viele verließen Angehörige, Freunde und Traditionen, um sich und ihren Kindern eine bessere Zukunft zu schaffen. Der Weggang, neu statt alt, wurde von den Eltern romantisiert und das auch den Kindern so vermittelt. In Amerika wird die Vergangenheit nicht idealisiert wie in vielen europäischen Ländern. Das goldene Zeitalter liegt in Amerika in der Zukunft! Ein neues Kapitel, eine neue Stadt, ein neuer Beruf, eine neue Beziehung werden oft als gut und normal angesehen. Dass man das alte Kapitel – auch wortlos – hinter sich lässt, wird akzeptiert.«

So der Psychiater Horvath. Weitergehen. Bloß nicht zurück schauen. Etwas Neues zu beginnen ist in den USA absolut positiv besetzt. Das Bleiben dagegen eher nicht. Selige Geschichtslosigkeit. Der Europäer neigt hingegen eher dazu, jeden Fetzen der Vergangenheit festzuhalten und zu vernähen. Selige, nie dagewesene Idylle. Dennoch: Kann man Erinnerung, Gegenwart und Zukunft so scharf von einander trennen? Bestehen wir nicht gar aus Erinnerungen? Formt die Erinnerung nicht sogar unseren Charakter und damit unsere Zukunft?

In den USA entledigt man sich der Vergangenheit wie eines alten Kleidungsstücks.

Die Beziehung habe in den USA eindeutig einen geringeren Stellenwert als der berufliche Erfolg, erklärt Horvath. Man habe nur einen Anspruch auf ein gelungenes Leben, wenn man bereit ist, dafür alles zu tun. Die Karriere stehe dabei an erster Stelle.

»Selbst glückliche Familien zerfallen, weil die Frau – aber meist eher der Mann – die beruflichen Chancen woanders besser verwirklichen kann. Für die Traumposition wird sogar die Familie verlassen.« So der Psychiater Markus Horvath, der in Los Angeles lebt. In den USA sei es fast schon Pflicht, seinem eigenen Traum zu folgen. Ein ›Loser‹ zu sein sei das Allerschlimmste. Der Gewinner ist der Glückliche. Und Glück wird gleichgesetzt mit Erfolg.

Doch macht Erfolg wirklich glücklich? Geht es beim Erfolg nicht in erster Linie um Anerkennung? Nicht wenige erfolgreiche Schauspieler nehmen sich das Leben. Mir scheint es, als ob diese Menschen ihr Leben nicht leben, sondern vielmehr aufführen. Vermutlich ist es nicht eben leicht, dieses

Niveau an Aufmerksamkeit auch in den zwischenmenschlichen Beziehungen dauerhaft aufrechtzuerhalten.

Macht das nutzenorientierte Ausleben von Beziehungen unglücklich? Gerade Amerikaner beklagen sich in den Zuschriften und Blogs über Ghosting. Liebeskummer ist universell. Doch längst ist es auch in Europa angekommen. Der Soziologe Zygmunt Baumann formuliert es so: »Wir bieten unseren Kindern zahlreiche Spielzeuge und Geräte und erpressen sie auch noch, indem wir sie mit einem neuen Geschenk belohnen, wenn sie einen Test bestanden haben. So führen wir sie in diese Gesellschaft von Konsumenten ein, in der es einen Mangel an Sinn und an Werten gibt und aus der Individuen hervorgehen, die wie Tyrannen durchs Leben gehen, ohne zu wissen, wo die Grenzen sind. Und diese wiederum enden dann ihrerseits damit, dass sie vorbehaltliche, unbeständige Liebe weitergeben.«

Thomas, der Ungeduldige, mit einem Faible fürs Schöne, will schnelle Entscheidungen treffen, erwartet aber auch von einer Frau, dass sie sich sofort festlegt. Er muss Beute machen, bevor er selbst zur Beute wird. Also muss er auf der Hut sein, wenn er nicht die Kontrolle verlieren will. Sein Drang, die Fäden in den Händen zu behalten, ist Ausdruck seiner Unsicherheit, seiner Angst vor dem, was er nicht weiß und somit nicht kontrollieren kann. Auch seine Eile birgt einen Widerspruch. Eile schließt Kontrolle aus, so wie sie Beziehung verhindert. Doch er nimmt sich keine Zeit für das Unvergängliche.

Geborgenheit braucht Langsamkeit. Ein Kleinkind kann kein Vertrauen entwickeln, wenn die Bezugsperson ständig wechselt. »Der Nächste bitte« vergrößert die Unsicherheit.

Thomas' Beziehungen beginnen und enden im Zeitraffer. Möglicherweise aus Angst vor dem Endzustand, der ein

Ende der Bewegung wäre. Sein ganzes Leben erscheint fragmentiert, gerafft, kurzatmig, als sei er immer auf der Suche nach der besten Version von sich selbst. Innehalten wird vermieden. Scheinbar beiläufig erzählte er mir von einem Training auf einer Art Liegefahrrad. Dabei schnürten eisgekühlte Kompressen Arme und Beine ab. So würde die Milchsäure in den Muskeln gestaut. »Nach 20 Minuten öffnet man die Manschetten, und es schießt ein konzentriertes Hormonsignal ins Gehirn.« So überliste man den Körper: »Mein Körper reagierte, als sei er gerade einen Marathon gelaufen«, berichtete er sichtlich fasziniert. Fitnesstraining im Zeitraffer. Eine Einheit in der Woche genüge. Effektiver geht es wohl kaum. Es fällt auf: Thomas ist zum ersten Mal von etwas richtig begeistert. Wenig Anstrengung für optimale Ergebnisse. Das erwarte er auch von einer Beziehung. »Ghosting« sei dabei sein liebstes Tool, denn es erweise sich als äußerst zeitsparend.

Vermutlich strebt er keine Beziehung an, denn dies würde bedeuten, in etwas zu »investieren, ohne zu wissen, dass es sich lohnt«. Alexander Kluge nannte das einmal treffend »Seelengeiz«: wenn man nicht bereit ist, sich auf etwas einzulassen.

›Der Nächste bitte‹ bedeutet auch, dass der Kontakt jederzeit wortlos beendet werden kann. Der Ausstieg des anderen ist zu jeder Zeit möglich. Sven Hillenkamp beschreibt Menschen wie Thomas und die Folgen dieses Denkens in seinem Buch »Das Ende der Liebe«.

»Die Menschen wachen auf und finden das Bett neben sich leer: Ihr Wille ist nicht mehr dort, wo er die vergangenen Jahre jeden Morgen gewesen ist, er hat sie verlassen, ist fort. Die Menschen haben nur die Wahl, ohne ihren Willen das alte Leben weiter zu leben, ein Leben ohne ihren Willen zu ertragen (eine einsame Angelegenheit) oder ihrem Willen hinterherzulaufen, ein anderes Leben zu beginnen, also von vorne anzufangen, auch wenn sie dazu nicht die geringste Lust empfinden, wenn sie tatsächlich nichts mehr fürchten könnten, als jetzt, *in ihrem Alter*, noch einmal von vorne anzufangen, mit nichts und wieder nichts als ihrem Willen, der immer weiter will, anders und woanders leben, mit einem anderen; einem Willen, der vielleicht morgen schon wieder fort sein wird, die Menschen allein in ihrem Bett zurücklassend, der über Nacht verschwunden sein wird, sich so häufig und so schnell ändert, wie kein Mensch sich ändern kann. Die Einsamkeit der freien Menschen besteht darin, dass sie entweder von ihrem Willen dauerhaft getrennt leben oder wegen ihres Willens sich trennen vom Partner, von einem Ort, einer Arbeit, ihren Freunden. Sie sind, so oder so, *getrennte Menschen*, die immerzu suchen müssen, sich sehnen nach Einheit.«

Je mehr wir »wir selbst« werden, uns von anderen unterscheiden, desto einsamer werden wir. Was Menschen wie Thomas übersehen: Eine Bindung einzugehen ist auch eine Freiheit – die positive Freiheit zu dieser Entscheidung. »Die Menschen können tun, was sie wollen, also müssen sie es tun. Genauer: Sie müssen tun, was sie wollen, weil sie nichts mehr tun können, was sie tun müssen«, so beschreibt Hillenkamp unser Dilemma.

Vielleicht sind Menschen wie Thomas einfach überfordert, weil die Auswahl zu groß scheint. Tatsächlich gibt es die sogenannte »Vergleichspanik«. Das Gehirn ist überfordert, wenn es zu viele Optionen gibt. Der Zukunftsforscher Mathias Horx kritisiert die Dating-Plattformen, die diese Panik schüren: »Sie suggerieren, dass Partnersuche eine Art Konsumaktion ist: Nimm dir das Beste zum günstigsten

Preis. Man wählt vom Sofa aus einen Kandidaten aufgrund von rationalen Kriterien, die von Matching-Algorithmen generiert werden. Es ist der Versuch, die Liebe zu planen und zu kontrollieren.«

Dieser Konsummodus löse eine Vergleichspanik aus, die zur »Liebesunerlöstheit« führe: »Es könnte ja noch ein Besserer um die Ecke kommen. Liebe ist aber das Abenteuer, das Einmalige in einer Person zu sehen – ohne ihn oder sie ständig zu vergleichen.« Mit Algorithmen jedenfalls lässt sich das Liebesgeheimnis nicht lösen, so die Einschätzung des Zukunftsforschers Horx.

Auch Ursula kann die Vergleichspanik nachempfinden. »Am Ende nimmt man meistens gar nichts, wenn die Auswahl zu groß ist.« Das Problem sei auch, so die attraktive Schweizerin Ursula, dass alles parallel läuft. »Man hat immer mehrere Menschen am Start. Das macht es schwierig, sich auf jemanden einzulassen, sich zu konzentrieren.«

Und: Wie viel Zeit bräuchte man, um 450 Kontakte unter einen Hut zu bekommen? Die Frage ist durchaus berechtigt. Wir werden immer älter, die Wissenschaftler forschen ernsthaft und mit einigen ersten Erfolgen daran, die gesunde Lebenszeit zu verlängern und Alterskrankheiten zu besiegen. Was bedeutet das für Beziehungen? Ist die Ehe nicht mehr zeitgemäß? Ist jahrzehntelange monogame Zweisamkeit nicht mehr wünschenswert? Familienpsychologe Hantel-Quitmann merkt an: »Warum sollen heute noch Menschen ein Leben lang zusammenbleiben, in monogamer Ehe, ausschließlicher Sexualität, finanzieller und steuerlicher Verbundenheit, ewiger Liebe? Ist dieses Konzept einer Ehe nicht vollkommen anachronistisch, ein Konzept aus alten Zeiten, als die Menschen noch mit durchschnittlich 40 bis 50 Jahren starben und daher lebenslange Ehe maximal zwei bis drei Jahrzehnte bedeutete? Ist der Sinn dieses Ehekonzeptes nicht eher aus der Perspektive der Kinder sinnvoll, die eine solche liebevolle Beziehung ihrer Eltern für ihre eigene Entwicklung brauchen, möglichst bis sie das Haus verlassen können? Aber dann müsste das Liebesversprechen doch nicht ein Leben lang gelten, weit über die Zeit hinaus, in der die Kinder schon eigene Kinder haben.«

Angesichts der zunehmenden Lebenserwartung erscheint es vernünftig, die romantische Vorstellung von einer lebenslangen Liebe als »Normalfall« zu begraben. Heute liegt das durchschnittliche Erstheiratsalter der Frauen in Deutschland bei ca. 30 Jahren, ihre durchschnittliche Lebenserwartung bei 90. Kann man ernsthaft für selbstverständlich halten, 60 Jahre Ehe gemeinsam und monogam und zugleich auch noch glücklich miteinander zu verbringen, einmal vorausgesetzt, dass auch die Männer so lange leben? Nach Überzeugung des Paartherapeuten Hantel-Quitmann werden wir in Zukunft häufiger serielle Monogamien im Verlauf eines Lebens haben, mehrere monogame Partnerschaften mit unterschiedlichen Schwerpunkten (junge Liebe, erste Kinder, mittlere Jahre, Beziehungen im Alter). Die normale Familie der Zukunft ist die Stieffamilie.

Tatsächlich fürchten Menschen wie Thomas die endgültige Entscheidung für einen Menschen. Bis dass der Tod uns scheidet, klingt wie ein Alptraum. Die erfüllte Liebe wäre eine Vollendung. Und damit der Endpunkt. Er aber will »sich entwickeln«. Seine Beziehungen sind ein »Probelauf«, ein immer währendes Provisorium, von der Angst genährt anzukommen. Doch das behält er für sich. Die Botschaften an die Partnerin – wenn er dann mal eine hat – können sogar durchaus verbindlich wirken. Auch über Ehe und Kinder hat er schon mit der einen oder anderen Freundin gesprochen. »Es ist nicht so, dass ich meine jeweilige Freundin bewusst anlüge. In dem Moment, in dem ich so etwas sage, meine ich es auch so. Im nächsten allerdings schon nicht mehr«, erklärt Thomas sein vorläufiges Beziehungsverhalten. Zu verführerisch sei der Gedanke, dass hinter dem nächsten Swipe eine »bessere Option« lauert.

Mit einem Wisch eröffnet sich eine Welt voller williger Menschen, die man mit wohldosierter Emotion real treffen kann – oder eben nicht.

Was mit einem Wisch beginnt, wird auch mit einem Wisch beendet

»Man konsumiert. Ich sitze auf der Toilette und kann 100 Menschen in einer viertel Stunde von links nach rechts swipen«, erklärt die Schweizerin Ursula. Natürlich sei das abartig, doch gleichzeitig sei es fast schon wie eine Sucht. Man könne kaum aufhören, hin und her zu swipen. »Du kriegst nie genug. Willst immer mehr!«, so die 45-jährige Tinder-Nutzerin.

Wenn wir Freunde und Bekannte fast immer in der Reichweite von einem Wisch haben, wirkt das Verschwinden ohne Spuren besonders tief. Wird auf allen Kanälen kommuniziert, trifft einen der Stopp des Informationsflusses besonders. Rund eineinhalb Milliarden Mal werden pro Jahr sogenannte »Swipes« nach links oder rechts gemacht, um Profilfotos zu bewerten. Dabei geht es erst einmal ausschließlich um Attraktivität. Erst nachdem beide Nutzer einander als attraktiv eingestuft haben, können sie miteinander chatten. Auf diese Weise haben Nutzer eine Kontrolle darüber, wer ihnen schreiben darf, und werden nicht mit

Nachrichten von Personen konfrontiert, die sie vorher nicht als attraktiv eingestuft haben. Das macht es einerseits einfach: Tinder matcht nur Menschen, die sich gegenseitig attraktiv finden. Das ist erheblich sicherer als der Flirt in der Bar, bei dem man Gefahr läuft, einen Korb zu bekommen. Andererseits: Wer nie Frustration erlebt, lernt auch nicht, mit Rückschlägen umzugehen und vermeidet Konfrontation. Das wiederum verstärkt den Hang, wortlos aus einer Beziehung zu gehen. Ghosting ist eine Konfliktvermeidungstaktik.

Gleichzeitig mache das Oberflächen-Prinzip die Tinder-User »völlig fertig«, wie uns Therapeut Eric Hegmann berichtet. Gerade Männer seien »fix und foxi«: »Vielleicht auch, weil sie nicht gewohnt sind, rein nach der Optik ausgesucht und gleich wieder aussortiert zu werden. Das kann ganz schön verunsichern. Wenn ich aber sozusagen die letzte Chance bin und mir dann nicht die Antworten zurückgespielt werden, die ich mir eigentlich wünsche, ich nicht die Kontakte bekomme, die ich brauche, versetzt mich das in eine heillose Panik. Und ich habe wirklich das Gefühl, mit mir stimmt etwas nicht.«

Alle möchten gemocht werden für das, was sie sind. Nicht für die Oberfläche, das Äußere. Deshalb wechseln, glaubt Hegmann, auch so viele von Wisch- und Weg-Plattformen wie Tinder zu Partnervermittlungsplattformen wie Parship.

Und noch etwas Liebesfeindliches kommt dazu: das Effektivitätsdenken, die Angst vor langfristigen Bindungen ohne Sinn und Zweck. Verbindungen müssen etwas bringen. Tun sie das nicht sofort, wird schnell weiter geswipt. Ist da nicht jemand, der mehr verspricht? So werden wir zum Controller unseres eigenen Liebeslebens. Leider verlernen wir dabei, dass es auch Freude machen kann, sich in etwas zu vertiefen, seien es Interessen oder Beziehungen. Wer Hartnäckigkeit oder Ausdauer verliert, verliert Lebensqualität, so der Autor und ehemalige Lehrer Andel Müller: Die ›Wisch- und Weg-Kultur‹ führe »(...) zum Verlust der Belohnung einer tiefsitzenden Zufriedenheit, die erst durch intensive Bemühung möglich wird. Und natürlich sind alle intensiveren Beschäftigungen dazu geeignet, den Menschen während seines ganzen Lebens weiterzubilden, auch charakterlich zu entwickeln und somit kritischer und selbstständiger zu machen.«

Es endet, wie es beginnt: mit einem Wisch. Wir streicheln die Handyoberfläche mehr als die Haut eines Anderen. Der Schriftsteller Mirko Bonné, der so klare wie schöne Worte für das Zusammensein in der Dating-Welt findet, schreibt: »Von einer Trennung lässt sich nur sprechen, wenn es zuvor eine Verbindung gegeben hat. Falls nicht, geht man halt wieder auseinander, verabschiedet sich voneinander oder nicht einmal das. Bitter. Doch meiner Erfahrung nach spiegelt das Aus einer Liebe deren Anfang wieder. Es ist sehr wahrscheinlich, dass ein Paar, das zusammengefunden hat, indem zumindest einer von beiden den früheren Partner hintergangen hat, genauso auseinandergeht, weil einer von beiden den anderen hintergeht. Wer sich über »Tinder« oder welche Netz-Spielart auch immer kennenlernt, muss sich nicht wundern, wenn der einmal Gefundene ebenso mir nichts, dir nichts wieder verloren geht.«

Liebe lässt sich ebenso wenig wie Freundschaft mit einem Klick herbeiführen: »Sie muss vielmehr wachsen. Neben Hass und Scham ist sie ältester Ausdruck menschlichen Miteinanders. Liebe braucht – oh Gott! – Zeit, Muße, Sinne, Sinnlichkeit, Scheitern, Neuanfang, Geschichte, Ausblick. Jedes kurze Gespräch von Angesicht zu Angesicht macht die

Unterschiede zu einem Mail-Austausch eklatant deutlich. Woher soll denn Empathie (ein Modebegriff) kommen? Einfühlsamkeit ist kein Zauber, sondern Ergebnis langsamer, langwieriger (Selbst-)Befragungen. Alle leiden wir unter dem Husch-husch unserer Zeit, aber haben alle keine Zeit, etwas daran zu ändern. Wer sich die Zeit nicht nimmt, wem sie zu teuer ist, der soll doch bitte zum Teufel gehen. Um alle sonst ist es schade.«

Was nicht passt, geht retour

Für viele Menschen ist die Liebe immer noch etwas, was sich jeder Konsumlogik entzieht. Und dennoch übertragen sie die Mechanismen aus der Warenwelt auf die Partnersuche.

Online-Dating, Partnervermittlungsplattformen verstärken diese Tendenz. Der Mensch im Katalog. Einkauf nach der Checkliste. Unendlich viele Möglichkeiten. Auswahl. Retour. Man kann alles im Netz bestellen. Das Gute ist: Gefällt etwas nicht, kann man es zurückschicken. Die Anonymität im Netz schafft Distanz. Das Schlechte ist: Diese Haltung überträgt sich auf den Menschen. Wir sind es inzwischen gewohnt, alles zurückschicken zu dürfen. 100 Tage lang. Dieses Retoure-Recht haben wir auf uns selbst übertragen.

»Ich habe mal mit Leuten gesprochen, die in so einer Retoure-Abteilung von großen Handelshäusern arbeiten. Die sagen, mit welcher Herabwürdigung und Dreistigkeit die Sachen zurückgeschickt werden, sei erschreckend. Die Kleidung sei zerschlissen, getragen, oft mit Lippenstift verschmiert. Man sieht ja nicht die Menschen, die das bearbeiten. Sie würden doch sicherlich nie in einen Laden gehen und eine völlig verknitterte und verschwitzte Bluse auspacken und jemandem zum Umtausch auf dem Tisch knallen. Oder? Das können Sie bei Amazon machen.« So die Psychologin Lisa Fischbach.

In einer Welt, in der nicht nur Produkte und Dienstleistungen rund um die Uhr verfügbar sind, überträgt sich diese Wegwerfmentalität auf den Menschen. »Ghosting« ist Ausdruck einer Verdinglichung. Man muss sich von keinem Produkt verabschieden. Ich verabschiede mich auch nicht von einer Marmelade. Heute schmeckt sie mir, morgen eben nicht. Heute gefällst du mir, morgen nicht. Ich benutze dich, genieße dich, und dann werfe ich dich weg. Beziehungen und Konstanz haben in diesem Umfeld einen schwierigen Stand. Fischbach merkt kritisch an: »Dieses große Massen-Angebot macht die Wertschätzung sicherlich nicht größer. Früher sind wir ins Geschäft gegangen, uns wurden drei Blusen gezeigt. Jetzt gehen wir ins Netz. Bei Amazon kriegen wir 1255 Blusen vorgeschlagen. Die Leute klicken sich durch und bestellen 20 Blusen. Die kommen nach Hause. Sie bezahlen nichts. Der Rest geht retour. Die Handlung bleibt ohne Konsequenzen. Sie können ja in der Anonymität verschwinden. Das ist ja das Perverse.«

Wäre es da nicht Aufgabe der Plattformen, dem entgegen zu wirken und deutlich zu machen, dass hinter jedem Profil ein Mensch steht? »Wir predigen tatsächlich immer, dass die Leute den Anderen so behandeln sollen, wie sie selbst behandelt werden wollen. Jetzt ist da ein Profil, und sie haben für ElitePartner bezahlt, und dann sind da noch die vielen anderen Profile. Ich will dann so viel wie möglich vom Angebot nutzen. Natürlich wird da eine Mentalität geschürt, die der Liebe nicht guttun wird.«

Das Problem ist aber nicht nur das Retour-Prinzip aus der

Online-Shoppingwelt. Ebenso fragwürdig erscheint der Umstand, dass Menschen einander auf unmenschliche Weise benutzen. So wird jeder ersetzbar. Wie sich das Außen auf das Innen auswirkt, zeigt sich dann im versäumten Abschied. Das Profil wird gelöscht. Ein Klick: »Unmatchen«, und alle Nachrichten sind verschwunden – und nicht nur diese: Der Mensch wird »gelöscht«. Der Andere ist nicht mehr da. Aufgelöst. Psychologe Hantel-Quitmann fragt zu Recht: »Man schützt sich kurzfristig, aber lernt langfristig nichts dazu. Was mir diese Entscheidung, jemanden zu verlassen, leicht macht, ist, dass ich sozusagen täglich neue Ware geliefert kriege! Und die auch noch in einer Angebots-Form reinbekomme. Ich kenne Leute im Alter meines Sohnes, die richtig geschädigt sind. Tinder-geschädigt! Die haben das Gefühl, dass sie irgendwann mal aussteigen müssen. Das sind ja in großen Teilen reine Vögel-Plattformen, wo sie sich dann auch so präsentieren. Auf den Bildern sehe ich nur einzelne Körper-Segmente, Brust, Unterleib. Da taucht kein Kopf mehr auf. Welche Symbolik ist das eigentlich, wenn man sich selbst als Person über die Brüste oder den Unterleib präsentiert? Und selbst, wenn man dann eine Beziehung zu dieser Person hat, was soll das dann für eine Beziehung sein?«

Etwa 30 Prozent der User wollen nur Sex, 30 Prozent flirten, und 30 Prozent suchen und finden ernsthafte Beziehungen. Und Tinder, die größte kommerzielle Mobile-Dating-App der Welt, wird immer beliebter. 2018 verzeichnet Tinder 4,3 Millionen Abonnenten. Zwischen Anfang Oktober und Ende Dezember 2018 setzte die »Match Group« 457 Millionen Dollar um – 20 Prozent mehr, als im Vorjahreszeitraum und 9 Millionen Dollar mehr als Analysten erwartet hatten. Tinder fährt fast die Hälfte der Umsätze der Match Group ein. Das Geschäft mit der Liebe lohnt sich also – zumindest für den börsennotierten Dating-App-Anbieter »Match Group«.

Vom Kuchen abhaben wollen aber auch andere. Es gibt schon findige Geschäftsleute, die anbieten, das Liebesleben zu organisieren, indem sie für den Suchenden eine Vorauswahl treffen und die Texte schreiben. Eine weitere Firma spielt Amor. Bei den etablierten Plattformen dagegen stagniert der Zugang auf hohem Niveau. Vor noch etwa 15 Jahren gab es Plattformen, die drei Optionen anboten: Ja, Nein, Vielleicht. Dass sich dieses Angebot nicht halten konnte und sich stattdessen Tinder mit Top oder Flop durchgesetzt hat, zeigt, wo wir stehen. »Vielleicht« war schon die eine Option zu viel.

Psychologe Oskar Holzberg fordert die Partnervermittlungsplattformen auf, endlich Verantwortung zu übernehmen: »Ihr kassiert, also macht euch gefälligst auch Gedanken, welche Folgen euer System hat!« Und zwar für den Einzelnen ebenso wie für das menschliche Miteinander. Es geht nicht um eine Welt der Möglichkeiten, sondern eher um eine Welt der Unmöglichkeiten. Holzberg meint dazu: »Das macht unglücklich! Logisch! Finde mal eine Frau oder einen Mann, dann lässt du dich darauf ein, und dann hast Du das Gefühl, jetzt müsstest du ihn eigentlich zurückschicken. Und weil du ihn nicht zurückschicken kannst, schickst Du ihn in die Wüste. Das ist dann GHOSTING!«

»*Die nostalgische Sehnsucht ist ein Kuckucksei. Sie weckt Illusionen in uns.*«

Michela Marzano

3. Kapitel
Die Sehnsuchts-Produzenten: Noch ein Klick, noch ein Versprechen

Das Leben: Ein Konstrukt der Wahrnehmung oder der Fantasie

Fantasie ist nicht bloß Fantasie. Psychologisch gesehen ist sie die reine Realität. So ist etwa Angst, ob begründet oder nicht, absolut real. Psychologisch zählt nur das, was wahrgenommen wird. Auch was zunächst nur eine Vermutung über den Anderen ist, wird für wahr und existent gehalten. Man fühlt, was man denkt – oder sich erträumt.

Menschen mit Bindungsangst sind Meister im Träumen. Im Wunschtraum gibt es keine Konflikte, nur Licht, kein Schatten. Träumer dürfen nicht mit der Realität aneinander geraten, denn sie ist in ihren Augen hässlich. In ihrer Fantasie gibt es die eine große Liebe, und die ist makellos. Es gibt keine Streitigkeiten, keine Fehler, keinen Betrug.

Die Eifersucht etwa ist ein gutes Beispiel dafür, wie sehr man sich auf die eigene Wahrnehmung verlässt. »Ich war mir sicher, dass sie mich betrügen würde«, schreibt Timo. »Also machte ich mit ihr Schluss. Stellte mich tot. War nicht mehr erreichbar. Ich öffnete auch nicht die Tür, als sie versuchte, mit mir noch einmal zu sprechen. Ich war wie im Rausch, kam gar nicht mehr los von der fixen Idee, dass sie mich betrügen würde. Obwohl ich sie noch liebte, trennte ich mich, ohne zu erklären, warum«, so der 40-jährige Timo, der heute, fünf Jahre später, weiß, dass seine Eifersucht völlig unbegründet war. Doch wenn man etwas für real hält, sind die Folgen es auch. Und auf Betrug folgt Abbruch.

Eifersucht ist im Grunde nichts anderes als Verlustangst – eine Angst, die Beziehung zu verlieren. Timo hatte in seiner ersten Beziehung die Erfahrung des Betrugs gemacht. Seine damalige Freundin hatte ihn mit seinem besten Freund betrogen. Timos Misstrauen war also nicht unbegründet. Und auch die Nachfrage, ob er selbst mal den Drang verspürte, untreu zu werden, ist durchaus legitim, wird doch Eifersucht meist von projizierten Wünschen genährt. Wenn man solche Gedanken selbst nie hatte, wie sollte man darauf kommen, dass man betrogen wird?

»Insofern kann man eifersüchtigen Menschen wünschen, vielleicht mehr ihrem Misstrauen zu misstrauen, als sich weiter im Misstrauen gegen andere zu ergehen«, rät Psychologe Hantel-Quitmann, der in seinem lesenswerten Buch »Die Othello-Falle. Du sollst nicht alles glauben, was du denkst« unsere Wahrnehmung genauer unter die Lupe nimmt: »Jeder Mensch glaubt, seine Wahrnehmung der Welt sei eine objektive Abbildung der Realität, bis er feststellt, dass andere Menschen dieselbe Welt ganz anders sehen. Bei Kindern ist dies um das vierte Lebensjahr herum der Fall, und dies ist zugleich die Geburtsstunde einer wesentlichen menschlichen Eigenschaft: der Fähigkeit zu mentalisieren, d.h. sich Gedanken über die Gedanken und Gefühle anderer Menschen zu machen.«

Insofern entstehe das Mentalisieren aus einer Not heraus: »Wenn andere Menschen anders denken und fühlen als das Kind, dann versucht es, diesen Unterschied zu verstehen und sich zu erklären. Ausgangspunkt sind also Irritationen und Zweifel. Wer hat sich getäuscht? Ist es eine Täuschung des Anderen, eine Selbsttäuschung, oder spielt uns allen die Realität nur etwas vor, was wir nicht erkennen und verstehen können?«

Die Vorstellung von der »rosaroten Brille« sei dabei Ausdruck einer »massiven Wahrnehmungsverzerrung«, die den Anderen nur noch so sieht, wie man ihn sehen will: geradezu ein Fest der subjektiven Wahrnehmung, bei dem die subjektive Attraktivität unzweifelhaft und geradezu objektiv erscheine. Umgekehrt verhalte es sich bei Trennungen. Hier führe die dunkle Brille der Wahrnehmung zu einem durchgängig negativen Bild des Anderen, und auch hier werde die subjektive Wahrnehmung als objektive dargestellt, so der Psychologe.

Sinnesempfindungen verlaufen von außen nach innen oder von unten nach oben, man nennt sie deshalb auch Bottom-up-Prozesse. Dabei erfolgen mehrere Stufen der Verarbeitung. Als Erstes holt sich das Gehirn weitere Informationen aus der aktuellen Umgebung, wenn es bestimmte Sinnesreize nicht sofort einordnen kann. Auch Vorerfahrungen spielen hier eine wichtige Rolle, ebenso wie unsere Erwartungen und unser kultureller Hintergrund. Die Kultur, die soziale Situation, entscheidet mit über unsere Wahrnehmung – auch in Beziehungskonflikten. Stress kann uns geradezu am Denken hindern. Zudem fällt es uns schwer, unser Denken neuen Situationen anzupassen. Wir halten an einem Traum solange fest wie möglich.

Können wir eigentlich entscheiden, was wir denken und empfinden? »Unser Denken versucht, unsere Gefühle zu verstehen, und gleichzeitig zeigen uns unsere Gefühle an, wenn unser Denken zu sozialen Problemen geführt hat. Dann fühlen sich die betroffenen Menschen unwohl, sind aber weiterhin von ihrem Denken überzeugt.«

Sie wollen die schlechten Gefühle zwar loswerden, aber gleichzeitig an ihrem bisherigen Denken festhalten: »Ohne das eigene Denken zu ändern ist dies in den meisten Fällen aber kaum möglich. Ein erster Schritt besteht dann darin, seinem eigenen Denken nicht mehr zu glauben, es kritisch zu hinterfragen: Du sollst nicht alles glauben, was du denkst!« Dies rät also der Psychologe Hantel-Quitmann.

Weil viele Menschen mit der Wirklichkeit, in der sie leben, unzufrieden sind, folgen sie der Devise, dass sie glauben wollen, was sie fühlen: »Manchmal glaubt man etwas zu einem bestimmten Zeitpunkt, ist sich ganz sicher in seinem Glauben, liebt so sehr wie noch nie zuvor und muss später umso verwunderter feststellen, dass der damalige Glaube anscheinend ein Irrglaube war. Wie konnte man sich nur so täuschen?« So heißt es bei Hantel-Quitmann weiter.

Schuld ist die Fantasie, die sich aus unseren Erfahrungen speist. Doch unser Gedächtnis ist keine Videothek, sondern ein Mosaik, das immer wieder neu zusammengesetzt wird. Jedes Bruchstück kann richtig sein oder verzerrt oder aus einem völlig anderen Zusammenhang stammen.

Auch die Dating-Plattformen haben ihren Anteil daran, dass sich unsere Wahrnehmung verzerren kann. Viele halten die vermeintlich endlosen Möglichkeiten, die scheinbare Allgegenwärtigkeit von Intimität auf Knopfdruck für selbstverständlich. Die Partner-Suchenden nehmen die Angebote als reale Optionen wahr, was sie natürlich oftmals gar nicht sind: weil kein wirkliches Interesse besteht, weil der Andere kein Single ist, weil es nicht einmal zu einer Begegnung kommt oder weil man selbst nicht bereit ist. Im Übrigen zeichnet sich eine neue Tendenz ab: Auch Liierte werden als Kandidaten wahrgenommen, weil sie sich als Suchende anbieten und wie Singles verhalten.

Wir selbst bleiben hinter diesen Trugbildern unsichtbar. Das Internet scheint eine Möglichkeit zu bieten, sich eine digitale Tarnkappe aufzusetzen, ein Bild zu erzeugen, hinter dem wir unser Selbst verbergen können. Es ermöglicht uns, mit Anderen in Kontakt zu treten, ohne einander zu berühren. Ohne einander zu zeigen. Was der Andere verbirgt, scheint nicht interessant genug zu sein, um es ergründen zu wollen. Dafür fehlen Geduld und Neugier. Entspricht der Andere jedoch nicht dem Bild, das er von sich kreiert hat, eilt man enttäuscht weiter.

»Ein Fantasiekonstrukt bedeutet Flucht vor der Realität« findet Nathalie, die verliebt in die Idee einer Beziehung mit Juri war. Sie hofft, dass sie das nächste Mal zwischen Fantasie und Realität zu unterscheiden weiß. Juri wiederum verhedderte sich in seinem Lügenkonstrukt. So konnte keine Annäherung stattfinden. Er musste verschwinden, denn wenn das vorgeführte Leben ein Fantasiekonstrukt ist, vermeidet man den Realitäts-Stress-Test. Aber auch Nathalie verwischte in der Annahme, dass Juri ihr idealer Partner sein könnte, alle Trennschärfe zwischen Realität und Traumwelt. Doch nur in der Realität lässt es sich ehrlich und aufrichtig leben. Für das Online-Dating bedeutet das, »so schnell wie möglich den virtuellen Raum zu verlassen, sonst verfängt man sich im Netz – in der eigenen Fantasie«, rät Elite-Partner-Beraterin Lisa Fischbach. »Diejenigen, die lange im Netz schreiben und auch fürs erste Date immer eine Riesensache inszenieren, sind in der Realität schnell enttäuscht. Also: Die Plattform nur als Medium nutzen und dann schnell runter von der Couch, rein in die Realität! Es kommt darauf an, was man daraus macht.«

Das Durchschnittsalter bei Elite-Partner liegt bei 42. Das Ideal von einer lebenslangen Partnerschaft ist ungebrochen, doch mit der digitalisierten Optimierungs-Haltung im Gepäck wird das immer schwieriger. Denn die anderen Möglichkeiten laufen mit. Beziehungen werden kurzlebiger. Sie müssen einen bestimmten Sinn erfüllen. Wenn Probleme auftauchen, stellt sich die Sinnfrage schneller. Und man taucht ab.

Jeder Klick ist eine Option

»Lange wandten die Frauen den Blick ab – vom Peinlichen, Schrecklichen, Erregenden. Es war zugleich die Stärke und die Schwäche der Männer, immer hinzusehen. Heute sehen auch die Frauen hin.«

So die Beobachtung des Soziologen Hillenkamp. Gierig drehen wir uns nach allen Möglichkeiten um, ahnend, dass wir sie physisch gar nicht allesamt wahrnehmen könnten, auch wenn sie tatsächliche Optionen wären. Wohin das führt? Am Wegesrand liegen die nicht erkannten echten Chancen, die wir hastig vorbei eilend übersehen haben, getrieben von unseren augenblicklichen Wünschen. So taumeln wir weiter, in der Hoffnung, jederzeit und überall die Liebe finden zu können. Und der Soziologe schreibt weiter: »Aus dem blasierten Großstadtmenschen, der sich auf seinen Wegen durch die Stadt gegen alle Reize abschirmte, ist der erwartungsvolle, dauererregte Mensch geworden, der alle Reize zu verarbeiten versucht, weil er sie für Gelegenheiten hält.«

Das ist natürlich provokant, auch überzeichnet, und doch ist es nicht ganz falsch. Die Partnervermittlungen sind rund um die Uhr zugänglich. Es gibt keinerlei Grenzen, weder zeitlich noch räumlich. Ein Abwenden scheint fast unmöglich, wenn jeder Klick als Option erscheint.

Machen also die Dating-Plattformen Suchende zu Süchtigen? »Ja«, gibt die Schweizerin Ursula unumwunden zu. »Du willst immer mehr, weißt aber, dass das nicht gut für Dich ist.« Was oder wer aber ist dann die Droge? Der Andere? Das Spiel mit dem, was möglich wäre? Was verschafft den Kick?

»Es ist tatsächlich fast so wie beim Spielsüchtigen. Der Erlebnis-Süchtige bekommt den Kick der Selbstbestätigung. Und natürlich ist das toll, wenn man etwa bei Tinder 50 Matches bekommt. Das zahlt ganz stark auf das Gefühl ein: Ich bin begehrt. Ich bin wichtig. Die Konkurrenz sieht man ja nicht! Dieses Gefühl von: ›Ich komme super gut an‹ verschafft ein Hochgefühl.« So die Erklärung von Parship-Berater Eric Hegmann.

Die Rollen von Mann und Frau haben sich in den vergangenen Jahrzehnten tatsächlich angeglichen. Hegmann muss allerdings feststellen: »Die Männer haben ein Problem damit, erst einmal auf das Äußere reduziert zu werden. Deren Versuche, sich virtuell zu bewerben, sind häufig hilflos. Das funktioniert nicht wie in der realen Welt mit Körpersprache und so. Das funktioniert über die Bilder! Die Art, wie ich mich darstelle und präsentiere. Und dann darf man nicht vergessen, man sieht immer das andere Geschlecht! Man sieht nicht die Mitbewerber!«

Das sei ein großes Manko an dieser Form des Datings: »Ich habe nicht mehr diesen Eindruck von Konkurrenz! Davon, dass da Hunderttausende sind, die fitter, stärker, größer, reicher, schöner sind als ich. Es würde beiden Geschlechtern gut tun, ab und an mal sich die Mitbewerber anzugucken.«

Doch die Suchenden bleiben füreinander unsichtbar. Weder sieht man die Konkurrenz noch bekommt man einen Korb. Aber man müsste doch merken: Beileibe nicht jeder Klick war eine Option! Gleichzeitig verlernen die Suchenden, um jemanden zu kämpfen: Das Bewerben hat das Werben ersetzt, die Gier das Begehren. Gier aber ist Ausdruck innerer Leere.

Und das Begehren wiederum braucht Widerstand, es kann sich nicht entfalten, wenn es vermeintlich überall auf Bereitschaft und Entgegenkommen trifft. »Die Türen, die sie öffnen wollen, öffnen sich von selbst, unter ihnen. Es sind Falltüren. Also erfahren sie sich nicht als Freie, sondern als Gefallene«, so Hillenkamp.

Es ist schwer, in der Masse der Möglichkeiten, der scheinbar unbegrenzten Auswahl, den Überblick zu behalten. Hinzu kommt die Angst, etwas zu verpassen. »Es könnte ja noch etwas Besseres, Spannenderes um die Ecke stehen. Also macht man weiter«, erklärt Ursula den Sog. Der schnelle Wechsel vom Auf- und Abtauchen raubt uns die Luft, wenn nicht gar den Verstand. »In einer Minute sehen die Menschen mehr Körper und mögliche Partner als ihre Vorfahren während eines ganzen Lebens«, merkt Hillenkamp an, weil sie sich »jeden, den sie finden, einverleiben – und augenblicklich wieder erbrechen«. Der Soziologe nennt diese Menschen »Bulimiker der Liebe«. Ghosting passt perfekt in dieses Schema. Die Menschen sind schnell gelangweilt und übersättigt. Die Sucht nach dem Neuen scheint geradezu zwanghaft.

Ghosting wird längst nicht mehr nur in Paarbeziehungen

und Freundschaften praktiziert, sondern auch in anderen gesellschaftlichen Bereichen, etwa am Arbeitsplatz. Jemand ghostet seinen Arbeitgeber, heißt es, wenn er ohne Begründung nicht mehr zur Arbeit kommt, zum Beispiel, weil er woanders eine Stelle angenommen hat. Hillenkamp hat nicht ganz unrecht, wenn er provokant die »freien Menschen« als Bulimiker bezeichnet: »Sie stopfen alles in sich hinein, würgen es hinunter und – bevor es zu ihrem Körper werden kann – erbrechen sie es wieder. Sie verschlingen New York und erbrechen es. Sie verschlingen einen Menschen und erbrechen ihn. So bleiben sie dünn. So können sie immer weiter essen, immer mehr, alle Möglichkeiten nutzen.«

Die unendliche Freiheit führe in eine geradezu existenzielle Ess- und Brechsucht: »Die Menschen beschäftigen sich andauernd mit der Partnersuche. Sie denken an nichts anderes. Sie empfinden eine unmenschliche Gier. Bei Kontakt kommt es schlagartig zur Einverleibung. Danach wird der Partner erbrochen, der Kontakt abgebrochen.«

Das Bild vom Erbrechen eines Menschen mag unschön sein, aber oft empfinden es Abbrecher wie auch Verlassene eben ganz genau so. »Ich fühle mich wie ausgekotzt«, sagte auch Alicia. Hipster Thomas ergreift regelmäßig ein Gefühl des Ekels, wenn eine Frau sich zu sehr bei ihm »einnistet«.

Panische Angst vor dem Altern, vor dem Stillstand plagt den Architekten und Bienenzüchter Thomas. »Eine lebenslange Beziehung. Ich würde mich lebendig begraben fühlen, geradezu einbetoniert. Ich würde ersticken«, so der 39-jährige. Eine Beziehung – auch wenn er sie temporär sucht – ist für ihn wie eine Wand, eine Begrenzung. Doch er belügt sich, wenn er glaubt, seine Suche nicht einstellen zu dürfen und dass eine Aneinanderreihung von unterschiedlichen

Menschen ihn davor bewahrt, ans Ende seiner Möglichkeiten zu stoßen. Seine Freiheit ist leer. Isoliert. Er möchte die Freiheit haben, nach seinem eigenen Willen zu handeln, doch das kann er nur, wenn er weiß, was er will und fühlt, wenn er sich die Freiheit nimmt, sich zu entscheiden.

Sein Verständnis von Freiheit ist jedoch eindimensional und vergänglich, denn jeder Mensch und jede Eigenschaft, etwa auch die für ihn so wichtige Schönheit, ist begrenzt. Thomas verdrängt, dass auch er immer nur eine Möglichkeit oder eben Unmöglichkeit für andere ist. Ich bin raus. Sie verlieben sich auf den ersten Blick – und sind enttäuscht auf den zweiten.

»Jeder Mensch versagt vor seinen unbegrenzten Möglichkeiten. Keiner erreicht, was er erreichen könnte«, so Hillenkamp. Sie verlieben sich nach elf Minuten – und sind enttäuscht nach der zwölften. Weil es so viele Möglichkeiten gibt, ist das Verschwinden aus der losen Folge von Momenten leichter geworden. Es gibt keine Bindeglieder in der Kette. Die wurden vorab sorgfältig vermieden. Die Perlen sind lose. Das Leben zerfällt in kurzfristige Projekte. Die Liebe wird zu einer imaginierten, aber nicht wirklich begonnenen Romanze.

In »Sturm vor der Stille« nannte ich Menschen, die sich nirgends und bei niemandem festlegen mögen, »Nomadenmenschen«. Menschen, die immer woanders sein wollen. Passanten. Sie verpassen sich selbst und den Anderen – und glauben an nichts außer an den Wandel. Getrieben von einem ungeheuren Bewegungszwang, verlieren sie den vielleicht bereits gefundenen passenden Partner im Hamsterrad des Nicht-Innehalten-Könnens. Und wenn es einmal dazu kommt, dass sie sich auf eine Begegnung einlassen, ist es so, als zöge sie ein unsichtbarer Geist wieder fort. Menschen wie Thomas wollen menschliche Nähe, suchen aber trotzdem immer wieder einen Ausweg ins Weite. Alles bewegt sich, fließt vorüber. Passt ihm ein Kontakt nicht mehr, bricht er ihn wortlos ab. Er blickt nicht zurück. Rast- und ruhelos zieht er weiter. Manchmal passiert es, dass er sich probeweise in ein fremdes Leben schmiegt. Vielleicht erlangt er für eine Weile sogar Zufriedenheit, findet gar eine Form von Glück in diesem Raum und Zeit-Vakuum. Doch die Gegenwart muss schnell wieder Vergangenheit werden, sobald es auch nur den Anschein von Stillstand hat. Das Alte muss weg und etwas Neues her. Und wer schnell sein will, sollte nicht allzu viel Gepäck mitnehmen – auch kein emotionales. »Up or out« – dieses Motto von Unternehmensberatungen hat sich inzwischen auch in der Liebesbranche etabliert.

»In stillen Stunden wachen Alleinseins wird aus der Ahnung und dem mehr und mehr quälenden Verdacht zehrende Gewissheit: All die kleinen und großen Ablenkungen, selbst die klugen und freudvollen, bleiben gegenüber den schmerzvoll klaffenden Lebenslücken oberflächliche Attribute, vorübergehende Vergnügungen ohne nachhaltig ausgleichende Wirkung. Der Trostkonsum von Kleidung, Technik, Kunst und geschmackstarken Weinen erzielt genauso wenig Wirkung wie attraktive Reisen, eine bequem eingerichtete Wohnung, inhaltssatte Literatur.« So schreibt der Autor Andel Müller in seiner Biografie »Rockin' Rausch«. Die Menschen »verlieren sich trotz des heimlichen Wunsches auf menschliche Erfüllung in ihrer Luxusisolation, die mit dem hochdotierten 60/80-Stunden-Spitzenjob harmoniert. Platz für das Leben begleitende Freundschaften gibt dieser Rhythmus nicht freiwillig her«, heißt es weiter bei Müller.

Nomadenmenschen glauben, keine Zeit zu haben. Sie suchen gerne im Außen, vielleicht weil sie ahnen, dass in ihrem Inneren Leere herrscht. Wie ein Passant bleiben sie am Schaufenster stehen, vielleicht gehen sie auch einmal in den Laden, kaufen sogar etwas, um es später wieder umzutauschen. Dann gehen sie weiter, lösen sich auf in der Masse der Möglichkeiten, als würde ein Kompass etwas Unsichtbares vorschlagen.

Die Frage ist: Werden wir zu Passanten unseres eigenen Lebens, ohne Anker und ohne vertraute Menschen und Orte, oder sind wir nur Vorübergehende im Leben der Anderen? Man streift einander mit scheuer Wachsamkeit, berührt sich aber nicht. Man weicht den Blicken des Anderen aus, denn jeder Blick bedeutet Aufmerksamkeit, und die darf nicht an jeden X-Beliebigen verschwendet werden. Das Paradoxe dabei ist: Was wir an Sinn und Wert zum Leben brauchen, haben wir vielleicht schon gesehen oder gar gehabt, doch wir haben es im ständigen Ringen um Aufmerksamkeit wieder verloren. Der Wunsch, sich immer wieder neu zu erfinden, folgt einer Urangst: der Angst vor dem Tod. Der Tod ist die schmerzlichste Wunde im Selbstverständnis des Menschen.

An dieser Stelle geht es mir nicht um jene Abbrecher, die nach langer Zeit aus einer unerträglich gewordenen Enge flüchten. Vielmehr geht es hier um chronische Abbrecher, um Wiederholungstäter, deren Leben in Etappen verläuft. Es kommt vor, dass sie sich in einer solchen Etappe verlieren. Dabei leiden sie selbst nicht, verletzen aber oft den Anderen. Psychologen vermuten hinter einem solchen Verhaltensmuster Bindungsunfähigkeit.

»Da ist das Selbstbild so schwach, dass es nur erhalten werden kann, wenn man sich immer schnell aus dem Staub macht und nicht in irgendeinen Konflikt gerät. Ghosting ist: Abwehr, Vermeidung, Verächtlichkeit. Aber diese Auffassung ist ja auch nicht nur falsch. Wenn jemand leidet oder aus einer Situation raus will, dann ist das eben ein Mechanismus, der erst einmal hilft.« So der Psychologe Holzberg. Nur wenn das »Sich-aus-dem-Staub-Machen« zur Regel wird, habe der Fliehende ein Problem.

Solche »Passanten« brechen schnell den Kontakt zu Anderen ab – paradoxerweise gerade dann, wenn die Begegnung vielversprechend war. Ein gelungenes Date bedeutet, dass sie nachlegen müssen. Von ihnen wird etwas erwartet, vielleicht sogar eine gemeinsame Zukunft, wenn auch nur für eine gewisse Zeit. Also nichts wie weg. Der Andere wird ausgewechselt, selbst dann, wenn er nichts falsch gemacht hat.

Hillenkamp ist ein Meister der Beschreibung des »Passanten«. Armselig sei er, weil er das, worauf es ihm ja eigentlich ankomme, verpasst und nichts erreicht:

»Sie begegnen der großen Liebe auf der Straße, in einem Geschäft, und haben es Minuten später vergessen. Sie haben keine Zeit mehr für die Liebe, weil sie dauernd lieben müssen (...). Auf der Straße halten die Menschen plötzlich inne, weil ihnen ein anderes Leben eingefallen ist. (...) Sie suchen nicht mehr den Seelen-, sondern den Etappenmenschen (...). Sie hauen sich selbst und andere in Stücke; ich ein Stück Weg, du ein Stück Weg.«

Und weiter fragt er: »Warum also sollten die Menschen, die nichts und niemanden mehr lieben, ausgerechnet einen anderen lieben, an den sie nichts bindet als – die Liebe? Warum sollten sie *die Liebe* lieben? Warum sollten sie dieses Gefühl nicht überwinden, wie sie Gott und das höhere Wesen überwunden haben? Warum sollten sie den anderen nicht verlassen wie die Heimat, ihn nicht verabscheuen wie die Arbeit, ihn nicht kritisieren wie die Eltern, ihn nicht verändern wollen wie ihren Körper, nicht abwählen wollen wie die Politiker (...)?«

Warum sollten sie also »in ihrer ununterbrochenen Bewegung ausgerechnet haltmachen vor jenem Menschen, diesem Zufallsmenschen, mit dem sie *das Leben* teilen? Warum sollten sie dessen schrecklichen Stillstand, dessen geistige, emotionale und lebenspraktische Blockade zu ihrer eigenen Blockade machen? Warum sollten die Menschen einem anderen durchgehen lassen, was sie sich selbst nie durchgehen lassen würden? Warum sollten sie nicht einen anderen wählen, wie sie eine andere Stadt, eine andere Arbeit gewählt haben?«

Dieses nomadenhafte Verhalten betrifft Menschen, Orte, Überzeugungen und Kulturen. In den USA gehört es zum kulturellen Selbstverständnis, weiter zu gehen, Altes hinter sich zu lassen, Neues auszuprobieren. Amerikaner ver- und entlieben sich im Schnitt alle zwei Jahre. Der Durchschnittsamerikaner lebe 5 Jahre in einer Stadt, bevor er weiterzieht. Von der Kindheit an lerne man, einen neuen Freundeskreis aufzubauen, ein neues Kapitel im Privatleben und später im Beruf aufzubauen. Viele Beziehungen des vorherigen Kapitels verlaufen mit der Zeit im Sande. Der Mensch gewöhnt sich daran, alles neu aufzubauen. Wenn man einen Freund verliere, werde er kurzerhand ersetzt. Die Liebe sei da nur ein Sonderfall im selben Prozess. So der US-Psychiater Markus Horvath.

Man geht weiter seines Weges – ohne Interesse für das, was geschehen ist, sondern nur für das, was geschehen wird. Und obgleich der Europäer nach wie vor gern und durchaus auch nostalgisch in Richtung Vergangenheit blickt, ist der wortlose Abbruch von privaten und beruflichen Beziehungen auch hier längst salonfähig geworden.

Ghosting macht selbst vor dem Therapeuten nicht halt. So berichtet Oskar Holzberg erstaunt darüber, dass mittlerweile sogar seine Patienten einfach wegbleiben. Seit Jahrzehnten führt er eine Praxis in Hamburg. Dass jedoch die Patienten plötzlich aus der Therapie verschwinden, sei neu. Sie ghosten ihren Therapeuten. Holzberg beklagt: »Die Klienten bleiben plötzlich weg, ohne sich abzumelden. Kein Wort. Aber auch in der Arbeitswelt erlebe ich das. Manchmal schreibe ich etwas für eine PR-Agentur. Dann gibt es einen intensiven Austausch. Ich gebe den Text ab und danach: Funkstille. Kein: Super. Keine Kritik. Kein: Danke. Nichts! Können die jetzt etwas damit anfangen oder nicht? Dieser Raum, den es brauchen würde zu sagen, das fand ich toll oder nicht, ist weg. Das Verbindliche ist weg!«

Eventuell täte es gut, während der Zeit der Zusammenarbeit weniger geschwätzig zu sein, mit den Worten besser zu haushalten, sodass noch ein paar Ressourcen für ein »Danke« übrig bleiben. Das »Ghosten« produziert Leerstellen. Was entsteht, wenn sich eine Leerstelle an die nächste reiht?

Möglichkeitsgläubige und ihre Sehnsüchte.
Der »Fehler« ist die Realität

Wir haben Erwartungen und Erfahrungen, sonst könnten wir uns nicht in neue Situationen wagen. Beide sollen uns vor unschönen Überraschungen schützen und in der Fantasie schon gleichzeitig die Erfüllung sein. Die Erwartungen, ja, die Idealisierung eines potenziellen Partners, kann so groß sein, dass man die Realität vollkommen ausblendet. Später dann, wenn es zu einer Beziehung gekommen ist, wird sich die Realität allerdings durchsetzen.

Dating-Plattformen – und genau darin besteht ja die Geschäftsidee – nähren die Idee vom idealen Partner. Das passgenaue Matching soll dabei helfen. Klappt es nicht, war das Matching eben noch nicht ideal. Die Suche geht weiter, und der Kunde bleibt der Plattform erhalten. Eine Sehnsuchtsindustrie. Die Sehnsucht verstärkt sich, solange der andere Mensch nicht gefunden, aber in greifbarer, beziehungsweise »errechenbarer« Nähe zu sein scheint. Deswegen schmerzt auch das Abtauchen. Der Andere ist ja da, nur für den Verlassenen nicht.

Auch andere Plattformen, wie etwa Facebook, sind Sehnsuchtsproduzenten. Paare am Strand, beim Sonnenuntergang, in Paris, in Thailand und so weiter. Der Sehnsüchtige hat den Beweis: Es gibt die glücklichen Paare. Es ist möglich. Ich muss nur weiter suchen.

Sehnsucht ist eine Sucht. Psychologisch handelt es sich bei der Sucht um die Abwehr einer untergründigen Trauer. Der Süchtige schützt sein Herz vor der Trauer. Das Wort »Cool« stammt übrigens von Junkies! Der Süchtige glaubt, ein Elixier in den Händen zu halten, das ihn von der Trauer befreit.

Das Problem dabei: Das Elixier macht noch trauriger. Denn natürlich hilft es nicht. Es offenbart nur die Abhängigkeit. Die Sehnsucht nährt die Fantasie. Die Fantasie wird in den Gedanken zur Wirklichkeit. Und die Virtualität lässt die Fantasie ins Unermessliche wachsen. Solange die Realität nicht dazwischen funkt, ist alles möglich. Im virtuellen Raum fantasiert man sich so Einiges zurecht. Auch man selbst ist nicht der, der man ist.

Der Hauptgrund für Liebeskummer seien die Luftschlösser, die zuvor gebaut würden, erklärt Katharina John, Gründerin der Berliner Beratungsagentur »Die Liebeskümmerer«. Wenn die Kommunikation lange virtuell bleibe, würden die Erwartungen bis ins Unendliche geschraubt. Luftschlösser entstünden, Traum-Beziehungen, die niemals der Wirklichkeit standhalten könnten.

»Je größer die Schere zwischen dem wird, was zwischen zwei Menschen wirklich ist und dem, was sie sich so sehr wünschen, umso anfälliger ist ihr Miteinander für Enttäuschungen, die dann zu Konflikten, Unverständnis und häufig zu ganz plötzlichem Rückzug und Trennung führen können. Charakteristisch ist das große Unverständnis, das dann auf beiden Seiten zu finden ist: Gerade wähnte man sich noch im siebten Himmel, und plötzlich ist alles aus? Wie kann das nur sein? Dann gilt es erst einmal zu erkennen, dass bereits dieser Himmel leider nur Illusion war.«

So Katharina John, die vermutet, dass aus vielen solcher Konstellationen schöne, glückliche und langfristige Beziehungen hätten werden können. Alles, was es dafür gebraucht hätte, wären etwas mehr Geduld und weniger überzogene Erwartungen.

So ziehen sich viele oft schon nach einer geringfügigen Konfrontation mit der Wirklichkeit zurück. Auch wenn die Beziehung nur virtuell oder im realen Leben kurz war, schmerzt es, wenn ein Kontakt wortlos abgebrochen wird, wie wir gesehen haben. Warum ist das so?

Die virtuelle Beziehung wird als nah empfunden. Man hat sich ausgetauscht, intensiv, Nähe zugelassen, oft mutiger und offener, als man es je in der Realität gewagt hätte. Deshalb ist die Trauer nach einem Ghosting, auch nach kurzen Kontakten, sehr heftig. Es geht dabei auch um einen Bruch mit dem Idealbild, mit einer Sehnsucht, die sich nicht erfüllt hat. Fatalerweise bleibt dieses Idealbild oft als Schablone hartnäckig bestehen. Künftige Beziehungen werden mit der flüchtigen und heftigen Phase vermeintlicher Intimität verglichen. Eine Variante, der Beziehungsängstliche besonders gerne anhängen. Das flüchtige Vollkommene.

Übrigens: Es ist nicht schlimm, wenn der Traum vom Luftschloss zerplatzt, denn mit Liebe hat er nicht allzu viel zu tun. Liebe hat mit Märchen nichts gemein. »Liebe entzündet sich an einer Kleinigkeit. An der besonderen Melodie einer Stimme oder an einem Duft, den wir ganz genau kennen. An der Spur von etwas, das ganz tief in uns versteckt ist. Und genau deshalb wird es uns nie gelingen, Gründe für die Liebe zu finden.« So beschreibt Michaela Marzano den Zauber der Liebe.

Die Fixierung auf das märchenhafte Glück ist also falsch – nicht nur, weil es nicht existiert, sondern auch, weil es nicht glücklich machen würde. Die Realität ist anders – und doch scheint die Vorstellung vom privaten Glück als Ideal ungebrochen.

Die fixe Idee vom Glück

Das Beziehungsglück gilt heute als das höchste Gut, vor allem in der jüngeren Generation. Dabei gibt es kaum einen Bereich im Leben, der regelmäßiger unglücklich macht. Trotz dieses Widerspruchs wird wieder mehr geheiratet und vom ewigen Glück geträumt. Dabei werden die Hochzeiten zum überladenen und überfrachteten Ritual. Die Ehen dauern wieder länger, mehr Kinder werden geboren, zumindest in Deutschland, und die Scheidungsrate geht deutlich zurück. Soweit alles gut, könnte man meinen. Doch was, wenn das Beziehungsglück ausbleibt? »Habe ich nicht einen Anspruch darauf? Darf nicht jeder damit rechnen, jemanden zu finden, der zu einem passt, Dir Sicherheit gibt?«, fragt Nathalie (45).

Berechnung und Liebe passen jedoch nicht zusammen. Wer liebt, riskiert. Sich. Trotzdem lassen die Liebe-Suchenden ihren Auserwählten anhand von Algorithmen errechnen, so wie sie womöglich am Lebensende einen Algorithmus darüber entscheiden lassen, ob sich die Behandlung einer lebensbedrohlichen Krankheit noch lohnt. Die wichtigsten Lebensentscheidungen werden ausgelagert. Tatsächlich ist es in Krankenhäusern längst gang und gäbe, solche Algorithmen einzusetzen, um zu berechnen, ob eine Therapie angewandt werden soll oder nicht. Noch – zumindest in Deutschland – gelten diese Algorithmen nur als Orientierungshilfe. Doch was berechenbar erscheint, wirkt objektiv. Eine unumstößliche Wahrheit, wo sonst alles immer unübersichtlicher wird. Ist es daher nicht sicherer und auch einfacher, sich nach Algorithmen zu richten?

Was ist Beziehungsglück überhaupt, frage ich Nathalie. Sie versteht die Frage nicht, versucht dann aber doch, eine Antwort zu formulieren: »Na, ein Hochgefühl.« Offensichtlich geht es ihr um Ekstase. Doch kein Rausch wirkt ewig. Nathalie bleibt dabei: »Glück ist für mich schon so etwas wie permanenter Genuss. Freude!« Aber ist permanenter Genuss noch Genuss? Und: Gibt es so etwas wie dauerhafte Seligkeit? Nathalie sucht nach dem »großen, ewigen Glück«, wie sie es formuliert. Wer solche Erwartungen hat, überfordert den Anderen zwangsläufig und wird am Ende enttäuscht. Denn Polarität, Gutes und Schlechtes, gehört eben zum Leben. Es braucht sie sogar, um zu unterscheiden und das Gute dankbar zu schätzen.

Woher aber kommt die Vorstellung, dass einem alles zustünde? Ist uns das Gefühl der Dankbarkeit abhanden gekommen? Dankbarkeit ist eine wichtige seelische Leistung, festigt sie doch die Erinnerung an das Gute, das man von anderen erhalten hat. Zudem schützt sie vor Neid und Angst. Dankbarkeit und Geborgenheit gehören zusammen. Eine Gesellschaft, die keine Dankbarkeit mehr empfindet, ist unbehaust und verwahrlost.

Einfühlsamkeit hilft, eine Person als Ganzes wahrzunehmen, mit all ihren vermeintlichen Fehlern, und schützt vor einer schlichten Alles-oder-Nichts-Denkweise.

Wenn man nun aber alles Glück der Welt für sich selbst beansprucht, ohne den Anderen überhaupt miteinzubeziehen, kann es zu keiner glücklichen Beziehung kommen.

Doch woher kommen diese überzogenen und unrealistischen Ansprüche? Und ist es nicht sogar umgekehrt so, dass die Liebe uns gerade dann begegnet, wenn wir keine Erwartungen haben, keine berechnenden Absichten?

Nathalie traut dem Zufall nicht, will sich nicht auf ihn verlassen. Möglicherweise ist ihr das Glück ja schon begegnet, war jedoch nicht offenkundig genug, oder sie hat es aufgrund ihrer Fixierung auf das Hochgefühl nicht erkannt. Die Frage, wonach die 45-jährige sucht, kann sie allerdings nicht genau beantworten. Wonach sie nicht sucht, weiß sie hingegen ganz genau: »Jemand, der mich langweilt, der mir nichts gibt, der nur nimmt und dann verschwindet.« Scheinbar hat sie noch eine Rechnung mit der Vergangenheit offen.

Und doch ist der Fall typisch. Je enttäuschender die Beziehungen enden, desto heftiger scheint sich der Anspruch auf Glück hochzuschrauben.

»Das halte ich für eine Schutzstrategie, um erneute Verletzungen zu vermeiden. Ein häufiger, unbewusster Weg, Beziehungen zu sabotieren, weil diese ja neue Verletzlichkeit bergen, sind überhöhte Ansprüche. Das ist eine Strategie der Bindungsangst, denn ›Schuld‹ tragen ja dann die Anderen, die einfach nicht passen.« So Paarberater Eric Hegmann, der auch Chefredakteur des Online-Magazins »beziehungsweise-magazin.de« ist. Täglich bekomme er von seinen Lesern Texte, in denen sie von ihrem Liebesleben erzählen, vom Kennenlernen, von Beziehungsproblemen, von Trennungen und Ghosting. Seine Leser sind überwiegend 20 bis 30 Jahre alt.

»Von 100 Beiträgen sind 90 irgendwo im Bereich Verlustangst zu verorten. Ihre Erzählungen handeln davon, wie man sich vergeblich um Liebe und Anerkennung bemüht hat, auch von Kandidaten, die teilweise ganz deutlich kommuniziert hatten, dass sie kein Interesse an einem festen Beziehungsmodell haben. Da ist ein ganz großes Bedürfnis, um Liebe zu kämpfen und nicht aufgeben zu wollen.«

Der Anspruch auf Glück sei so wichtig geworden, dass jedes Mittel recht scheint: »Da wird gestalkt, gedrängt, gefordert – um dann tief verletzt sich zurückzuziehen und das eigene Vermögen, jemals wieder Vertrauen aufbauen zu können, in Frage gestellt. Auslöser für solche traumatisch erlebten Erfahrungen sind sehr häufig Kontaktabbrüche ohne Vorwarnung, sicher beinahe die Hälfte aller Geschichten handeln davon.«

Bei der eindimensionalen Verwirklichung ihres Lebensziels, glücklich zu werden, haben viele offenbar vergessen, dass ein Leben ohne Verantwortung und Mitgefühl das Unglück Anderer bedingt und eine unheilvolle Kettenreaktion auslösen kann.

Ghosting ist Ursache und Folge dieses maßlosen Anspruchs auf Glück. Dabei spielt die Bindungsangst eine wesentliche Rolle. Ghosting ist aber auch die Folge einer Leere, die viele Menschen empfinden, wenn sie auf der Suche nach sich selbst sind. Sie haben keine existentiellen Kämpfe auszutragen, es geht also nicht ums reine Überleben. Im Gegenteil: Sie sind satt, fühlen sich aber trotzdem leer. Diese Leere soll nun die Liebe füllen.

Doch warum gelingt es vielen Menschen nicht, ein erfülltes Leben zu führen, mit Familie, Freunden und guten, wenn auch nicht dauerhaft ekstatischen Beziehungen? Immerhin haben wir mehr Freiheiten als je zuvor. Haben wir Angst, dass die Liebe uns die Freiheit nimmt? Halte dich lieber in einem Zustand vor dem Leben auf, scheint es von allen Seiten zu tönen. Überragend viele Zuschriften handeln von gar nicht erst begonnenen Romanzen. Werden Beziehungen heutzutage also beendet, bevor sie eine Chance hatten, überhaupt zu entstehen? Die Psychologin Lisa Fischbach hat darauf folgende Antwort: »Ich würde schon sagen, dass wir zu ungeduldig geworden sind. Wir wollen an der Beziehung nicht arbeiten. Passt was nicht: Abbruch. Keine Konfrontation. Wenn ich bei meinen Klienten schon mit dem Wort Beziehungsarbeit komme, bewirke ich einen Klima-Absturz. Ich sage dann lieber Beziehungsgestaltung. Aber viele Klienten glauben, dass Beziehungen funktionieren, leicht sein müssen, sich von selbst irgendwann entwickeln. Ich sage dann: Naja, wenn man dafür nichts tut, wird es auf jeden Fall weniger. Doch das Idealbild ist ein anderes: Liebe passiert ohne Arbeit. Sie muss funktionieren, und vor allem muss sie meine Bedürfnisse befriedigen. Aber dafür muss ich nichts tun oder nur sehr wenig.«

Franziska hat eine ganz klare Vorstellung vom Glück.

Dass ihre Verletzlichkeit ihr dabei im Wege steht und gleichzeitig Voraussetzung für die Liebe ist, will sie so nicht sehen. Sie hat ihre – negativen – Erfahrungen damit gemacht. Der wortlose Abgang ihres Freundes nach 5 Jahren Beziehung hat sie vorsichtig gemacht. Mit wütender Entschlossenheit wartet sie nun auf das ihr zustehende Glück, von dem sie ein deutliches Bild hat – zumindest in Gedanken.

Sehnsucht nach der Sehnsucht oder: Was nützt die Liebe in Gedanken?

Marzano schreibt: »Wenn die Liebe zuschlägt, dann ist das nicht unser Verdienst. Sie kommt erst, wenn wir verstanden haben, dass das Leben aus kleinen Nichtigkeiten besteht. Aus einem Lächeln zum Abschied, wenn wir aus dem Haus gehen. Aus einem Satz, der uns in der Nacht ins Ohr geflüstert wird. Einer Geste, mit der wir nicht gerechnet haben. Und wir dann die Flucht ergreifen, weg, nur weg. Weil das schon zu viel ist. Zu überwältigend. Zu spät. Weil es schon zu viel ist, noch bevor alles angefangen hat.«

Franziska aus dem ersten Kapitel lebt eine Liebe in Gedanken. Sie liebt jemanden, mit dem sie nicht zusammen ist, den sie selten sieht, mit dem es aber einen intensiven gedanklichen Austausch gibt. Was ist Liebe für sie?

»Liebe wird in Beziehung zu einem Partner gelebt. Jetzt erlebe ich, dass ich jemanden liebe, mit dem ich nie in einer partnerschaftlichen Beziehung gelebt habe. Auch das ist möglich, aber schwer. Die Momente der Sehnsucht nach dem Anderen, die Liebe nun einmal mit sich bringt, müssen allein ausgehalten werden. Das erfordert Disziplin, Kraft und Stärke«, sagt Franziska.

Ist das eine Beziehung? Eine unverbindliche Verbindung? Sie weiß nicht, ob die Verbindung einer gelebten Beziehung mit Alltag und Konfrontationen standhalten würde. Sie bewegt sich dauerhaft im Status des Verliebtseins, des noch nicht ganz Vertrauten, wo der Andere sich eher so zeigt, wie er sein sollte. Es ist eine Prä-Phase der Liebe. Dort halten sich Bindungsängstliche besonders gern auf.

Auf diese Weise bleibt ihr die idealisierte Version dieser Bindung erhalten. Doch wer die Wahrheit will, der muss an der Fantasie, am idealen Bild vorbei. Noch komplizierter wird es, wenn es den Anderen nur in Gedanken gibt, nur im virtuellen Raum. Der Andere wird in der Unschärfe zu einem Wesen ohne besondere Eigenschaften. Es gibt keine Mängel, keine schadhaften Stellen. Der Andere ist geschliffen durch die eigenen Gedanken, ist schön, humorvoll, intelligent. Besondere Kennzeichen: keine.

Doch dies ist kein Mensch, sondern eine Skulptur: modelliert nach den eigenen Vorstellungen. Die Wirklichkeit muss irritieren, gar gemieden werden, denn in der Realität ist der Mensch voller Makel, Eigenarten und Macken. Die imaginierte Liebe erscheint wunderbar, aber sie ist eine bloße Fiktion.

Suchende und Gefundene, Verlassene wie Abbrecher fantasieren von der ewigen oder, entscheidender noch, perfekten Liebe, halten an diesem sterilen Modell, das den Kontakt eher vermeidet als ihn herstellt, krampfhaft fest. Man könnte vermuten, dass diese Menschen in Wirklichkeit gar keine Beziehung wollen, ist doch eine wahre Begegnung nur dann möglich, wenn man einander entgegen kommt. Beide »leiden an ihrer Hoffnung«, haben nicht »das Glück, ihre Illusionen zu verlieren«, wie es der Soziologe Hillenkamp beschreibt. »Je tiefer ihre Selbstachtung gesunken ist, umso wählerischer sind sie; je wählerischer sie werden, desto häufiger werden sie erniedrigt, da sie nicht bekommen, was sie gewählt haben.«

Ihre Hoffnung ist eine nostalgische, eine verklärte Vorstellung von der ewigen Liebe – aber das ist ein moderner Traum: »Man darf nicht vergessen, Liebesbeziehungen, wie wir sie heute führen, kannten nicht einmal unsere Großeltern. Viele jungen Menschen kommentieren bei Facebook diese Fotos, in denen ein Paar 70 Jahre verheiratet war und gemeinsam verstorben ist, mit Aussagen wie: ›Sowas will ich auch!‹ oder ›Das ist doch heute nicht mehr möglich‹.«

Laut Hegmann sei dies eine völlig falsche Nostalgie: »Nicht dass es früher nicht auch glückliche Paare gegeben hat, aber ohne die Gleichberechtigung würde es keine Beziehung auf Augenhöhe geben. Das alte Paar auf dem Foto konnte sich nicht einmal ein Zimmer mieten, wenn es unverheiratet war, und ein uneheliches Kind war eine Riesenschande. Wenn ich ›früher war alles besser‹ höre, möchte ich mit Geschichtsbüchern um mich werfen. Aber das ist nun eine Strömung, die wir gesellschaftlich in allen Bereichen erleben: Die Furcht vor dem Neuen lässt das Vergangene besser erscheinen.«

Diese »Modellierung« betrifft aber nicht nur den Anderen. Wer im Netz punkten will, muss erst einmal lernen, sich selbst zu vermarkten. Man konstruiert eine andere Person, eine Oberfläche. Einige ahnen, dass diese Person nichts mit der Wirklichkeit zu tun hat. Und es stellt sich die Frage, welchen Sinn es haben soll, Anerkennung für etwas zu bekommen, das man nicht ist.

Für nicht mehr ganz junge Bewerber kann sich damit ein gravierendes Problem ergeben, wie Lisa Fischbach, Elite-Partner-Beraterin, erläutert: »Viele Mitglieder bei Elite-

Partner rufen mich an und bitten mich, ihr Profil anzuschauen, sagen: ›Ich habe nicht genug Resonanz oder ziehe Leute an, die eigentlich gar nicht meinen Vorstellungen entsprechen.‹ Es ist hochspannend, wie sich manche unglaublich ungeschickt und nicht authentisch darstellen.«

Selbstvermarktung sollte man im Übrigen besonders Frauen ans Herz legen, da sie oft zu bescheiden und selbstkritisch seien: »Denen fällt es schwer, sich selbst gut zu beschreiben. Es gibt schon die, die das par excellence können. Übertriebene Poser. Die legen dann erst einmal Filter auf die Fotos. Ein Aufeinandertreffen müsste dann eigentlich vermieden werden, denn das Bild kann vor dem Gegenüber nicht aufrecht erhalten werden. Der Übergang in die analoge Wirklichkeit ist nicht einfach. Das Phantombild, das man voneinander gezeichnet hat, ist oft erdrückend.«

Wenn dann jemand in die Projektionsfalle gerät und die Wunschvorstellungen des Anderen nicht gleich erfüllt, wird es kompliziert. Die Realität, die Berührung mit dem Anderen, kann nach einer Zeit der Unberührbarkeit zu Ernüchterung und Enttäuschung führen.

Nun müsste man annehmen, dass in der virtuellen Kommunikation vorab auch so etwas wie ein ehrlicher Austausch, vielleicht sogar Nähe entstanden ist. Im Schutz der Virtualität lässt sich das vielleicht sogar leichter bewerkstelligen. Die virtuelle Nähe jedoch ist eine künstliche, in der vor allem die Gegenwart des Anderen fehlt. Was noch fehlt, ist der Dialog, der mehr ist als nur ein Austausch von Worten. Das Nonverbale, die Körpersprache, der Blick – auch der ausweichende – all dies bleibt aus.

Der Kommunikation im virtuellen Zeitalter fehlt also der Mensch mit seinen Eigenschaften. Mag sein, dass wir uns längst daran gewöhnt haben. Ein »Like« könnte auch eine

Maschine übernehmen. In den sozialen Netzwerken geht es mehr um den Informationsaustausch als um einen wirklichen Dialog. »Die digitale Kommunikation vernetzt mich, aber sie vereinzelt und isoliert mich gleichzeitig. Sie beseitigt zwar die Distanz, aber sie erzeugt keine Nähe«, so der Philosoph Byung-Chul Han. Angeblich vermischt sich das Virtuelle immer mehr mit dem Realen. Doch ersetzt nicht vielmehr das Virtuelle die Realität?

Digitales Denken und Fühlen folgen offenbar anderen Gesetzmäßigkeiten, und manch einer versteht sich im virtuellen Raum besser mit anderen als in der Realität, weiß Paar- und Familienpsychologe Hantel-Quitmann: »Ich habe ganz viele Paare in der Paartherapie, bei denen genau dieses Phänomen eintritt, dass einer von beiden in einer zusätzlichen virtuellen Beziehung ist, die emotional eine höhere Bedeutsamkeit bekommt als die reale. Der bedeutsame Schritt wäre, dann in die Wirklichkeit zu gehen, also zwar erst einmal online sein, chatten, telefonieren, dann ins Risiko gehen und sich treffen. Der Übergang vom Virtuellen ins Reale ist schwierig.«

Oft sei der erste Face-to-Face-Kontakt eine große Enttäuschung: »Der Andere ist kleiner, dicker, älter, unattraktiver. Die Reaktion des Anderen kann dann auch sehr kränken! Ich hatte einmal ein Paar, das sich im Internet kennengelernt hat. Sie haben lange gechattet. Er hat Gedichte geschrieben und sich als unglaublich romantischer Mensch dargestellt. Nun waren sie ein reales Paar, mit Problemen. Die Frau wollte nun die reale Beziehung für eine Weile unterbrechen und zur virtuellen zurückkehren. Also sozusagen auf Reset drücken und nochmal virtuell anfangen, um zu gucken, wo der Fehler passiert ist.«

Der »Fehler« war die Realität. Wären wir Roboter, würde

man auf unserer Festplatte nachforschen, ob man den Fehler beheben könnte. Natürlich ist die Realität in Wahrheit nicht der Fehler, sondern eine Herausforderung, Aufgabe oder eben Arbeit. Doch die Hürde scheint manchen unüberwindbar.

Die Gegenwart des Anderen ist es, die den virtuellen Raum von der Realität unterscheidet. Ich persönlich bin der Ansicht, dass der Fehler in der Reihenfolge liegt. Traditionell lernt man jemanden im Freundeskreis, am Arbeitsplatz, bei Freizeitaktivitäten oder in einer Bar kennen. Nun wurde eine Art Modul zwischengeschaltet, das diese Phase ersetzen soll. Ich weiß vom Anderen, bevor ich ihm begegne, ob er bei offenem oder bei geschlossenem Fenster schläft, welche politische Einstellung er hat, welche Musik er mag und so weiter. Ich weiß aber nicht, wie er riecht, sich bewegt, interagiert. Sollte nicht vielmehr zunächst die Anziehung da sein, bevor man Sachinformationen austauscht? Die langsame Annäherung, das Entdecken von Geheimnissen, all das wird durch die Virtualisierung beschleunigt. Der Prozess des Kennenlernens wird simuliert, jedoch ohne die entscheidenden Überraschungen, die Nähe und Anziehung ausmachen. Ohne die Reaktion des Anderen.

»Da werden aus der Anonymität heraus persönliche, intime Dialoge angefangen, auch gern mit erotischer Färbung, die man sich beim ersten Kontakt mit einem anderen Menschen nicht einmal beim fünften Treffen erlauben würde. In einer realen Begegnung würde man sehen, wie der Andere darauf reagiert. Die Zeitsprünge sind das Problem.« Intimität sei in der Psychologie per definitionem ein relativ langsamer und vorsichtiger Prozess, bei dem man sich einander schrittweise öffnet.

»Das heißt, man gibt immer so viel von sich selbst preis,

wie man es sich traut, den Anderen in den eigenen Gemüsegarten zu lassen. Weil damit immer wieder auch Ängste verbunden sind, verlassen zu werden, zurückgewiesen zu werden, gekränkt zu werden, und deswegen macht man das alles sehr vorsichtig und langsam. Und das ist auch gut so. Weil wir unsere menschlichen Umwege, Besonderheiten und Tiefen nicht einfach so auf der Oberfläche präsentieren wollen.« So der Psychologe Hantel-Quitmann. Und wie sollte man auch Tiefe an der Oberfläche finden?

Wenn mir Betroffene vom wortlosen Abbruch einer Beziehung berichten, frage ich auch immer nach dem Anfang. Dieser begann meist mit einem Austausch über Messenger-Dienste, mehr oder weniger wortreich, angefüllt mit Emojis. Wer keine Worte hat, hat wenigstens die Bilder. Herzchen hier, Küsschen da. Bedeutungslos. Es scheint, als fühlten sie sich ganz wohl im Bereich des technisch Möglichen – will sagen im real Unmöglichen.

Was geschieht nun, wenn man das Risiko eingeht und den virtuellen Schutzraum verlässt? Dann bleibt der Andere bis zum Kontaktabbruch in der Theorie der Perfekte. Abgebrochen wird, wenn der Andere, etwa durch einen kleinen Fehler, dem Ideal nicht mehr gerecht wird. Wenn die Maske fällt oder wenn das perfekte Bild, das ich vom Anderen hatte, abblättert.

»Wenn wir lieben, wird unsere Fantasie angestoßen: Lieben bedeutet, dem Objekt unserer Leidenschaften alle nur denkbaren Vollkommenheiten anzudichten. Talente und Eigenschaften, die der andere in Wahrheit gar nicht besitzt. Bei der Kristallisation geht es definitionsgemäß nicht darum, wer oder was der andere ist, sondern nur darum, was er sein sollte. Ein Edelstein mit vielen glänzenden Eigenschaften. Selbst wenn es sich nur um ein einfaches, bestoßenes Stück

Glas handelt.« Dies schreibt Michaela Marzano über die Liebe. Für sie ist die wahre Liebe das Ergebnis eines beständigen Hin und Her zwischen Fantasie und Wirklichkeit.

Doch unverwirklichte Träume und Vorstellungen sind hartnäckig. Ihre Unerfüllbarkeit verstärkt sogar noch den Effekt. Denn würden sie verwirklicht, würden sie die kleinen Makel und Schrammen in ihrem Bild erkennen. Erst bei der dritten Begegnung, heißt es, wird der Andere er selbst, also zur Ent-Täuschung, weil erkennbar wird, dass er nicht dem Traumbild entspricht. Doch was ist mit den Beziehungen, von denen so viele träumen, dem Traumprinzen, der idealen Frau? Wären wir überhaupt in der Lage, sie zu erkennen, wenn wir ihnen begegnen?

Online-Dating bedeutet also Intimisierung im Zeitraffer. Vor allem Parship-Dates seien unnötig schnell, findet Ursula. »Da will Dein Date schon am ersten Abend mit Dir Händchen halten! Was soll das? Ich frage mich dann oft, was ist für diese Männer Intimität? Nähe?«, so Ursula. Die Schweizerin hatte 17 Jahre lang eine liebevolle Beziehung. Die letzten 3 Jahre seien etwas schwierig gewesen. Sie machte Schluss, doch ihr Ex-Freund und sie seien immer noch sehr gute Freunde. Sie wisse, was Nähe und Verletzlichkeit bedeuten und wie beides miteinander zusammen hängt. Intimität bedeute, sich einander auszusetzen. Das aber fürchte man offenbar heutzutage. Ja, es werde geradezu vermieden. Es irritiert Ursula, dass die Männer, die sie trifft, zwischen 40 und 50 Jahre alt, häufig gar nicht wissen, was Nähe ist. »Was hatten die denn vorher für Beziehungen, Ehen?«, fragt sie sich. Als wären sie in der Zeit ihrer Ehen narkotisiert gewesen. Die Bequemlichkeit siegt über aufregende Anstrengungen. Wozu die Oberfläche verlassen? Und natürlich verstärkt das Absichtsvolle der Partnerschaftsvermittlungsplattformen diese Entwicklung. Das Spielerische sei weg, beklagt Ursula, »das Flirtige«. Es gäbe kein Erstaunen mehr. Alles folge einem Plan. Tiefe Gefühle blieben dabei auf der Strecke.

Man wartet nicht mehr ab, bis ein Zustand der Nähe groß genug ist, um ihn wahrzunehmen – oder um verletzt zu werden. Denn das ist nur möglich, wenn man sich auf Nähe einlässt. Aber: »Ohne Vertrauen und Mut kann Liebe nicht funktionieren. Nur wer sich öffnen kann, wird eine dauerhafte, stabile Beziehung führen können. Viele Singles sabotieren sich jedoch selbst: Es gibt so viele unbewusste Beziehungsverhinderer, um sich nicht öffnen zu müssen: ›Ich kann mich nicht binden‹ ist eine solche Strategie, ebenso wie: ›Ich kann nie wieder vertrauen‹. Aber ebenso die Suche nach Perfektion, die es nicht gibt oder das Fokussieren auf ein Beuteschema, das nicht funktioniert.« So erklärt Paarberater Hegmann. All diese Muster verhindern intensive Beziehungen, die erst mit der Zeit entstehen können.

Im Zeitraffer werden die Prozesse des Kennenlernens, der vorsichtigen Annäherung, übersprungen. Wenn Geschichten mit dem Happy End beginnen, kann alles danach nur noch enttäuschen. Man denkt nicht daran, dass nach dem Happy End die Banalität der Realität folgt.

Philosophin Marzano misstraut geradezu dem Happy End: »Seit ich entdeckt habe, dass es da noch etwas anderes gibt, interessiere ich mich nicht mehr fürs Happy End.« Doch die kitschige Vorstellung ist fest in uns verankert. Viele glauben, dass sich eine Beziehung so anfühlen muss wie in ihrem Lieblingsfilm.

»Disneyfizierung der Beziehungen«
(Eric Hegmann)

Wie beeinflusst Romantik à la Hollywood – die Konstruktion von Emotionen – unsere Gefühle?

»Traumwelten geben Sicherheit, wenn die Wirklichkeit Angst macht. Wir richten uns ein in unseren Schutzstrategien, um nur keine Verletzung, Zurückweisung oder Ablehnung erleben zu müssen. Ich nenne diesen Effekt die ›Disneyfizierung der Liebe‹.« Dies schreibt Paartherapeut Eric Hegmann, der in seinen Beratungen eine »romantische Überhöhung der Beziehungen« zu erkennen meint. Doch Liebe sollte weder überhöht noch trivialisiert werden.

Betrachtet man die Liebe im Sinne einer Hollywood-Verkitschung, könnte man glauben, dass die Menschen immer noch nach dem Ideal des platonischen Kugelmenschen suchen. Unentwegt geht es darum, den Traumpartner, die sprichwörtlich bessere Hälfte – oder eben das perfekte Match zu finden. Erträumt wird ein Aufgehen im Anderen, die totale Harmonie. Doch gefunden wird höchstens eine abgesicherte Schmalspurromantik, die nichts verspricht und alles beansprucht.

»Die Disneyfizierung der Liebe suggeriert: Wenn ich mir richtig viel Mühe gebe, dann wird am Ende eine Love Story daraus. So selbstbewusst auch heute ›Die Schöne‹ aus ›Die Schöne und das Biest‹ inszeniert wird, am Ende ist die Botschaft doch: Gib dir Mühe, dann wird aus dem Biest ein Prinz. Ob das eine Botschaft ist, die für junge Frauen wirklich gut ist, bezweifle ich stark.«

Denn letztlich legitimiere sie ein extrem ängstliches Bindungsverhalten, das auf extrem vermeidendes Bindungsverhalten treffe, und stilisiere diese Dynamik zu etwas besonders Wertvollem.

»Welche Auswirkungen das hat, zeigt sich in dem Trend der Dualseelen, der Platons alte geteilte Kugelmenschen als Grundlage nimmt, um Forderung und Rückzug esoterisch aufzuladen und letztlich Menschen in eine sehr unglückliche Dynamik treibt.« So Hegmann weiter. In einer Umfrage, die der Psychotherapeut mit 800 Befragten durchgeführt hat, fragte er nach den Rollenvorbildern für ihre Beziehungen.

»Die haben alle geskriptet. Einige sagten: Meine Eltern. Doch das war die Minderheit. Der Rest war geprägt von Romeo und Julia, Titanic, eben von Hollywood-Filmen. Übrigens finde ich es erschütternd, dass Liebesgeschichten als Vorbilder genannt werden, wo die Paare nicht zusammenkommen oder einer stirbt.« Die Geschichte ist zu Ende, wenn der Geliebte wahlweise ertrunken oder verschwunden ist.

Im Übrigen ist es beim Spielfilm meist so, dass die Kamera sich abwendet, sobald der Alltag einsetzt. Ein EntLieben wird nicht gezeigt. Ein Fehler, der vor allem und gerne in Hollywood gemacht wird: Man trifft sich. Hindernisse müssen überwunden werden. Der Lohn: Liebe. Das war's. Der Vorhang fällt. Die Beziehung friert geradezu an diesem Punkt – noch vor dem Abspann – ein. Doch: Liebe verändert sich, ist wandelbar. Nicht alles bleibt gleich für immer! Das muss man aushalten, und das kann man sogar gut finden.

Die Menschen sehnen sich aber nach einer dramaturgisch aufgepeppten Liebe, die es in Wirklichkeit nicht gibt. Sie wollen Glanz, keine Routine. Absurderweise ist es jedoch gerade die Überromantisierung der Liebe, die sie zerstört. Das Ideal wirkt verführerisch, aber die Realität hat mit Beziehungsarbeit zu tun, und diese sagt: ›Liebe allein genügt nicht‹. Diese Botschaft will eine überromantisierte Gesellschaft allerdings nicht gerne hören. Es heißt doch: »Liebe versetzt Berge.« Und da die Realität diese Überzeugung schnell widerlegen würde und es im wahren Leben nichts gibt, was dem entspricht, bastelt man sich eben das Ideal aus Film und Fernsehen zurecht, das man kaum noch von der Wirklichkeit unterscheiden kann. Die Menschen sehen sich selbst in den Filmen und auf den Plakaten, verlieben sich in die Schauspieler, in ihre Anmut. Schlimmstenfalls spielen sie selbst die Rolle der Geliebten. Sie machen keinen Unterschied mehr zwischen Realität und Fiktion. Sie trauern um den toten Schauspieler mehr als um den nahen Verwandten. Die Oberfläche der Leinwand verbindet sich mit der Traumwelt des Zuschauers, der mehr als nur Zuschauer sein möchte. Er möchte mitspielen. Es muss doch den Einen geben! Wo ist der Prinz, der mich wachküsst?

Nun zeigt sich, dass vor allem jene, die von dem Einen oder der Einen träumen, vom Prinzen oder der Prinzessin also, dazu neigen zu ghosten. Die Überromantisierung der Liebe führt zu einem lieblosen Verhalten. Der Wunsch nach dem Ideal ist zugleich das Problem. Ich habe ja eine klare Vorstellung vor Augen – nämlich so, wie sie das Kino vorgibt. Erzählung statt Erfahrung. Zeigen statt Erleben. Alles nur ein Film.

Die Traumwelt jedoch kann mit der Realität niemals mithalten. Schiebt sich die kleinste Störung in das Idealbild, trennt man sich. Die Realität frustriert und wird deshalb in den modernen Schaufenstern der sozialen Medien frisiert.

Hegmann sagt dazu: »Man braucht ein starkes Selbstbewusstsein, um mit dem ganzen zur Schau gestellten Glück zurecht zu kommen. Und wenn ich vorher durch Trennungen wie Ghosting verletzt wurde, ist das kaum zu ertragen. Das Problem aber sind wir selbst. Diese sehr schicksalhafte, eben filmhafte Orientierung, wie eine Beziehung beginnen muss, dass es Peng machen muss, das kommt aus den Medien.«

Auf der anderen Seite dürfe man nicht vergessen: »Dieses Gefühl, sexuelle Anziehungskraft und Verliebtheit am Anfang, das kickt ja auch ganz schön. Das ist ja der Grund, warum manche Menschen das immer wieder haben wollen. Man muss lernen, dass das, was danach kommt, eine andere Qualität hat und deswegen nicht schlecht ist! Und ja, diese Verliebtheit ist erst mal weg. Die wird auch nicht mehr neu kommen mit dem Partner.«

Das Schlimmste, was einem bei der Paarberatung passieren könne, sei ein Paar, das völlig frustriert ist nach 15 Jahren und sagt: »Wir wollen es wieder so haben, wie es am Anfang war. Und dann sage ich: Das wird es nicht werden. Sie können aber was anderes schaffen! Was Neues. Das Ihnen vielleicht sogar viel besser gefällt. Sie sind ja auch nicht mehr diejenigen, die Sie vor 15 Jahren waren.«

4. Kapitel

Modern Love. Der Zwang zur freien Wahl

Existenzen, deren Wege sich kreuzen. Krach. Stille. Die Menschen gehen immer mehr auf Abstand, obwohl sie doch aufeinander zugehen wollen.

»Einerseits sehnen wir uns aus Angst vor der Einsamkeit auch weiterhin nach stabilen und dauerhaften Beziehungen, andererseits fürchten wir uns so sehr davor, in erstickenden Beziehungen festzukleben, dass wir die Flucht ergreifen, sobald eine Beziehung etwas Festes zu werden scheint.« So schreibt die Philosophin Marzano. Doch:

»Die Liebe beginnt immer hinterher. Wenn der Leidenschaft die Zuneigung folgt. Und man dem anderen zu vertrauen beginnt. Und wenn man ›mit dem anderen lieben‹ kann.«

Eine unsichere Vorstellung von Nähe

Um den emotionalen Verstrickungen zu entkommen, wagt sich kaum noch einer in Verbindungen. Man ist »fast zusammen«, um sich leichter trennen zu können, wenn irgendetwas nicht passt. Und viele haben offenbar so große Angst vor Trennungen, dass sie gar nicht mehr zusammenkommen.

Die Begegnungen haben nur einen Anfang, aber keine Mitte und kein Ende. Es ist kein Ganzes, denn beim Ghosting wird der Kontakt oft in einem frühen Stadium, also noch vor dem eigentlichen Kennenlernen, abgebrochen. Ist Ghosting also eine Beziehungsvermeidungstaktik?

»Ich habe vielleicht zu sehr meinem Wunschdenken angehangen, dass er der Richtige ist. Ich dachte, die Beziehung könnte eine Zukunft haben. Wir dachten ähnlich, wollten beide raus aus der Provinz. Was wir hatten, erschien mir wertvoll, deshalb habe ich über vieles hinweggesehen. Vielleicht weiß ich auch gar nicht, was wirklich Nähe ist. Denn auch zuvor hatte ich eine Beziehung, die auf Lügen aufgebaut war.« So überlegt Nathalie im Rückblick. Was wusste sie schon von ihm, von Juri? Er hat sie belogen und ausgenutzt. Sie hat das mit Liebe verwechselt. »Das nächste Mal mach' ich es anders«, versichert sie. Doch »cool« werden will sie nicht. Sie will berührbar bleiben, auch wenn das Verletzlichkeit impliziert.

Nathalie hat etwas Wichtiges erkannt: Sie ist unsicher, weil ihre Erwartungen nicht mit der Realität übereinstimmten. Zwischen ihr und Juri fehlte die Kommunikation, der Austausch über die jeweiligen Erwartungen. Sie traute sich nicht, mit ihm darüber zu reden.

Wer liebt, ist verletzlich, macht sich abhängig, wenn der Andere zur Notwendigkeit wird. Doch wer sich nicht mehr verletzlich macht, verliert die Liebe. Nathalie wird nicht aufhören, ins Risiko zu gehen, und sie will lernen, sich zu zeigen, wie sie ist, nicht, wie sie sein sollte.

Nathalie liege absolut richtig mit ihrer Auffassung, bestätigt der Psychologe Oskar Holzberg: »Verletzlichkeit ist das Herz, der Kern naher Beziehungen. Die Voraussetzung, um Intimität mit unserem Partner leben zu können.« Die amerikanische Sozialforscherin Brené Brown definiert Verletzlichkeit als »Ungewissheit, Risikobereitschaft und emotionale Exposition«. Wer Ungewissheit nicht erträgt, kann nicht lieben. Unsere Innenwelt zu zeigen ist immer ein Risiko. Wir liefern uns aus. Geben die Kontrolle ab. Verletzlichkeit und Nähe sind also untrennbar miteinander verbunden.

»Wann kannst Du sicher sein, geliebt zu werden? Ich denke, wenn du in den Armen der anderen sterblichen Person wie ein Kind weinen kannst, ohne ein Gefühl der Scham«, so definiert der Psychiater Volkmar Sigusch Nähe. Dem gegenüber steht die Überzeugung, dass Nähe konstruiert und manipuliert werden kann. Viele Menschen offenbaren nicht gern ihr wahres Ich, aus Angst, erkannt und dann nicht mehr gemocht oder verletzt zu werden. Den täglichen Kampf um Anerkennung meistern wir nur, so glauben wir zumindest, wenn wir eine Reihe von Masken und Rollen souverän wechseln und unser wahres Gesicht nicht zeigen.

Es ist allerdings nicht unbedingt so, dass wir uns außerhalb von Liebesbeziehungen und engen Freundschaften schwer tun mit Nähe. Im Büro, bei einem gemeinsamen Essen, offenbaren sich lose Bekannte oft erstaunlich schnell. Offen wird über Beziehungen geredet, über tiefe Überzeugungen, heimliche Träume und den Liebeskummer, der gerade etwas auf die Stimmung drückt. Solche Gespräche sind unnötig tief. Ein Seelen-Striptease als neues Ritual. »Die Menschen zeigen Haut und Gefühle, Vergangenheit und Zukunft. Sie schauen einander tief ins Dekolleté ihrer Träume«, kritisiert Soziologe Hillenkamp. Aber auch vom Gegenüber wird erwartet, dass es für die unverlangte Öffnung etwas tut, zumindest einen konstruktiven Rat bereithält, Substanz, Input oder wenigstens ein wenig Stütze für den beschädigten Selbstwert ist.

Was für eine Theorie von dem, was Nähe sein könnte, haben wir heutzutage? Vielleicht suchen wir den Blick ins Innere des Anderen. Und welche Vorstellung haben wir von Distanz und Kontinuität? Oft fehlt das Gespür für die richtige Dosis von Nähe und Distanz. Mal ist der Kontakt unpassend eng, mal ist der Andere nicht einmal mehr ein Wort wert.

Wie wir mit Freundschaften umgehen, kann darauf verweisen, wie wir uns in Liebesbeziehungen verhalten. Problematisch wird es allerdings, wenn Verhaltensmuster aus dem Internet in die Realität übertragen werden. In den sogenannten »sozialen Netzwerken« kann man eine »Freundschaft«, die nicht mehr interessant ist, wunderbar »blockieren«. Man kann sich mit einem Klick ent-freunden. Die Oberfläche der Tastatur ist das einzige Instrument, das ich dafür brauche.

Kommt es zu realen Freundschaften, laufen diese, wie auch Liebesbeziehungen, im Zeitraffer ab. Vielleicht wird deshalb auch so schnell Intimes ausgeplaudert. Es wird alles offenbart, ohne zu überlegen, ob es den Anderen überhaupt interessiert. Denn dazu müsste man ihn besser kennen, doch für ein behutsameres Kennenlernen fehlt die Geduld. Stattdessen: Voyeurismus, Exhibitionismus und Egoismus. Der »Freund«, die »Freundin«, klatscht erst einmal alles ungefragt auf den Tisch. ›Mal gucken, was Du daraus machst‹, scheint er zu denken. Und das Zuviel an vermeintlichem Gefühl ist wohl eher eine Abwesenheit von Feingefühl, von gegenseitigem Interesse.

Doch ist es überhaupt ein Dialog, wenn jeder nur darauf wartet, das Gespräch an sich zu reißen? Wie oft monologisieren diese »Freunde« stundenlang über die banalsten Alltäglichkeiten. Es wirkt manchmal so, als ob tatsächliche

Nähe und wahrer Austausch auf diese Weise vermieden werden sollen. Kommt der Andere dann doch einmal zu Wort, wird nicht zugehört, sondern die nächste Pause genutzt, um erneut wieder auf sich zu sprechen zu kommen. Für die Ansichten des Anderen bleibt kein Raum. Aus Ungeduld und Angst, seine Zeit in falsche Freunde zu investieren, werden schnell Nägel mit Köpfen gemacht. Im Sinne von: Kommst Du mit meiner Art nicht klar oder kannst Du mir nichts geben, investiere ich nicht weiter in diese Freundschaft. Das Problem: So entsteht keine Freundschaft. So entstehen Geschäfte, Deals, Verträge.

Freundschaften sind wertvoll. Das wusste schon Aristoteles, der als reich ansah, wer Freunde und Ideen hatte. Und Ernst Bloch war überzeugt davon, dass Liebe nur halten kann, wenn Freundschaft dazukommt.

Echte Freundschaft bedeutet innige und ehrliche Nähe, die Gutes wie Schlechtes aushält, die Verzweiflung gestattet und sie auffängt. Sie ist an keine Bedingungen geknüpft und sucht weder Vorteil noch Nutzen. Oft zerbrechen jahrzehntelange Freundschaften, wenn Geld ins Spiel kommt. Denn gute Freundschaften vertragen keine Kosten-Nutzen-Orientierung. Sie existieren für das, was sie sind. Man will den Freund nicht verändern, mag ihn trotz oder gar wegen seiner Eigenarten und Schwächen.

Freundschaft bedeutet Aufrichtigkeit und Ehrlichkeit, sich auch einzugestehen, wenn die Lebenswege allzu sehr auseinander driften, die Interessen mit der Zeit zu unterschiedlich werden. Das ist nicht einfach, und noch schwieriger ist es, das auszusprechen. Doch passiert das nicht, wird die Distanz noch größer. Unterschiedliche Lebenswege oder Interessen müssen jedoch nicht das Ende der Freundschaft bedeuten. Sie können auch bereichern, wenn man auf Augenhöhe bleibt. Ghosting in Freundschaften schmerzt genauso wie der Verlust einer Liebesbeziehung – wenn nicht sogar mehr. Denn eine innige Freundschaft kann über Jahrzehnte fortbestehen.

Der Verlust einer tiefen Freundschaft kann also mindestens so schmerzhaft sein wie das Verschwinden eines Partners. Die Gründe können auch hier auf fehlende Augenhöhe und alte Verletzungen zurückgehen.

Vor kurzem erreichte mich eine E-Mail von einer bekannten Künstlerin, die um einen Kollegen trauerte, mit dem sie auch einmal zusammen war. Nach der Trennung als Liebespaar blieben sie enge Freunde. Sie waren Seelenverwandte, verloren sich gemeinsam in kreativen Experimenten, erfanden einen gemeinsamen Sound. Ihre Melodie. Verträumte Vertraute. Sie gingen auf Reisen, feierten die gemeinsamen Erfolge. Plötzlich erneut der Bruch, diesmal total. Er will nicht mehr. Steigt aus. Das Duo löst sich endgültig auf – so wie die einst tiefe Freundschaft.

Die Musikerin bleibt zurück und versteht die Welt nicht mehr. Sie erzählt von ihm, dem Bandkollegen, nennen wir ihn Jo, mit dem sie acht intensive Jahre hatte, zwei davon als Paar.

»Kaum getrennt kam der Erfolg, und wir gingen auf Tour – viele Jahre lang haben wir quasi am Stück nur Konzerte in Deutschland, aber auch viele im europäischen Ausland gegeben. Wir standen phasenweise Abend für Abend nebeneinander als Duo auf der Bühne, er am Schlagzeug, ich an den Keyboards und am Gesang. Durch unsere gemeinsame Band hatten wir also nie wirklich Abstand zueinander.«

Vier Jahre später kam das zweite Album heraus und die Band ging auf Tour. »In den sechs Jahren nach unserer

Trennung hatten wir beide keine richtige Beziehung zu einem anderen Menschen. Wir hatten viele Affären und waren oft in jemanden verknallt, aber es entstand nie ein vergleichbares Band zu einem anderen Menschen, wie wir es miteinander hatten.«

Auf der letzten Tour fing die Sängerin eine Affäre mit einem gemeinsamen Freund an, der sie begleitete. Mit ihm ist sie bis heute noch zusammen. Dieser Freund und ihr Bandkollege kannten sich aus Kindertagen. Die Sängerin vermutet heute, dass ihr ehemaliger Freund unter dieser Liebesgeschichte, die sich direkt vor seinen Augen abspielte, gelitten hat.

Irgendwann löste dieser plötzlich die Band auf – und die enge Freundschaft gleich mit: »Ich war wie vor den Kopf gestoßen, und das ganze brutale Wechselbad der Gefühle, das Sie sicher von vielen Menschen schon gehört haben, hat auch mich mehrere Monate Achterbahn fahren lassen. Immer wieder rief ich ihn an und versuchte, erst ganz nüchtern, mit ihm zu reden und herauszubekommen, was genau eigentlich auf einmal los sei, dass er ›Abstand‹ wolle. Doch durch seine kümmerlichen bis nicht existenten Antworten, die für mich in keinem Verhältnis zu der Brutalität seiner Entscheidung standen, mich ›los zu sein‹, brachte er mich jedes Mal zum Weinen. Irgendwann meinte er, wir drehen uns im Kreis und ich solle ihm nicht mehr schreiben.«

Doch auch nach fast einem Jahr Stille zwischen den beiden stellt sich keine neue Leichtigkeit ein: »Vielmehr klingt nun bei jedem schwachen Tag meines Lebens, jeder Unsicherheit, jedem Scheitern sein Weggang mit, und es kostet höllische Mühe, nicht den einen Schmerz auf den Anderen zu legen und alles miteinander zu vermischen. Da ich ja nicht die Gewissheit habe, dass ich nicht eine furchtbare Person bin, die andere Menschen schlicht und einfach vergrätzt.«

Es sind die typischen Selbstzweifel, auch der Stolz spielt natürlich eine große Rolle nach dem wortlosen Abgang des Anderen. Macht! Er hat nicht nur diese Beziehung zerstört. Der Boden, auf dem Susan sich bewegt, wankt.

»Dieses toxische Fragezeichen ist etwas, das den Menschen prüft: Gibt es keine Antwort, fällt man automatisch auf die eigene Welt- und Selbstsicht zurück. Wenn man bis dato aus eigener Kraft die Welt als einen unberechenbaren Ort gesehen hat, in der dieser Mensch einem den nötigen Halt gegeben hat, dann entsteht nach dessen Weggang umso mehr eine Art Illusion, dass man es sich mit »dem einzig guten Engel« verscherzt hat, und man bleibt mitunter in seinem Selbstmitleid stecken wie in einem Morast. So jedenfalls fühlt es sich für mich an.«

Ihr fehlt das Aufgehobensein in dieser Freundschaft, die sie mit Jo hatte. Die Vertrautheit. Der, so dachte sie zumindest, unerschütterliche Boden, auf dem ihre Gefühle und ihre Musik so gut gediehen. Die Geschichte zeigt, wie tief Freundschaft gehen kann, dass sie sogar das Ende der Liebe überleben kann, aber nicht das Ende der Freundschaft.

Ich freue mich über solche Zuschriften, über die Offenheit, die klugen Gedanken und Worte. Und manchmal zieht sich der Austausch über längere Zeit hin. Tatsächlich kommt es vor allem in Freundschaften dazu, dass der Abbrecher nach einiger Zeit wieder auftaucht und dort wieder anschließt, wo er verschwunden war. Doch kann man tatsächlich einfach von vorn beginnen? »Ja, gute Freundschaften halten das aus. Man muss sich nur fragen, was damals zum Abbruch führte und ob es heute wieder zum Problem werden könnte.« So rät der Psychologe Hantel-Quitmann.

Pia stammt aus Österreich und wurde von ihrer Freundin »geghostet«. Pia lernte ihre Freundin kennen, als sie beide schwanger mit ihren ersten Kindern waren. »Wir haben in den ersten paar Jahren nach der Geburt unserer Kinder viel gemeinsam gemacht. Vor allem lange Spaziergänge mit den Kinderwägen. Wir tauschten uns aus, besprachen Probleme aus der Vergangenheit, Veränderungen in der Partnerschaft, seit wir Eltern geworden waren. (…) Als die Kinder drei Jahre alt waren, erkrankte meine Freundin an Krebs. Während der Krankheit hatten wir nach wie vor Kontakt – wenn auch nicht so intensiv wie davor. Es wurde vor allem danach, als sie wieder gesund war, zunehmend schwierig, an sie heranzukommen. Sie trennte sich relativ bald von ihrem Partner (…), und unsere Treffen wurden immer seltener. Ich kann mich an zwei Telefonate besonders gut erinnern: In einem Telefonat sagte sie mir, als ich wieder mal versuchte, ein Treffen mit ihr zu vereinbaren, dass schon so viele Freundinnen bei ihr ›in der Warteschleife‹ hingen. (…) In einem anderen Telefonat wurde sie dann schon deutlicher. Sie sagte mir, dass sie sich mit ihren ›alten Freunden‹ einfach nicht mehr treffen könnte, sie könnte sich nur mehr mit Leuten umgeben, die auch Krebs gehabt hatten und auch so wie sie an der Kippe zum Tod gestanden waren. Ich habe diese Vorwarnung damals noch nicht auf mich bezogen.

Es ist ein weiteres Jahr vergangen, in dem der Kontakt schon ziemlich lose und unregelmäßig geworden ist, als ich mit meinem zweiten Kind schwanger geworden bin. Ich hatte zu Beginn meiner Schwangerschaft eine sehr schwierige Phase mit meiner Mutter. Ich wurde damals von meiner Mutter verlassen. (…) Sie schrieb, dass ich sie nie wieder anrufen sollte, wenn ich Hilfe brauchen würde. Ich war damals ziemlich schockiert und wollte diesen Vorfall Pia erzählen. Ich wusste aus ihren Erzählungen, dass sie selber eine sehr schwierige Mutterbeziehung hatte, denn ihre Mutter verließ die Familie, als sie ein Teenager war und ließ ihren Mann und die drei Kinder zurück. (...) Ich dachte, wenn jemand nachfühlen kann, was ich damals gerade erlebte, dann müsste *sie* es sein. Ich begann, ihr die Geschichte am Telefon zu erzählen. Sie unterbrach mich und meinte, sie könne nun nicht weiter telefonieren, sie würde sich aber gleich wieder bei mir melden. Ich wartete eine Stunde, zwei Stunden. Dann rief ich nochmal an. Sie hob nicht ab. Ich versuchte es später wieder. Erfolglos. Am nächsten Tag begriff ich: Sie wird nicht mehr zurückrufen. Es war das Jahr, in dem ich den Kontakt zu meiner Mutter und zu meiner Freundin verlor.« Pia war untröstlich und fühlte sich allein gelassen.

Die Wunde heilte langsam, als etwa fünf Jahre später das Telefon läutete. Pia erschrak, als habe sie ein Gespenst gesehen. »Ich brauchte ein paar Sekunden, um realisieren zu können, wer es war: Es war sie. Sie hatte inzwischen auch ein zweites Kind bekommen. Sie erzählte mir, dass sie gerade mit ihrem Baby unterwegs wäre und an meiner Wohnung vorbei kam, und sie hätte an mich gedacht. Sie meinte, sie müsste nun öfter an mich denken, weil wir ja damals mit unseren Kindern auch so viel spazieren gegangen wären. Ich war so überrascht und sagte ihr, dass es für mich wie die Rückkehr einer lange Verschollenen sei. Sie konnte es kaum glauben und verhielt sich so, als hätten wir erst gestern miteinander telefoniert. Sie fragte mich, ob wir uns wieder mal treffen könnten. Es war alles vollkommen irreal für mich. Wir überlegten gemeinsam einen Termin, und da ich kurz danach abreiste, stellte ich ihr in Aussicht, dass wir uns nach meiner Rückkehr treffen könnten. Sie meinte noch zum Abschied: ›Meine Nummer hast du ja jetzt wieder‹. Ich legte auf und kam mir vor, als würde ich aus einem Traum erwachen. Zurück in der Realität, ließ ich nochmal Revue passieren, was gerade geschehen war, und vor allem horchte ich in mich hinein und spürte: Ich habe kein Interesse mehr an einem Treffen. So verlockend zunächst die Aussicht war, dort anzuknüpfen, wo wir aufgehört hatten: Ich konnte es nicht.« Wenn also der Abbrecher wieder auftaucht, kann es gut sein, dass der Verlassene nicht mehr dort anknüpfen mag, wo der Abbrecher das Band zerschnitt.

Menschen aus der Vergangenheit, die nicht nur vorbeiziehen, sondern die sich plötzlich mit einer Dringlichkeit wieder in das Bewusstsein des einst abrupt Verlassenen zurückmelden, verstärken sogar noch einmal das Gefühl der Unsicherheit. Für Pia war es kaum zu unterscheiden, ob die unvermutete und plötzliche Präsenz ihrer einstigen Freundin nur eine imaginierte war oder ob sie, wie durch ein Wunder, wahrhaft wiederauferstanden war. Als sie erkannte, dass ihre Freundin tatsächlich wieder in ihre gemeinsame Vergangenheit zurückkehren wollte, überlegte sie: Kann man denn einfach auf Amnesie plädieren? Das Abschieben und Auslöschen ausblenden, so wie man damals die Freundschaft ausgelöscht hat? Ist das Totschweigen der Schweigephase gar besser, als unfruchtbare Diskussionen über die Gründe heraufzubeschwören? Pia jedenfalls kann das, was geschehen ist, nicht ausblenden. Sie zieht sich zurück. Man kann eben nicht in die Vergangenheit zurückkehren. Es ist immer eine Spiegelung der Vergangenheit, die sich an der Gegenwart misst.

Der kurze Exkurs in die Freundschaften ist vielsagend, denn auch hier erkennt man, dass ein Verhalten wie der

Kontaktabbruch in Beziehungen zuvor meist in der Ursprungsfamilie angelegt ist und in Freundschaften wie auch Paarbeziehungen übergetragen werden kann. Immer wieder geht es dabei um Nähe: um ihr Fehlen oder ein Zuviel, um den Wunsch nach Nähe und die Furcht davor. Früh entwickeln wir einen Bindungstypus, etwa den vermeidenden, der uns später Nähe erschwert. Wer Angst vor Nähe hat, sucht sich jemanden, der diese Angst teilt. Deshalb treffen oft ängstliche auf vermeidende Typen. Der vermeidende Typ sucht Nähe, verträgt sie aber nicht. »Eigentlich müsste ein ängstlicher Typ grundsätzlich Nein sagen zu einem vermeidenden Typ. So wie eben auch niemand einem besetzten Taxi winkt«, rät Therapeut Hegmann. Etwa 20 Prozent der Bevölkerung gehören dem vermeidenden Typus und, ähnlich viele, dem ängstlichen an. 50 Prozent gelten als der sichere Typus. Darüber hinaus gibt es diverse Mischformen. Parship-Berater Hegmann erklärt: »Die 50 Prozent sicheren Typen können Liebe geben und empfangen, sie bleiben kaum lange allein, finden nach einer Trennung schnell wieder einen neuen Partner. Das bedeutet, sie sind auch nicht lange auf dem »Markt« und entsprechend rar. Hingegen treffen nun die ängstlichen auf die vermeidenden Typen, und es beginnt eine Dynamik von Forderung und Rückzug.«

Dass oft Nähe-ängstliche und Nähe-vermeidende Typen aufeinander treffen, ist durchaus nachvollziehbar. Der Ängstliche sucht sich den vermeidenden Typ, weil dieser seine Angst bestätigt. Der Vermeidende wiederum fühlt sich angezogen durch den Bindungsängstlichen, weil er sich bemüht, ihn umwirbt und dadurch seinen Selbstwert erhöht. Kommt der Ängstliche ihm jedoch zu nahe, zieht er sich zurück. Sagt der Vermeidende, ich weiß nicht, ob ich eine Beziehung will, ist das genau der Satz, der den Bindungsängstlichen anspricht. Wird es zu eng, geht der Vermeidende wortlos und mit gutem Gewissen, denn er hat ja von Anfang an gesagt, dass er nicht weiß, ob er eine nahe Bindung will. Der Ängstliche sucht die Schuld bei sich, denkt, er hätte sich mehr Mühe geben sollen, was natürlich eher zu einem noch früheren Abbruch geführt hätte. Hegmann berichtet: »Ich hatte mal in der Praxis eine Frau, die sich in ihren Therapeuten verliebt hatte, dem sie in eineinhalb Jahren 70 E-Mails geschrieben hatte. Sie kam nicht von ihm los. Bei mir war sie in der Phase, in der sie ihn bis aufs Blut gehasst hat. Dann fragte ich, wie oft sie sich denn gesehen hätten. Es stellte sich heraus, dass es drei Sitzungen waren! Ich meinte, sie solle sich mal ihr Bindungsverhalten genauer anschauen! Das sei doch keine Nähe! Und was sagte sie? ›Mein Bindungsverhalten kenne ich sehr gut, ich studiere Psychologie!‹«

Beim Ghosting geht es immer um Nähe, um das Fehlen derselben und eine Vorstellung davon, was Nähe sein könnte. Fehlende Nähe ist wie ein Lösungsmittel, das langsam seine Wirkung entfaltet und alles, was war oder sein könnte, zerstört. Dabei tun meist beide etwas für oder gegen Nähe.

Liebe mich irgendwie! Nein, lieber doch nicht! Alte und neue Bindungsangst

Es gibt erfolgreiche Autoren, die von der »Generation beziehungsunfähig« schreiben. Ich selbst habe solche Lesungen besucht und war zugegebenermaßen erstaunt. Ein Hörsaal voller Menschen, die offenbar kaum etwas anderes tun, als durchs Leben zu tindern, hatte sich da zusammen gefunden. Ganz offensichtlich fühlten sie sich in der Blase der Beziehungsunfähigen recht wohl.

Von der Angst, im »Wir« der Gruppe aufgesogen zu werden, ist hier im Hörsaal nichts wahrzunehmen. Im Gegenteil. Das »Wir« mindert den Schmerz der Verlusterfahrungen. Es verdeutlicht, dass man nicht allein ist. Die Geschichten der Berichtenden sind von vielen »Vielleichts« durchzogen.

Unsere Gesellschaft scheint grundsätzlich bindungsängstlicher zu werden. Dies betrifft im Übrigen nicht nur Paarbeziehungen, sondern auch die Arbeitswelt und das Leben im Allgemeinen. Viele Menschen haben Angst vor den Konsequenzen ihrer Entscheidungen. Die neue Bindungsangst betrifft also nicht nur den Partner. Heutzutage ist es möglich, überall zu wohnen, überall zu arbeiten, alles auszuprobieren.

»Ghost« in jeder Beziehung

Eine Festlegung würde die Aussicht auf eine offene Entwicklung verhindern. Entscheidet man sich jedoch nie für irgend etwas, erkennt man sich am Ende selbst nicht mehr. Wenn etwa jemand ständig datet, wird er immer weniger Wesentliches von sich preisgeben, sondern sein altbewehrtes Schema abspulen, während sich zeitgleich die Erwartungen und Sehnsüchte ins Unendliche auftürmen. Auch dies ist eine Art Schutzmechanismus. Wohin das führt, frage ich den Psychologen Hantel-Quitmann: »Zur brutalsten Oberflächlichkeit, die man sich vorstellen kann.«

Was in den 80er Jahren noch passive Beziehungsverweigerung genannt wurde und als seltenes Phänomen galt, ist heute als Zeichen unbewusster Bindungsangst weit verbreitet. Man will sich vor Verletzungen schützen: Also wähle ich nur unerreichbare Partner oder habe so hohe Ansprüche, dass keiner in Frage kommt. So verhindere ich elegant Nähe – ohne dass ich mir selbst dafür Vorwürfe machen muss.

Ein junger Mann sieht eine hübsche junge Frau, die er attraktiv findet. Er spricht sie nicht an, sondern bevorzugt den virtuellen Weg und schreibt sie auf Facebook an. Ist der moderne Kommunikationsweg eine Schutzstrategie? Zumindest würde ein Desinteresse ihrerseits ihn nicht direkt treffen. Sie würde einfach nicht antworten. Damit könnte er offensichtlich besser umgehen als mit der direkten Zurückweisung.

Parship-Berater und Psychotherapeut Hegmann beobachtet ganz deutlich, dass seit der Jahrtausendwende die Schutzstrategien zunehmen, um Verletzungen des Selbstwertes zu vermeiden. »Der Selbstwert ist Dreh- und Angelpunkt unseres Bindungsverhaltens. Und Verletzungen des Selbstwertes führen zu Bindungsangst und Verlustangst. Verhaltensweisen wie Ghosting, Benching, Love Bombing sind Ausdruck dieser Veränderungen! Das ist nicht ungefährlich, denn ohne Bindungen kann es keine Beziehungen geben! Jemanden nicht erreichen zu können und selbst nicht wahrgenommen und anerkannt zu werden, ist das Gegenteil von Bindung.«

Gleichzeitig sehen sich die Jüngeren, die 18–30-jährigen, eher als Opfer von Ghosting. Hegmann warnt: »Sicher scheint mir, dass diese Form der Zurückweisung erheblichen Schaden am Selbstwert der Betroffenen anrichten kann. Dies führt verstärkt zu Schutzstrategien, beispielsweise neuen Kontakten nicht mehr vertrauen zu können oder selbst Ghosting zu betreiben, um Konflikte zu vermeiden, also typische Verhaltensweisen, die auf Bindungsangst und Verlustangst hinweisen. Ich bin sicher, dass jede Trennung – und von denen erlebt die angesprochene Altersgruppe mehr als jede Gruppe vor ihnen – Auswirkungen auf das Bindungsverhalten hat, und die werden mit großer Sicherheit nicht das Bindungssystem stärken.«

Nachgefragt: Führen wir und vor allem die Jüngeren instabile Beziehungen, weil unsere Gesellschaft sich zunehmend für diese flexiblen menschlichen Beziehungen stark macht?

»Bei allem Drang nach Flexibilität und maximaler Freiheit bei minimaler Verpflichtung: Der Wunsch nach Bindung wird niemals weggehen. Die Sorge besteht aber, dass Verlust- und Bindungsangst immer mehr Menschen, die schmerzhafte Erfahrungen mit Ghosting und anderen Phänomenen erlebt haben, daran hindern wird, dauerhafte Bindungen einzugehen«, erklärt Hegmann.

Hin und her, ja oder nein, nah oder fern, vielleicht, vielleicht auch nicht. Den Einen macht es wahnsinnig, dass der Andere sich nicht festlegen kann, und den Anderen stört der Sicherheitsanspruch des Einen. Sich selbst riskieren, wer täte das heute noch? Am Ende hat niemand etwas davon, wenn über die unterschiedlichen Formen des Beziehungslebens nicht gesprochen werden kann.

Eine besonders ungesunde Beziehungsdynamik wird in Gang gesetzt, wenn der, der auf Verbindlichkeit aus ist, sich mit Brotkrumen abspeisen lässt, so wie beim sogenannten »Breadcrumbing«. Lisa etwa freut sich über jedes noch so winzige Zugeständnis, das ihr »Freund« ihr immer mal wieder nach Monaten der Funkstille zuwirft. Er taucht ab, wann es ihm beliebt. Er taucht auf, wenn er Lisa braucht. Er legt die Bedingungen für die Beziehung fest – und Lisa lässt es zu. Zum Breadcrumbing braucht es zwei.

Daher wäre es leichter, so meint Zygmunt Baumann nicht ohne Ironie, sich auf Beziehungen einzulassen, in denen man nur »halb gebunden« ist: auf flüchtige Beziehungen, die für den Augenblick bestehen, in denen keiner der Partner sich verliebt, weil keiner bereit ist, sich von seinen Gefühlen überwältigen zu lassen. Die Möglichkeit, Nähe virtuell herzustellen und sie zu kontrollieren, scheint mir beispielhaft für flüchtige Beziehungen. Der Kontakt ist wohl kalkuliert. Überwältigung wird nicht zugelassen. Am Ende entscheiden sich die »Nutzer« lieber für eine kurze Phase intensiver Lust als für eine längere Zeit mäßigen Glücks.

Die neue Bindungsangst ist übrigens durchaus nicht neu. Der Biologe Giovanni Frazetto schreibt: »In Beziehungen werden Entfernungen ständig neu vermessen, vor allem, wenn ein stillschweigender oder ausdrücklicher Mangel an Verbindlichkeit besteht. Intimität ist ein Risiko. Sie ist von Natur aus sowohl mit Gelegenheiten als auch mit Bedrohungen angefüllt. Emotionale Nähe trägt das Potenzial von Nutzen und Vorteilen in sich, setzt uns aber auch Verletzungen und Enttäuschungen aus. Wenn wir Intimität erfahren, wägen wir einen Wunsch nach Nähe gegen die Angst vor Verwundbarkeit ab.«

Am meisten Mühe mache in einer Beziehung wohl das Herstellen und Aufrechterhalten des Gleichgewichts zwischen Unabhängigkeit und Partnerschaft: »Zwischen Selbstbestimmung und Fremdbestimmung. Freiheit steht im Widerstreit mit Verantwortung, Verlangen mit Autonomie. Es ist wie ein Duell, eine Wette, ein heikles Glücksspiel, bei dem zwei Menschen ihre Gewinne und Verluste kalkulieren. Von dem Moment an, in dem wir jemandem zum ersten Mal erliegen, bis hin zu einem Leben mit ihm unter einem Dach, stellt uns eine Beziehung vor Dilemmata: Nehmen oder geben, wir oder er, frei oder gebunden, allein oder zusammen, teilen oder stehlen.«

Für den Einen bedeutet Intimität, sich zu zeigen, wie man ist, also auch verletzlich sein zu dürfen. Für den Anderen bedeutet Intimität, in Ketten gelegt zu werden, sich zu verraten oder den Grundstein dafür zu legen, später verraten und verlassen zu werden – also Gefahr. Es fehlt das Vertrauen, dass ein Sich-Zeigen nicht missbraucht wird. Der Grundstein für solche Verhaltensweisen wird zwar in der Kindheit gelegt, ist jedoch nicht in Stein gemeißelt.

Ghosting ist oft eine Angst-Reaktion, selbst wenn sie in Gleichgültigkeit verkleidet daher kommt. Jemand flieht und versucht so, aus einer kränkenden oder unerträglichen Situation herauszukommen. Die Flucht erscheint hier als Verteidigung, als Schutz – vor allem aber als Lösung. Gefühle müssen dabei ausgeschaltet werden, denn sonst gibt es keine Sicherheit. Ich rette mich. Unerträglich und angstauslösend kann dabei vieles sein: Abhängigkeit, Abwehr, die dann wiederum durch Verweigerung bekämpft wird, aber auch Monotonie. Beziehungen rufen Ambivalenzen hervor, sind aufgrund ihrer Ambiguität schwer einzuordnen. Unklarheit, Uneindeutigkeit, etwas nicht zuordnen zu können – das macht vielen Menschen Angst.

Immer wieder Angst. Doch Angst ist ein schlechter Ratgeber, wenn es um Beziehungen geht. Denn sie macht rücksichtslos und mindert die Fähigkeit, sich in den Anderen hineinzufühlen oder auch eine Lösung für ein Problem zu finden. »Näheangst wird durch Empathiedefizite ausgelöst, die es den Betroffenen schwer machen, sich in das Chaos der Liebe zu stürzen«, sagt auch Wolfgang Schmidbauer. Der Psychoanalytiker erklärt:

»Einfühlung braucht Entspanntheit, denn wo Angst oder Wut dominieren, hat die Empathie keinen Platz mehr, so wünschenswert und hilfreich sie wäre. Konflikte in Familien oder am Arbeitsplatz entstehen immer dann, wenn die Gegner sich nicht mehr verstehen, das heißt, sich nicht in den jeweils Anderen versetzen können. Empathie entfaltet sich nur in angstfreien Räumen. Wo Druck entsteht, schwindet Einfühlung. (...) Empathie setzt voraus, dass man festgefahrene Vorstellungen fahren lässt, dazu braucht es eigene Festigkeit.« Es ist also nicht nur altruistisch, wenn wir empathisch sind und offen für die Probleme des Anderen – wir stützen damit unser Selbstgefühl.

Dann wiederum gibt es diejenigen, die sich am liebsten im permanenten Rausch befinden würden und kurz vor oder nach Ende der Verliebtheitsphase, eben wenn es ernst wird, flüchten. Sie haben Angst, sich wirklich auf einen Menschen einzulassen, vor allem, wenn der romantische Höhenflug vorbei ist. Es ist eine Angst vor Intimität und Nähe. Lieber baut man weiter Luftschlösser und ergeht sich in hollywoodartigen Träumereien. Entwicklungspsychologisch ist das unreif. Dieses Verhalten entspricht Pubertierenden, also den 12- bis 14-Jährigen, die einer schwärmerischen Liebe anhängen.

»Die Romantisierer, die immer wieder abbrechen, wenn es alltäglich oder kompliziert wird, sind auf dieser Entwicklungsstufe hängen geblieben, und das ist natürlich absolut neurotisch!« So der Psychologe Hantel-Quitmann. Dabei sei die romantische Form von Verliebtheit etwas anderes als unverarbeitete Trennungserlebnisse, wo man sich an dem Punkt, wo es am schönsten ist, trennt. Wo es am schönsten ist, ist auch die Angst am größten, und wenn die Angst am größten ist, dann muss man gehen. Denken wir an Laura und ihren Freund, der sie nach dem sehr harmonischen Weihnachtsfest plötzlich verließ. Die Flucht impliziert, dass man auch die Vergangenheit auslöschen muss, denn die Erinnerung befindet sich dort, wo es am schönsten war. Also: besser nicht zurückblicken.

Modernes Dating erreicht den Zustand der Erinnerungen im Übrigen kaum noch, weil man abbricht, bevor etwas entstehen könnte. Es gibt nichts mehr zu erinnern. Oder umgekehrt: Es gäbe zu viel zu erinnern, auch Schmerzhaftes, weil es mehr Trennungen gibt. Und wieder befinden wir uns im Spannungsfeld zwischen Bindungs- und Verlustangst. Diese Konstellation ist geradezu prädestiniert für Ghosting. Ich suche mir jemanden, den ich verlassen kann, bevor er mich verlässt. Ich behalte andere Partner für den Fall des Verlassen-Werdens in der Hinterhand. Der Verlassende tut in diesem Fall übrigens etwas für den Verlassenen, indem er den Kontakt abbricht, um dessen Ängsten zuvorzukommen. Der Vermeidende schlägt dankend ein. So vermeiden beide Nähe, Intimität, die Chance auf eine konstante Beziehung, in der Rückzug und Zuwendung einander abwechseln.

Heute haben Menschen meist viele Beziehungen, manchmal sogar gleichzeitig. Viele dieser Beziehungen enden mit Trennungen, und jede Trennung schmerzt und verletzt das Selbstwertgefühl.

Und je mehr Trennungen und Verletzungen Menschen erleben, umso größer wird ihre Furcht vor neuen schlechten Erfahrungen und umso intensiver ihre Schutzstrategien. Aus Furcht vor einer Trennung keine Beziehung eingehen zu wollen, sei vergleichbar mit dem Selbstmord aus Angst vor dem Tod, findet Paartherapeut Hegmann. »Wenn ich heutzutage 25-jährige mit solch großer Verlustangst erlebe, sie also keine Beziehung mehr eingehen wollen, dann wünschte ich mir, es gäbe wieder mehr Mehrgenerationen-Familien, in denen die Jungen erleben könnten, dass auch die Großmutter mit Ende 60 noch einmal wagt, einen Partner zu suchen, obwohl sie weiß, dass in diesem Alter ihr nächster Mann statistisch vor ihr zum Pflegefall werden und sterben wird. Das hindert sie aber nicht daran, nochmals eine Liebesbeziehung einzugehen.«

Und die Schutzstrategien greifen sogar, wenn man gar nicht betroffen ist, beobachtet Hegmann: »Wenn wir Artikel zu Themen rund um Seitensprung und Untreue veröffentlichen, beispielsweise die Sicht der Geliebten, die belogen und hingehalten wurde, vielleicht zunächst gar nicht wusste, dass ihr Kontakt verheiratet ist, werden die Autorinnen regelrecht beschimpft und angegangen, als wären sie verantwortlich dafür, dass eine vermeintlich glückliche Beziehung zerstört würde. Die Verlustangst sitzt hier so tief, dass sogar Bedrohungen anderer Beziehungen einen Reflex auslösen. Das Bedürfnis nach Sicherheit und Garantie scheint mir immer größer und vor allem immer überzogener und unrealistischer zu werden.«

Aber das schüren letztlich auch die Partnervermittlungs-Plattformen. Konkurrenz, Zurückweisung, Kritik – all das verunsichert, also schaffen die Partnerschaftsbörsen die Verunsicherung ab. Die Nutzer verlernen so, mit Zurückweisung und Verletzungen umzugehen, wende ich gegenüber Parship-Berater Hegmann ein.

»Das liegt daran, dass alle Betreiber ihre Mitglieder glücklich machen und vor unangenehmen Erfahrungen schützen wollen. Deshalb entwickeln sie möglichst einfache und sichere Wege der ersten Kontaktaufnahme. Niemand bekommt gerne Körbe und erfährt Zurückweisung, deshalb werden Mini-Games entwickelt, die ähnliche Interessen oder Verhaltensweisen abfragen und so einen kleinen gemeinsamen Nenner belegen, der natürlich eine Ansprache vereinfacht.«

So Hegmann. Noch einmal nachgefragt: Wie jedoch lernen Singles dann den Umgang mit Zurückweisung und Frustration? »Ja, damit können Menschen immer weniger umgehen. Sie erleben Rückweisung beinahe traumatisch! Ich hatte noch nie so viele Klienten, die sich von einer Trennung nicht erholt haben, wie in den vergangenen Jahren!«, gibt der Parship-Berater zu.

Kein gutes Signal für die Generation, die nachkommt und Unsicherheit fürchtet wie nichts sonst. Was sie jedoch nicht davon abhält, andere im Unklaren zu lassen! Oder ist die Botschaft klar?

»Nicht der Inhalt ist die Botschaft, sondern die Form!«

»Keine Antwort ist die Antwort«, so die Aussage vieler Abbrecher. Schweigen heißt: kein Interesse. »Du, das Projekt oder du als Projekt bist mir egal«, erklärt Nils (27). Nils ist ein notorischer Ghoster und regelmäßiger Nutzer von Dating-Plattformen. Überhaupt würde zu viel geschwafelt. »Wozu das ganze Gerede?«, fragt er in einem längeren Telefonat.

Nils pfeift auf Standards und Umgangsformen. Sie sind ihm zu zeitaufwändig, geradezu lästig. Nachgefragt, wie er es denn fände, wenn aus seinem Leben jemand einfach verschwinden würde, antwortet er lakonisch, dass derjenige es dann eben auch nicht wert war. So sei das eben heute. Und selbst, wenn die Beziehung etwas länger gehalten habe, hieße das noch lange nicht, dass man sich verpflichtet fühlen müsse, sich zu erklären. Melde ich mich nicht, habe ich kein Interesse mehr. Die Gründe seien nicht relevant. Die Form bestimme den Inhalt. »Einfach nicht mehr zu erscheinen« ist für den Psychologen Hantel-Quitmann unmoralisch.

»In einer persönlichen Beziehung habe ich das verdammte Recht darauf, dass wir uns noch einmal aussprechen und wir auch gegenseitig anerkennen: Wir wollen nicht mehr, wir können nicht mehr. Aber genau diese moralischen Standards wirken auf dem Hintergrund von Dating-Plattformen absolut anachronistisch. Das ist total out! Meist ist die Beziehung doch vom Anspruch her so weit gediehen, dass es nicht ausreicht, abzutauchen oder nur zu sagen: ›Ich will keinen Kontakt mehr‹, sondern dass es doch eigentlich darum gehen müsste zu sagen: Es passt nicht, weil ..., und das wäre ja auch gar nicht so schrecklich!« Dann nehme man zumindest dem Anderen seine selbstdestruktiven Phantasien.

»Die Ge-Ghosteten sind ja zutiefst gekränkt. Auch zu Recht! Die Form bestimmt den Inhalt. Was heißt das überhaupt? Das ist ein Geschäftsmodell! Wenn ich irgendwo etwas kaufe, z. B. ein Radio beim Mediamarkt, dann habe ich keine Veranlassung, dem Verkäufer auch noch irgendetwas zu erklären, warum ich Zubehör haben will oder nicht. Es ist eine austauschtheoretische Logik. Ich habe hier ein bestimmtes Investment gemacht. Wir sind eine Geschäftsbeziehung eingegangen. Es ist aber letztlich eine Entprivatisierung, eine Entpersönlichifizierung. Eine Verdinglichung!«

Markus Horvath, der seit Jahrzehnten in Los Angeles als Psychiater arbeitet, bestätigt, dass die Form den Inhalt bestimmt. Keine Antwort ist eine Antwort, nämlich: kein Interesse. In den USA sei das als Kommunikationsmethode anerkannt, was nicht heißt, dass es nicht auch schmerzt. Die Chats und Blogs sind voll von Ghosting-Geschichten, deren Betroffene todunglücklich sind. Dass man sich nicht erklärt und dem Anderen ins Gesicht sagt, dass es nicht passe, entspreche eben der amerikanischen Kultur, so Horvath, der in Deutschland geboren ist, aber seit dreißig Jahren in den USA lebt und arbeitet.

»Deutsche haben den Ruf, sehr direkt zu sein – auch mit Kritik. In Amerika gibt es Menschen, denen es schwer fällt, direkt Grenzen zu ziehen. Im Geschäftsleben zum Beispiel hört man selten ein direktes ›No‹. Oft wird einfach nicht geantwortet. Es ist absolut normal in Amerika, den Bewerbern um eine Stelle nicht zu antworten. Das bezieht sich auch auf geschäftliche Angebote. Keine Antwort ist eine Antwort: ›No.‹«

Das Ghosten könne auch als Teil dieser indirekten Kommunikation gesehen werden. Viele Amerikaner wollen den Schmerz vermeiden, den eine direkte Absage beinhaltet. Der wortlose Kontaktabbruch wirkt weniger krass. Man hofft, dass die Person versteht, dass man kein weiteres Engagement wünscht. Doch wozu braucht es solche verklausulierten Botschaften? Wenn man etwas zu sagen hat, soll man es offen äußern, finden immer noch viele meiner Leser. Doch manche Menschen, die Beziehungen beenden wollen, haben einfach nicht die Kommunikationsfähigkeit oder den Mut, eine Beziehung durch ein klärendes Gespräch zu beenden. Andere haben Zweifel, ob ihr Partner in der Lage dazu ist. Das Ghosten wird dann als das geringere

Übel angesehen. Und wer nichts sagt, geht auch nicht das Risiko ein, Fehler zu machen. Die stummen Tools gibt es längst.

Heute, wo man ganz leicht sehen kann, ob, wann und wie Nachrichten empfangen wurden, gibt es so etwas wie eine kleine Halbmond-Sichel auf den Bildschirmen. Den »Nicht stören-Modus«. In den Einstellungen gibt es die Möglichkeit, eine Liste für alle anzulegen, deren Nachrichten man in Zukunft ignorieren möchte. So erreichen uns im Endeffekt ausschließlich Menschen, von denen wir wollen, dass sie uns erreichen. Ghosting leicht gemacht, und damit ist es auch gesellschaftsfähig.

Jüngere Menschen bevorzugen Foto-Communities wie Snapchat und Instagram. »Für die Älteren ist ein Foto ein Abbild der Realität. Das ist heute aber nicht mehr richtig. Bilder sind in den sozialen Netzwerken Instrumente von Selbstmarketing und werden entsprechend präsentiert. Wenn Influencer mit Produkten oder für ihre Follower posen, dann ist das künstlich, ihre jungen Abonnenten wissen das auch. Ältere wundern sich, aber die sind auch nicht mehr die Zielgruppe.« So Hegmann. Unser soziales Miteinander verändert sich, so wie sich die soziale Kommunikation verändert. Es lohnt sich, hinter die Textschablonen zu schauen und zu beachten, was nicht gesagt wird, welche Themen ausgespart werden, welche neuen Tabus es gibt.

Generation Mute – die stumme Generation

Die Generation, die mit Smartphone und Dating-Plattformen aufgewachsen ist, ist besonders wenig frustrationsfähig. Sie hat nicht gelernt, mit Ablehnung umzugehen. Und sie wird es auch nicht mehr lernen, wenn die Partnervermittlungs- und Dating-Plattformen ihnen diese Erfahrung ersparen, weil sie ihrer Kundschaft nicht zu viel zumuten wollen.

Sicherheit und die große Liebe sind für die junge Generation sehr wichtig. Viele ahnen offenbar noch nicht, dass beides einander widerspricht. Gleichzeitig sind sie kaum bereit, etwas zu wagen, sind äußerst schnell entmutigt. Scheitern haben sie nicht gelernt, es ist in ihrem Leben nicht vorgesehen.

Für die Kontaktaufnahme auf den Plattformen braucht es nicht allzu viel Mut, denn einen Korb wird es nicht geben, wie wir erfahren haben. Die einzig wahrnehmbare Antwort kann nur ein Ja sein. Genährt wurde diese Entwicklung im Übrigen von Eltern, die ihren Kindern jegliche Frustration ersparen wollen. Babyboomer haben tatsächlich ein sichereres Bindungsverhalten, trotz der Kriegserfahrung ihrer Eltern. »Diejenigen, die jetzt nachkommen, sind völlig überbehütet. Das Helikoptertum tut dem Bindungsverhalten der Jungen gar nicht gut. Die beschützen ihre Kinder vor allem Schlechten, und wenn ihre Kleinen nun emotionale Verletzungen erleiden, empfinden sie das als geradezu unerträglich.« So Hegmann. Viele Kinder werden so erzogen, dass ihnen ständig gesagt wird, wie toll sie sind. Es gibt nur noch Prinzessinnen und Prinzen. Wenn diese später verlassen werden, verstehen sie die Welt nicht mehr.

Die eigenen Eltern verhindern also das emotionale Wachstum ihrer Kinder? »Alles, was ich bisher tat, gefiel«, erzählt mir Philip. Aber genau das ist nun sein Problem. Ihm fehlt die Orientierung. Wenn alles gut ist, was ist dann am besten? Bloß keine Fehltritte, deshalb lieber gar keine Schritte machen. Seine Generation ist pragmatisch. Widerstände werden vermieden, Ressourcen nicht verschwendet – auch nicht die eigenen. Er nutzt seine Möglichkeiten, ergreift Chancen, wenn sie sich ihm bieten, aber er führt sie nicht unbedingt selbst herbei.

Philip ist 20 Jahre alt und jetzt schon müde. Was soll er nur mit seiner Jugend anfangen? Er neigt dazu, in Stummheit zu versinken, ist ermattet, nichts mehr erstaunt ihn. Die Ödnis des Pragmatismus. Er kann sich alles kaufen – vom Geld der Eltern natürlich, außer Nähe. Alles verdankt er ihnen: den Nachhilfeunterricht, die Urlaube, die Technik, die sie miteinander verbindet. Wozu sollte er aus der Komfortzone herausgehen? Gut ausgestattet, auch mit der Grundzuversicht, dass sich alles irgendwie ergeben wird und man nur zugreifen muss, wenn sich eine Gelegenheit bietet, verharrt er stumm in der Warteschleife. Das richtige Mädchen wird schon kommen, wenn er soweit ist. Bis dahin swiped er hin und her. Es ist eher wie ein gelangweiltes Blättern in einem Katalog. Eigentlich suche er ja jemanden für immer, gesteht er. Ihn treibt eine Sehnsucht nach Normalität, Einfachheit, Überschaubarkeit. Der Zwang zur ständigen Veränderung, ein Springen von einem Projekt zum nächsten, wie es seine Eltern, die in der Medienbranche arbeiten, ihm vorlebten, ist für ihn kein Zugewinn, sondern eher eine Zumutung. Und überhaupt: Wozu sollte man sich immer wieder neu erfinden? Das will ihm nicht in den Kopf. Die kaum zu ertragende Fülle an Optionen überfordert ihn, und gleichzeitig fühlt er sich emotional unter Druck. Dieser Druck, eine optimale Entscheidung treffen zu müssen, blockiert wiederum eine klare Reaktion, die einfach nur erfolgt, weil der innere Kompass weiß, was richtig ist. Wenn er nicht weiß, in welche Richtung er gehen soll, bleibt er lieber stehen. Es ist ihm alles zu viel. Er soll freundlich und zugewandt sein, gleichzeitig soll er sich durchsetzen. Er soll performen, sich aber nicht verstellen. Er soll schnell, flexibel, autonom sein – alles Eigenschaften, die beziehungsfeindlich sind. Philip gehört einer Generation an, der angeblich Millionen von Möglichkeiten offen stehen. Die Dating-Optionen gehören dazu. Wie soll man die vielen Möglichkeiten verwirklichen? Die Freiheit, alles zu können, erscheint ihm längst als Zwang, alles wahrnehmen zu müssen. Es sei verdammt schwer, die Stärke zu haben und zu sagen: »Schön, aber ich weiß, was und vor allem, wen ich will. Ich habe mich entschieden. Ich brauche keinen Menschenkatalog«, gibt Philip zu. Er mag Abwechslung in der Freizeit, im Studium, aber eben nicht in der Beziehung. Seinen Freunden gehe es ähnlich. Wo alles besonders sein soll, wollen sie normal sein: Festanstellung, Haus, Kinder. Der junge Mensch von heute verhält sich lieber lautlos. Die Lebensstationen heißen: Ausbildung, Beruf, Familie, ein Leben in bescheidenem Wohlstand, in Frieden und Harmonie. Diese Generation will nicht gestalten, sie will verwalten. Ein gutes Drittel der jungen Deutschen favorisiert nach einer Umfrage den staatsfinanzierten Sektor. Als das mit Abstand wichtigste Kriterium nannten 61 Prozent der Befragten Jobsicherheit. Staat statt Startup. Abenteuer, Internationalität, das Neue und Unbekannte wollen sie zwar auch, aber lieber als vorgekautes Volunteer Program oder später dann in angemessener Besoldungsstufe. Der beliebteste Arbeitgeber in Deutschland ist seit

Jahren das Auswärtige Amt. »Risikofrei und Spaß dabei« lautet die neue Chiffre.

Das Motto »#Yolo« (»you only live once«) – das Jugendwort von 2013 – lässt sich auch als Drohung lesen: »Du lebst nur einmal, also versau' es nicht. Bloß keine Fehltritte!« Junge Menschen haben Angst, dass sie ohne angepasstes Verhalten auf der Verliererseite stehen könnten. Jede Entscheidung hat, so glauben sie, irreversible Folgen. Wenn ich mich für den falschen Studienzweig entscheide, bin ich weg. Dieser Druck, sich richtig zu entscheiden, schwappt auch in die Beziehungswahl über. Der künftige Partner muss in das Lebenskonzept passen, auch wenn man noch keines hat. Sicher ist nur eines: Der Partner darf nicht stören, nicht zusätzlich verunsichern, keine Gefahr sein.

»Die allgemeine, gesellschaftliche, politische, ökonomische Unsicherheit wird für viele permanent größer, gerade weil sie die Hintergründe und Abläufe wesentlicher globaler Entwicklungen nicht durchschauen (können oder wollen). Das erhöht das Bedürfnis, wenigstens in dem Bereich sicher zu sein, der vermeintlich für alle steuerbar ist: das Privatleben – mit der »Sicherheit« des Partners. Umso schlimmer, wenn es auch da nicht klappt.« So der ehemalige Lehrer Andel Müller.

Gegen Zuwanderung übrigens hat die Mehrzahl der Jugend keine Einwände. Das Fremde macht ihnen keine Angst, dafür sind Jungs wie Philip zu international aufgewachsen. Er kennt die Kontinente, pendelte schon früh zwischen der Welt und seinem Zuhause hin und her. Alles und jeder ist erreichbar. Nun der Stillstand. Vielleicht auch, um endlich mal bei sich zu sein.

Es geht also um Gewohnheiten und Sicherheiten in den Beziehungen, Überraschungen hingegen sind unerwünscht.

Das Unvorhergesehene bestimmt letztlich trotzdem die Ereignisse. Lieben, auch wenn es keine Sicherheiten gibt. Davon will Lukas nichts hören. Scheinbar gut vernetzt und kommunikativ, »laboriert eigentlich doch jeder alleine vor sich hin«, findet der 18-jährige, dessen erfolgreiche Eltern hauptsächlich mit ihren eigenen Lebenskonzepten beschäftigt sind. »Eigentlich würde ich ja gerne Arzt werden, aber das ist schon mein Vater«, meint Lukas. Aber es gibt doch auch noch andere spannende Berufe, wende ich ein. Irgendwie fehle ihm die Fantasie für etwas anderes – weil es zu viel anderes gibt. Zu viele Optionen. Also entscheidet er sich gar nicht. Die Welt ist ihm zu »unübersichtlich« geworden. Lukas ist mit der digitalen Revolution groß geworden. Plötzlich sei alles zugänglich, man müsse sich mit all diesen Dingen auseinandersetzen. Manchmal könne er zwischen fiktiv und real nicht mehr unterscheiden. Gleichzeitig hat seine »Generation Z« schon eine Wirtschaftskrise erlebt, politische Krisen wie die Terroranschläge und Kriege oder Umweltkatastrophen wie Fukushima. Die Welt ist unsicher geworden, und Lukas fragt sich: Welchen Sinn hat das alles für mich? Immerhin auch: Welchen Sinn kann ich der Welt hinzufügen?

Sie haben erfolgreiche Eltern. Aber wollen sie diesen äußerlichen Erfolg überhaupt? Mit 18 hat Lukas schon sämtliche Großstädte der Welt gesehen. Doch die Welt durchqueren heißt nicht zwangsläufig, weiter zu gehen, sich weiter zu entwickeln. In der Entdeckung neuer Lebenswelten scheinen Teenager wie Lukas wenig geübt.

Woran liegt das? An der Sichtfeldverengung auf digitale Geräte, der die »digital natives« erliegen. Das Internet ist ein Resonanzraum der Nachahmung par excellence. »Selbst wenn wir uns für irgendetwas einsetzen, unterschreiben wir meist nur eine Petition im Internet. Wir sind die passivsten

Aktivisten, die es je gab«, so ein Mitt-Zwanziger über seine Generation.

Prof. Andrea Kleeberg-Niepage von der Europa-Universität Flensburg fiel in ihren Studien das Thema Angepasstheit bei Jugendlichen besonders auf. Die meisten wünschten sich, so das Ergebnis ihrer Umfragen, einen Standardlebenslauf. Das persönliche Glück, der Erfolg, die eigene materielle Absicherung sind Jugendlichen wichtiger als die politische Entwicklung. Der Einsatz für den Klimaschutz ist dabei keine Ausnahme. Denn der betrifft sie persönlich, ihre Zukunft. Für die Rettung der Flüchtlinge aus dem Meer gehen sie eher nicht auf die Straße. Dahinter steht die neoliberale Logik: Jeder ist seines Glückes Schmied. Zwar sehen die Jugendlichen durchaus die schwierigen Entwicklungen, Finanzkrisen, Kriege und das Auseinanderdriften der sozialen Schichten. Doch das bestätigt sie nur darin, den widrigen Verhältnissen mit dem Bemühen zu begegnen, sich besonders gut aufzustellen. Es liegt in meiner Verantwortung, aus meinem Leben etwas zu machen. Zeitaufwändige Auseinandersetzungen mit einem potenziellen Partner oder Konkurrenzkämpfe halten nur auf. Kompromisse bringen mich vom Weg ab. Der Umgang mit den Beziehungen passt in diese funktionelle Vorstellung eines Lebens. Zwar fällt den Jugendlichen bei Nachfrage auf, dass ihre Wahrnehmung durchaus egoistisch ist, doch es ist schwer, davon abzurücken. Schließlich sind sie auch so erzogen worden. Schon Sechs- bis Achtjährige zeichnen in den Studien der Europa-Universität Flensburg Reisen, Besitztümer oder große Häuser, träumen davon, Millionär zu werden. »Junge Menschen sollen funktionieren, wenn man es böse ausdrücken will. Sie sollen sich im Leben zurechtfinden, wenn man es positiv ausdrücken will«, so Andrea Kleeberg-Niepage.

Die Generation Z ist eine Mischung aus Achtundsechzigern und Babyboomern. Das Motto der Achtundsechziger lautete: Verändere die Welt! Die Babyboomer des geburtenstärksten Jahres des 20. Jahrhunderts, 1964, stehen hingegen für: Mach was aus dir! Verwirkliche Dich selbst! Zeige, dass du etwas Besonderes bist! Die Generation Z steht im Bannstrahl der Ansprüche beider Generationen. Sie oszilliert zwischen den Polen Weltveränderung und Selbstverwirklichung. Das ist ziemlich viel und kann überfordern. Die Welt ist unübersichtlich geworden, deshalb verengen die »digital natives« ihren Horizont vielleicht sogar ganz bewusst, weil er zu weit geworden ist.

Moderne Subjekte, so analysiert der Soziologe Hartmut Rosa, »sind nicht mehr Bäcker, sie arbeiten ›im Moment als Bäcker‹, sie sind nicht mehr konservativ oder progressiv, sie haben lediglich ›das letzte Mal vielleicht links oder rechts gewählt‹. Sie sind nicht mehr Münchnerin, sondern ›leben seit drei Jahren in München‹«.

Wenn aber die äußeren Bedingungen keinen Halt mehr versprechen, wird das Bedürfnis umso dringlicher, den eigenen wahren Kern zu entdecken, das »authentische« Wesen, das man jenseits aller Rollen und »im Grunde« ist. Es gibt eine Sehnsucht nach Echtheit. Deshalb wird ja auch so viel von Authentizität gesprochen. Dem Wunsch nach Echtem. Doch was ist echt? Gefragt ist nicht offenherzig-naive Ehrlichkeit, sondern die Kunst der »selektiven Authentizität«. Harald Schmidt hat das einmal gut auf den Punkt gebracht. Gefragt, wann er denn er selbst sei, antwortete Schmidt der FAZ, er sei gar nicht daran interessiert, wer er selbst sei, sondern akzeptiere sich voll und ganz als »Charaktermaske«. Im Moment des Interviews begreife er sich als Interviewten: »Dann geh ich raus, dann bin ich Parkplatzgänger, der sein Ticket löst und eventuell der joviale Köln-Bewohner: »Hey, Schmidtchen, du hier!« Und dann bin ich wieder der Bahnreisende oder der Kinder-vom-Kindergarten-Abholer.«

Für Menschen, die vom »Authentizitätswahn« befallen sind, hat Schmidt nur ein müdes Lächeln übrig. Wirklich »ich selbst« sein könne man niemals. Man sei immer nur »das Man-Selbst, von dem man sich erzählt, dass man es ist«.

Was wir für unser Ich halten, wäre demnach also nur ein Konstrukt, das im sozialen Kontext entsteht, oder etwas anders ausgedrückt: Wir montieren uns unser Ich wie aus einem Baukasten zusammen. Was den Kern des Menschen bestimmt, ist der soziale Austausch mit der Umwelt. Was aber, wenn es kaum noch zum Austausch kommt? Wenn die Form, das Schweigen, das Nicht-Austauschen dominieren, gibt es keine Kommunikation mehr. Kontroversen sind Kommunikation. Die Flucht davor ist es nicht.

Als »Kinder der Stille« bezeichnete der Spiegel-Autor Dirk Kurbjuweit die jungen Bundesbürger, die mit Merkel aufgewachsen sind. Und er fragt: Hat sich der Merkelsche Regierungsstil auf die Mentalität junger Bundesbürger übertragen? Doch es ist kein deutsches Phänomen. Sarkastischer und böser klingt »Die Liegenden« – so betitelte der italienische Kolumnist Michele Serra die heutige Jugend. Aus seiner Perspektive besitzt die Daseinsweise der heutigen Jugend Ähnlichkeit mit der von Lazarettinsassen. Nur dass die horizontal gelagerten Teenager nicht an Tröpfen hängen, sondern an diversen elektronischen Geräten. Simsen, chatten, surfen, downloaden – mehr geschehe nicht im Leben der Halbbleichen. Ihre rühmlichste Eigenschaft dürfte ihre Harmlosigkeit sein. Vielleicht sollte man an dieser

Stelle auch erwähnen, dass wir alle am Tropf hängen und der Blick der Eltern immer seltener auf das Gesicht des Kindes gerichtet ist. Der Face-to-Face-Kontakt ist seltener geworden. Kulturwissenschaftler sprechen tatsächlich schon vom unbeweglichen Gesicht der Mutter, dem sogenannten »Still Face«, das anstatt auf das Kind auf das I-Phone gerichtet ist. Dies hat schwerwiegende Folgen. Schon 1975 hat der US-Psychologe Edward Tronick das sogenannte Still-Face-Experiment durchgeführt. Dabei sollten Mütter ihre mimische Kommunikation gegenüber ihren Kindern für einige Minuten komplett einstellen. Die Kinder blickten in ein unbewegtes Gesicht. Durch eine übermäßige Kommunikation versuchten die Kinder, bei ihren Müttern eine Reaktion hervorzurufen, schließlich wurden sie immer unruhiger und fingen an zu weinen. Von klein auf brauchen wir die Reaktion des Anderen. Nur so werden wir zu emotionalen und empathiefähigen Wesen. Erst über die Mimik des Gegenübers lernt das Kind, emotionale Zustände zu unterscheiden und sich selbst wahrzunehmen. Keine Reaktion ist schädlich, nicht nur für das Kind.

Wir befinden uns im Zeitalter der Kommunikationsexplosion. Unser Blick ist nach unten gerichtet. Auf ein kleines technisches Gerät. Wir reagieren ständig auf alles, wollen alles mitbekommen. Wir fühlen uns von allem betroffen, nur nicht von denen, die uns nahe sind. Wir reagieren auf alles, um uns nicht auf etwas Bestimmtes einzulassen. Je mehr Kommunikationsmittel und Wege wir nutzen, desto weniger kommunizieren wir. Warum aber schweigen vor allem Jüngere, anstatt sich zu erklären? Die Generation, die auf so vielen Kanälen »kommuniziert«, ist mundfaul. Sie will nicht stören und selbst nicht gestört werden.

Eine Störung ist fast schon gleichbedeutend mit Konfrontation, und diese muss unbedingt vermieden werden. Bequeme Beziehungen werden gesucht, möglichst ohne Aufwand. Wir leben in einer Zeit, in der man sich alle Optionen offenhalten möchte und sich am Ende, wenn man Pech hat, doch keine erfüllt.

Ghosting passt gut in diese Zeit des abgewandten Blicks, der völligen Überforderung, der zu vielen Möglichkeiten und der Angst, ständig und jederzeit verlassen zu werden. Alles ist möglich – auch, dass plötzlich nichts mehr möglich ist. Jedes Wort, jede Bewegung könnte falsch sein.

Auch trauen viele jüngere Menschen dem gesprochenen Wort nicht mehr. Man tauscht sich lieber auf Whatsapp aus, schreibt jemanden, den man toll findet, lieber auf Facebook an, als ihn direkt anzusprechen, selbst wenn er bereits vor einem steht. Sich einer Situation in Fleisch und Blut auszusetzen, macht offenbar Angst.

Schuld seien auch die Eltern, so Oskar Holzberg: »Eltern verwenden doch ständig Schweigen als Strafe. Gerade die so wohlmeinenden Eltern der heutigen Generation. Schlagen ist verboten, harte Strafen? Macht keiner mehr! Aber der Kontaktentzug gilt als probates Mittel. ›Die Mama geht jetzt schon mal.‹ Sie gehen nicht in die Auseinandersetzung mit dem Kind.«

Die Psychologin Lisa Fischbach ist der Meinung, dass man das Thema Beziehung und Liebe und wie man Liebe gestaltet, als Unterrichtsfach in der Schule einführen sollte. »Genauso sollten Jugendliche Flirten lernen. Eigentlich ist ja der Freundeskreis immer noch Liebes-Kuppler Nr. 1, dann kommt der Bereich Freizeit, und dann teilt sich das Internet Platz drei mit dem Arbeitsplatz. Aber wie wird es in 10 Jahren sein?«

Nun kritisieren ja gerade die Nutzer von Partnerschaftsvermittlungs-Plattformen, dass das »Flirtige« durch die Online-Partnersuche verschwunden sei, da ja die Absicht klar sei. Wie aber soll man das Rad zurückdrehen? Und: Wie geht es weiter, wenn die kommenden Generationen mit Ghosting aufwachsen und es ganz normal finden, ohne Begründung zu verschwinden? Der Psychologe Hantel-Quitmann meint dazu: »Dann würde sich die allgemeine Beziehungslosigkeit langsam zum Standard erheben, die Ängste vor Nähe und Beziehung nähmen zu, und die Schamgrenzen würden sich immer mehr in Richtung Schamlosigkeit verschieben.«

5. Kapitel

Wie uns das Leben unter die Haut geht

Alles beginnt mit dem Verlust

»So kämpfen wir weiter, wie Boote gegen den Strom, und unablässig treibt es uns zurück in die Vergangenheit«, schrieb einst F. Scott Fitzgerald. Und tatsächlich prägt etwa ein früher Verlust – meist als Kind erlebt – mehr als vieles andere die späteren Beziehungen. Die Wunde der Abwesenheit. Dieser Verlust der Geborgenheit hat ein hartnäckiges Echo.

Lauras Leben begann mit einem Verschwinden, dem ihres Vaters, der schon kurz vor ihrer Geburt Lauras Mutter verließ. Auf Nachfrage versichert Laura, dass sie ihren Vater nie besonders vermisst habe. Härter habe sie der Kontaktabbruch ihrer besten Freundin getroffen. Da war Laura sechs. Als Laura im Teenager-Alter ist, flieht ihre Mutter, DDR-Bürgerin, in den Westen. Lauras früheste Erinnerungen gehören den Verschwundenen.

Zurück in der DDR blieben Laura und ihre Schwester. Sie habe ihre Mutter verstanden, sich sogar für sie gefreut, versichert Laura heute. Das mag auch eine Schutzbehauptung sein, denn für einen jungen Menschen kann es durchaus erschütternd sein, seine Mutter zu verlieren.

Die Folgen für die zurückgebliebenen Schwestern waren

jedenfalls hart. Haft und andere Repressalien blieben nicht aus.

Nach der Maueröffnung zog es Laura weit weg, ins Ausland, auf andere Kontinente. In den USA findet sie eine Heimat. Dort ist sie die unabhängige, schöne und erfolgreiche Frau, die alles im Griff hat – bis sie sich verliebt. Wie im ersten Kapitel beschrieben, wurde sie von ihrem Freund, einem Amerikaner, geghostet. Das ist nun 20 Jahre her. Es gab keine Vorzeichen. Sein wortloses Verschwinden zog ihr den Boden unter den Füßen weg, verletzte sie stärker als eine schlimme medizinische Diagnose, als die Haft im Stasi-Gefängnis. Da war es wieder: ein Gefühl, das sie kannte, aber verdrängt hatte. Manchmal braucht es Schockerlebnisse – und dazu gehört Ghosting –, um alte Erinnerungen wieder hervorzuholen.

Lauras Leben ist von Gespenstern aus der Vergangenheit bevölkert. Risse gehören zu ihrem Leben. Doch beherrschen sie es auch? »Eine der größten Ängste des Menschen besteht in der Angst vor Ausgrenzung und Verlassen-Werden. Dies ist unabhängig von der Zeit, der Kultur, es ist eine Conditio humana.« So der Psychologe Hantel-Quitmann. Plötzlich verlassen zu werden ist ein Angriff auf die Identität. Doch warum wurde Laura immer wieder verlassen? Warum immer auf dieselbe Art: plötzlich, wortlos, ohne Erklärung.

Es scheint, als suche sie im Anderen diese zu früh verlorene Geborgenheit, in der Hoffnung, dass er die alten Wunden heilen und zum Anker werden könnte. Die Philosophin Michela Marzano schreibt: »Immer, wenn wir verliebt sind, suchen wir im geliebten Wesen nach dem, was wir verloren haben. Eine sinnlose und vergebliche Suche, da der andere das, was verloren ging, so wenig besitzt wie wir.«

Sucht Laura das Verlorene im Anderen, als Kompensation ihrer Verlustängste? Vielleicht ist es aber auch so: Wir suchen nicht nach den schmerzlichen Erfahrungen, die unsere Identität prägen, wir suchen unsere Identität infolge schmerzlicher Erfahrungen. Wir können keine sinnlosen Qualen ertragen, aber wir ertragen Qualen, die wir für sinnvoll halten. Erleichterung hinterlässt weniger Spuren als Kampf. Wir können wir selbst sein ohne unsere Freude, aber nicht ohne das Leid, das unsere Sinnsuche leitet.

Laura war sogar schwanger von jenem Amerikaner, nennen wir ihn Jack, der sie vor 20 Jahren ghostete. Jack hatte bereits ein Kind von einer anderen Frau und wollte nicht unbedingt ein weiteres. Als Laura, die sich immer ein Kind gewünscht hatte, schwanger wurde, trieb sie das Kind »ihm zuliebe« ab. Wurde nicht da schon überdeutlich, dass er sich nicht auf ein Leben mit ihr – und einem Kind – einstellen wollte oder konnte? Warum sah sie das nicht?

Sie macht ein zweites Mal die bittere Erfahrung des Ghostings. Etwa 15 Jahre später. Nach einem beschaulichen Weihnachtsabend, wie im ersten Kapitel beschrieben, packte ihr Freund Paul nach zwei sehr intensiven Jahren seine Sachen und verschwand. Für immer.

Laura bricht zusammen, verfällt in eine tiefe Depression. Bloß nichts fühlen. Das Kopfkino ausschalten. Warum dieser weitere, wortlose Abgang? Manchmal denkt sie, dass sie das nicht schafft. Es sei, wie bei lebendigem Leib zu sterben. In dieser Zeit hat sie nur wenige Kontakte. Verfällt in einen scheinbar nicht endenden Winterschlaf. Das Leben wird ausgeblendet. Depressionen können wunderbar andere auf Abstand halten!

Ähnlich erging es Alicia. Auch sie wurde früh von ihren Eltern verlassen. Auch sie versichert, dass sie das nie belastet und sie tolle Adoptiveltern gehabt habe. Und doch ist der frühe Verlust ihr wichtigstes Thema. Manchmal fragt sie sich: War ich es nicht wert, dass man mich behielt? Und: »Die Angst, verlassen zu werden, sieht man die mir an, oder suche ich sogar nach diesen miesen Erfahrungen?« Spielt Alicia diese Erfahrung immer wieder durch, um den frühen Verlust unbewusst zu verarbeiten? Psychologen sprechen von einem Schläfer-Effekt, wenn frühe Erfahrungen lange Zeit in Personen schlummern und wieder wach werden, wenn im späteren Leben ähnliche Erfahrungen gemacht werden.

Alicia hofft insgeheim, dass der Andere diesen Riss kittet, das Verlorengegangene ersetzt, vielleicht gar ungeschehen macht, auf jeden Fall beweist, dass sie liebenswert ist. Doch genau das, was ihr fehlt, bekommt sie nicht, es ist immer anderswo, bei anderen Frauen, in anderen Leben.

Alicia und Laura müssten lernen, ihre Zukunft nicht von der Vergangenheit determinieren zu lassen. Dafür aber müssten sie in die Tiefe ihrer Verlustangst steigen. Das braucht Mut. Und Zeit. Alicia müsste sich ihre Gefühle und Gedanken genauer anschauen, bevor sie das nächste Mal wieder hoffnungsfroh in eine Beziehung geht, in die immer vertraute, gleiche Falle der »perfekten Liebe« tappt und sich so die bisherigen Verletzungen vertiefen.

»Ein Schlüssel zum Verständnis der eigenen Fehler und Beziehungsfallen sind die begleitenden Gefühle in solchen komplizierten Situationen, die in der Regel mit Stress verbunden sind. Dabei geht es um Misstrauen, Angst, verlassen zu werden, Schuld und Scham, Neid und Eifersucht.« So der Psychologe Hantel-Quitmann. Schon eine einzige Verhaltensänderung könnte den Weg ebnen. Aber auch ein starker Partner, der diese Wunde erkennt und erträgt, keine

Angst davor hat, also nicht flüchtet, könnte helfen. Demnach wären Alicia und Laura auf Sinnsuche, im Gepäck ihre frühen und jüngeren Verlusterlebnisse. Wie in einem kaum zu entwirrenden Gespinst gehen Erinnerung und Gegenwart ineinander über, sind nicht scharf aneinandergeschnitten, sondern fließend verblendet.

Und so lange sie ihre Trauer nur am Ende der letzten Beziehungen festmachen, wird es schwierig sein zu begreifen, was dahinter liegt. Sie müssten weiter zurückgehen, sehen aber nur diesen einen großen »einspurigen« Weg, der durch den Kontaktabbruch des letzten Partners versperrt wurde. Beide ziehen sich dann hinter der Sperre zurück, vermeiden Begegnungen, verfallen in Depressionen. Eine Beziehungs-Vermeidungstaktik. Und so vermeiden sie auch weitere Verletzungen. Damit agieren sie fast schon wie der Abbrecher, der auch aufgrund früher Verlusterfahrungen zum »Ghost« geworden sein kann. Meist sind Depressionen Folge von alten Wunden, von nichtverarbeiteten Verlassens-Szenarien. Die große Wunde, die das Leben geschlagen hat. Die Spur führt immer zurück in den Schmerz.

Und nicht selten »ghostet« jemand, bevor er selbst verlassen wird. Das nennt man contra-phobisches Verhalten. Deshalb ist manchem Abbrecher auch nicht einmal bewusst, warum er immer wieder flieht. Er schützt sich, weil die Erkenntnis, die dahinter steht, viel zu schmerzlich wäre. Er müsste nämlich für sich selbst einsehen, dass er zu viele unverarbeitete Verlust- und Trennungserlebnisse hatte, die immer noch sehr angstbesetzt sind und seinen Alltag bestimmen. Er müsste verstehen, dass viel in seinem Alltag, auch in seinem Weggehen, davon bestimmt ist, eine solche Trennung nicht noch einmal durchleben zu müssen, weiß er doch, dass er damit überfordert wäre. Er geht weg, weiß oft selbst nicht so genau, warum, und beschuldigt dann den anderen, der aus allen Wolken fällt, weil er sich keiner Schuld bewusst ist. Der frühe Verlust wurde also nicht verarbeitet.

Erinnern wir uns an Leander: den ewig Flüchtenden, Anhänger größtmöglicher Geschichtslosigkeit und Nähe-Verweigerer aus dem ersten Kapitel. Manche Menschen tragen ihr Leben auf ihrer Haut, ritzen sich, um etwas zu spüren. Leander ritzte sich in die Seele – als ob er ergründen wollte, ob er überhaupt eine habe. Dass er dabei auch andere Menschen verletzte, steht auf einem anderen Blatt. Wenn sich jemand in ihn verhakte, musste er sich befreien und flüchten, denn er wollte sich nicht zeigen. Wenn jemand unverbindlich freundlich zu ihm war, verachtete er ihn dafür. Wenn ihn jemand interessierte, musste er ihn näher an sich heranziehen. So nah, bis er ihn wieder wegstoßen konnte. Ein klassisch schizoides Verhalten. Er spürte, dass er nicht in der Lage war, gesunde Beziehungen zu führen, und dass er noch weniger fähig war, etwas an seinem Verhalten zu ändern.

Sein Leben zerfiel in viele kleine Abschnitte, wie ein Zentimeterband, das ein Gefangener Jahr um Jahr, Tag um Tag, Stunde um Stunde abschneidet.

Ein Brief seines Bruders brach in sein ramponiertes Leben ein und zerstörte die letzten dürren Wände einer vermeintlichen Stabilität. Dabei wirkt Leander, als ich ihn ein weiteres Mal treffe, wie zum Leben erweckt, als sei eine quälende Taubheit verschwunden. Dann spuckt er es aus: das fehlende Puzzleteil. Leander und sein Bruder Christian wurden als Kinder von ihrem Onkel missbraucht. Es war die schlimmste Nachricht, die er hätte erhalten können, und gleichzeitig sein »Glück«. Denn endlich wusste er, warum er sich so »gestört« verhalten hatte, sich geradezu zwanghaft schützte. Manchmal ist nicht das, was man in Erinnerung behält, wichtig, sondern das, was man verdrängt. Der Missbrauch war der weiße Fleck, auf den sein Bruder endlich Licht warf – ein schweres Erbe.

Jetzt hatte Leander etwas Greifbares: »Wie oft sind es erst die Ruinen, die den Blick freigeben auf den Himmel«, schrieb einmal der österreichische Neurologe und Psychiater Viktor Frankl.

Leanders Geschichte zeigt, dass der Drang, immer wieder zu verschwinden, pathologisch begründet sein kann. Nur war er sich dessen nicht bewusst. Wie sollte er also wissen, wer zu ihm passt, wenn er gar nicht wusste, wer er selbst war.

Der Missbrauch durch den Onkel bestimmt Leanders Leben bis heute. Immer noch geht er fort, um nicht verlassen zu werden, betrügt, um selbst nicht hintergangen zu werden. Er ist aber zugänglicher und gesprächiger geworden. Auch heute noch bleibt immer eine Grenze des Sagbaren, und hinter seiner vermeintlichen Gesprächigkeit lauern eher versteckte Fragen. Ein Sicherheits-Check. Ein Gefühlsabgleich. Ist dieses Gefühl richtig? Verhalte ich mich korrekt? Was verrät der Andere, was mir später, sollte ich mich verteidigen müssen, nützlich sein kann? Er sammelt Material, mit dem er den Anderen, sollte der ihm gefährlich werden, unschädlich machen könnte. Nicht selten scheint es, als wolle er sich rächen. Er erinnert sich nun. Und Erinnerung erzeugt den Drang zur Rache.

Hinzu kommt: Es tut weniger weh, wenn man sich den Schmerz selbst zufügt, sagte mal eine Abbrecherin zu mir. Leander sieht das ähnlich. So behalte man zumindest die Kontrolle, die man keinesfalls verlieren dürfe. Denn das führe direkt in die Katastrophe. Am Ausmaß der Kontrolle, die ein Mensch in seinem Leben braucht, kann man das Ausmaß seiner Angst ablesen, die Angst, den Anderen zu verlieren.

Wagt sich Leander heute in eine Beziehung, neige er immer noch dazu, alles zu kontrollieren, selbst wenn er das gar nicht wolle, gibt er zu. Er kann einfach nicht vertrauen. Sich nicht fallen lassen. Für die so mühsam errungene Sicherheit zahlt er den Preis der Einsamkeit. Die Überwachung seiner Gefühle scheint überlebensnotwenig, wenn man wie Leander als Kind missbraucht wurde. Vielleicht versucht er auch, aus der Opferrolle herauszukommen, die ihm in der Kindheit aufgezwungen wurde, indem er andere zu Opfern macht. Er hat ein Kindsein, wie es sein sollte, nicht erlebt, eines das ihm erlaubte, sich an den Erwachsenen festzuhalten, sich an ihnen zu orientieren. Empathie für den Anderen – falls er sie überhaupt empfinden kann – erlebt er als Gefahr. Menschen werden durch Ängste sehr viel grundlegender motiviert als etwa durch Aggressionen. Leanders Leben spielt sich auf einer glatten Eisfläche ab. Ein falsches Wort, und weg ist er. Seine Schnelligkeit und sein Leichtsinn verraten auch einen Mangel an Wertschätzung des eigenen Lebens. Was ist es überhaupt wert, wenn man als Kind benutzt wurde? Das Risiko, sich zu offenbaren, jemanden zu lieben, ist zu groß. Nähe bedeutet Gefahr. So hatte er es gelernt. Trifft er auf Menschen, die seine Wunde erahnen, forschen, sich verhaken, vergrault er sie – aus Angst und aus Scham. Seine Wunde darf nicht erkannt werden. Seine Seele ist erloschen. Alles Zwischenmenschliche: eine hoffnungslose Angelegenheit. Er hat mit den negativen Gefühlen auch die guten tief vergraben.

»Wenn wir Verletzungen verdrängen, können sie uns immer wieder ins Gedächtnis kommen und Beziehungen erschweren. Gelingt es uns, sie abzuspalten, haben wir auch einen Bereich unserer Psyche mit den damit verbundenen Gefühlen nicht zur Verfügung.« So warnt die Psychotherapeutin Verena Kast.

Nach meinen beiden Büchern zum Thema Funkstille wurde ich übrigens immer wieder von meinen Lesern darauf aufmerksam gemacht, dass der Kontaktabbruch in der Familie, etwa bei Missbrauch, durchaus heilsam sein kann. Da in diesen Fällen aber mehr als deutlich ist, warum abgebrochen wird – zumindest den Betroffenen innerhalb der Familie –, habe ich Missbrauch bisher nicht unter »Kontaktabbruch ohne Erklärung« eingeordnet. Etwas anderes ist es aber, wenn der Missbrauchte zum Abbrecher in Paarbeziehungen und Freundschaften wird, wie etwa Leander.

Wie sehr tiefgehende Erfahrungen das weitere Leben prägen, manchmal sogar über Generationen hinweg, habe ich ausführlich in »Funkstille« beschrieben. Die transgenerationale Weitergabe von Traumata und der Umgang mit Gefühlen, etwa wenn Eltern schwer traumatisiert wurden und deshalb ihre Gefühle dissoziiert haben, werden auf zwei Wegen weiter gegeben: Erstens lernen Kinder von diesen Eltern nicht, eine emotionale Kompetenz zu entwickeln, zweitens hat man festgestellt, dass bei der transgenerationalen Weitergabe die verdrängten Gefühle der Eltern auf die Kinder übertragen werden, sodass sie Gefühle haben, mit denen sie nicht umgehen können und deren Hintergrund sie nicht kennen. Ähnlich verhält es sich mit Partnern von Traumatisierten.

Leander fehlt das Vertrauen, in Beziehungen zu gehen. Er hat es nicht gelernt. Seine Eltern kümmerten sich zwar oberflächlich um ihn, doch sein Vater, ein Forscher, verschwand jede freie Minute in seinen Labors und kümmerte sich lieber um seine Versuchstiere, während die Mutter, ein traumatisiertes Kriegskind, kaum zu Mitgefühl fähig war. Für sie zählten beruflicher Erfolg und Geld. So herrschte in Leanders Familie vor allem Lieblosigkeit. Leander hatte das aufgenommen, unbewusst. Er hat die ersten Beziehungen in seinem Leben als wenig fürsorglich, instabil und sogar vernichtend empfunden. Da er nie gelernt hat, wie Vertrauen entsteht und vor allem, dass man es nicht einfordern kann, vermutet er hinter jedem Blick und hinter jeder Handlung Verrat.

»Er bricht die Beziehungen nicht ab, weil mit ihm etwas nicht stimmt, sondern er handelt nach alten Erfahrungen richtig: Gehen, bevor es wieder gefährlich werden könnte.« So die Erklärung von Psychologe Hantel-Quitmann. Sich jemandem zu öffnen bedeutet für Leander Gefahr. So hatte er es erlebt. Udo Baer, Therapeut und Pädagoge, verweist auf das »Wunder der Geborgenheit«.

»Ohne das werden wir schutzloser. Auf Verlust der Geborgenheit reagiert unsere Psyche mit Angst und Erstarrung. Geborgenheit ist in erster Linie eine Beziehungserfahrung. Frühe Bindungserfahrungen stellen die Weichen dafür, ob wir später in der Lage sind, uns Menschen zu öffnen, ihnen zu vertrauen und sich mit ihnen zu verbinden. Dabei geht es nicht nur um Paarbeziehungen, sondern auch um Freunde. Um Geborgenheit mit anderen Menschen zu erleben, müssen wir den Mut haben, uns zuzumuten. Zumuten hat seinen Wortstamm aus dem altdeutschen Wort: ›muot‹ und bedeutet: sich mit seiner Seele zuwenden.«

»Die Stille macht verrückt« oder:
Die Attacke der Abwesenheit

Es war ein alter Schmerz, der sich immer wieder an die Oberfläche drängte. Lauras Leben begann mit einem wortlosen Weggang. Der Vater verließ sie, als sie noch ein Baby war. Als die jüngste langjährige Beziehung mit dem plötzlichen Abbruch ihres Freundes endete, war die Trauer außergewöhnlich groß und das Loch, in das sie fiel, besonders tief. Verlassen-Werden. Wortlos. Plötzlich. Wie lange dauert es, bis die Wunden der Kindheit heilen? Der Psychologe Hantel-Quitmann sagt: »Das hängt von vielen Faktoren ab: Wie stark die Wunden sind, wie gut sie verheilen, wie schnell Hilfe kommt, welche eigene Wundheilung man hat, ob neuerliche Verletzungen dazu kommen, welche Teile verletzt sind etc. Wichtig sind kompensatorische Beziehungen, die heilen können.«

Dass ihr Freund sie sang- und klanglos im Stich ließ, weckte ein unterbewusstes Echo der Seele auf frühere Trennungserlebnisse in der Familie: dass Lauras Vater kurz nach ihrer Geburt die Familie verließ und die Mutter, als Laura im Teenager-Alter war, in den Westen flüchtete. Ihre Bindungsvorstellungen sind von diesen frühen Erfahrungen geprägt. Psychologen sprechen vom »uneindeutigen Verlust«, wenn Angehörige abwesend und anwesend zugleich sind, körperlich nicht mehr greifbar, aber mental anwesend – oder umgekehrt, wie etwa bei Leander. Die Eltern sind körperlich da, aber nicht zugewandt. Kriegsverschollene, Flüchtlinge, unauffindbare Entführungsopfer, Demenzerkrankte, Wachkomapatienten, aber auch Inhaftierte gehören dazu.

Das Abschiednehmen dauert ständig an, es hört nie auf.

Man fühlt sich jemandem nah, der doch nicht erreichbar ist. Auch Ghosting ist ein uneindeutiger Verlust mit gravierenden Folgen, die evolutionär erklärbar sind, löst die Trennung doch einen Schock aus. Und am Schock kann man sterben. Stammesgeschichtlich war Verlassen-Werden ein sicheres Todesurteil. Ghosting-Opfer – und so empfinden sie sich: als »Opfer« – berichten auch von körperlichen Reaktionen: von Gewichtsverlust, Schwindel, Schmerzen, Appetit- und Schlaflosigkeit.

»Traumatische Erlebnisse verändern den Körper. Hormonelle Prozesse geraten aus dem Gleichgewicht. Traumatische Erlebnisse können auch im Erwachsenenalter zu einem Gewichts- und Volumenverlust im Hippocampus führen. Diese physiologischen Änderungen führen auch zu Symptomen im traumatisierten Menschen, zum Beispiel Gedächtnisstörungen und niedrigere Belastbarkeit. Im schlimmsten Fall kann eine wortlose Trennung als schweres Trauma erlebt werden.« So warnt der amerikanische Psychiater und Evolutionsbiologe Markus Horvath. Solche Reaktionen können sogar schon nach kurzer Kennenlernphase und plötzlichem Abbruch ausgelöst werden. Das hat mit eigenen Vorstellungen und Wünschen zu tun, mit Projektionen und Luftschlössern, die in der – vor allem virtuellen – Phase des Kennenlernens gebaut werden. Das Luftschloss ist plötzlich genauso verschwunden wie der Geist, der darin wohnte. Das hat aber eben auch zu tun mit alten Wunden, die wieder aufgerissen wurden.

Anne fragt sich: »Wir haben uns nur drei Monate lang getroffen. Aber diese drei Monate waren die intensivste Zeit meines Lebens. Wir haben uns alles gesagt, waren offen und ehrlich, dachte ich zumindest. Er hat mich überschüttet mit Liebesbekundungen. Ich dachte, er meint es ernst.«

Dann löschte er sie von einem Tag auf den anderen auf allen Plattformen. »Als sei ich tot. Und so fühlte ich mich auch. Er hatte die Delete-Taste gedrückt. Und in ganz bitteren Momenten dachte ich: Gab es ihn überhaupt? Habe ich mir das alles nur eingebildet? Ich hatte zeitweise Angst, verrückt zu werden. Wie also bitte soll ich je wieder jemandem vertrauen, wenn ich meiner eigenen Wahrnehmung nicht mehr trauen kann?«

Einzig ein unscharfes Foto mit ihrem »Verschollenen« beweist, dass es ihn gab. Inmitten unseres Austausches über das, was Liebe sein könnte, sagt Anne ein Wort: »Klarheit«. Das klingt erst einmal unromantisch, aber: Annes Liebe ist eben ohne klare Konturen – wie ein Gespenst.

Und dennoch kommt ihr auch die eigene Vorstellung in die Quere. Sie hatte sich mehr von ihrem Freund erwartet. Und diese Wunschvorstellungen greifen umso mehr, je weniger Alltag mit dem Anderen gelebt wurde. Der Alltag hätte gezeigt, dass nicht alles so rosarot ist wie erhofft. Ohne diese Erfahrung aber wird vor allem betrauert, was nun nicht mehr möglich ist – eventuell auch nie möglich war. Doch in der Vorstellung ist alles möglich. Und dann ist da noch die Hoffnung, die ein Ende ohne Ende auslöst. »Ghosting« und vor allem »Benching« spielen mit dem Gewähren und dem Entzug von Hoffnung. Es ist ja möglich, dass der Geist wieder auftaucht, denn er hat nichts Gegenteiliges gesagt. Und in der Tat lässt er damit die Tür einen Spalt breit offen. Für den Geghosteten ist diese Ambiguität kaum auszuhalten. Weil unklar bleibt, ob es noch Hoffnung gibt. Wenn sich jedoch abzeichnet, dass der Geist weiterhin verschwunden bleibt, macht es das nicht leichter. Die Verzweiflung wird zum niederdrückenden Dauerzustand.

»Es fühlt sich an, als wäre ein mächtiger Fels auf meinem Brustkorb, der mir die Kehle zuschnürt und bis zum Hals brennt und drückt«, so beschreibt Karin das Gefühl, »geghostet« worden zu sein. Ein Herzinfarkt fühlt sich übrigens ähnlich an. Es gibt tatsächlich das sogenannte Broken-Heart-Syndrom! Der psychische Schmerz über den Verlust des Anderen ist so groß, dass Seele und Körper außer Kontrolle geraten. Bei Karin war es Liebe auf den ersten Blick. Und dann »entfernte« sich ihr Freund über Nacht: »Ich zweifele so sehr an mir selbst, mir schießen Tränen ins Gesicht, fühle mich mehr als klein. Auf Nachrichten reagiert er nicht. Ich traue mich nicht, ihn anzurufen, will es aber versuchen. Ich packe dieses Verhalten nicht, es ist die Hölle!«

Die Selbstzweifel sind groß, denn wie konnte sie nicht bemerken, dass etwas nicht stimmte? Sie ist in den Grundfesten ihrer Existenz erschüttert. Beim Ghosting stellt ja der Abbrecher nicht nur die eigene Existenz in Frage, sondern auch die des Verlassenen. Paarberater Eric Hegmann bestätigt: »Verlust, Trennung und Tod sind sich gefühlsmäßig sehr ähnlich. Da wird eine Realität gegen eine neue ausgetauscht. Die eigene Wahrnehmung wird in Frage gestellt, Selbstzweifel werden größer.«

Ghosting löscht den Menschen und seine Wahrnehmung aus, vaporisiert sie geradezu. Das hat für den Verlassenen gravierende Folgen. Schweigen bedeutet für den Verlassenen erst einmal: Ablehnung. Er sucht Klärung, will kommunizieren, um zu verstehen. Das Schweigen lässt viel Raum für Spekulationen, für Missverständnisse und den Konflikt befeuernde Überlegungen.

Ähnlich wie ein Suizid stellt auch der plötzliche Kontaktabbruch bei denen, die zurückbleiben, das gesamte Leben vor dem Verlust radikal in Frage. Was bisher als einigermaßen funktionierend empfunden wurde, wird nun im Rückblick zu einer Ansammlung von Fehlverhalten und versäumten Chancen. Wer vertrauensvoll war, wird dies im Nachhinein als naiv bezeichnen. Wer Kontrolle ausgesetzt war, wird dies nachträglich als Bevormundung erkennen müssen. Trennungsabsichten können ebenso zum Schuldfaktor werden wie die Weigerung, eine Beziehung zu beenden. Klärende Gespräche werden im Rückblick als Überforderung des verlorengegangenen Menschen interpretiert, nicht geführte Gespräche als verschenkte Möglichkeiten, das Geschehene vielleicht zu verhindern. Beim Zurückbleibenden ist das Vertrauen, Situationen richtig einschätzen und entsprechend reagieren zu können, zutiefst erschüttert. Der Verlassene fühlt sich um die gemeinsame Zukunft mit dem verlorenen Menschen betrogen und der Vergangenheit, die nun als Lüge erscheint, beraubt. Hegmann dazu: »Viele Verlassene sitzen bei mir und sagen: ›Es ist unerträglich. Machen Sie, dass das weggeht.‹ Ich sage dann: ›*Sie* müssen das tun! Ich helfe dabei.‹

Im schlimmsten Fall schicke ich diese Menschen in die Traumatherapie. Kein Witz!«

Man kommt nur heraus, indem man einmal richtig hineingeht. Hineingeht in die Gefühle. Man muss anfangen, sich selbst zu reflektieren. Hineingehen und verstehen: Wann tauchen bei mir welche Gefühle auf? Im Grunde muss man ein Trauma solange wiederholen, bis man es überwunden hat. Hegmann dazu weiter: »Es gibt viele erfolgreiche Ansätze: Zum Beispiel eine EMDR-(»Eye Movement Desensitization and Reprocessing«) Therapie, eine Akzeptanz und Commitment Therapie. Eine solche Veränderung muss man aber wollen. Viel zu viele Betroffene ziehen sich zurück in ihren Schmerz und klagen, sie könnten nie wieder vertrauen. Das bedeutet aber, weil ohne Vertrauen Liebe sinnlos ist und eine Beziehung nicht funktioniert, dass sie alleine bleiben werden!«

Ghosting-Opfer sprechen davon, sich wie ausgelöscht zu fühlen, geradezu vernichtet. Im Englischen heißt Kränkung ›mortification‹, abgeleitet von »mors«, dem lateinischen Wort für Tod. »Wenn wir mit jemandem nicht sprechen, bringen wir ihn um einen gewissen Teil seines Lebens, lassen ihn sterben«, sagte ein Psychologe in meinem Buch »Funkstille«. Mit der Funkstille vernichte ich den Anderen in seiner Existenz, denn es ist eine Form der Vernichtung, wenn man sich nicht erklärt. Das Schweigen ist also etwas Aktives, auch wenn es passiv wirkt. Jemand tut etwas und tut dem Anderen damit etwas an.

Vom »Mord an der Seele« sprechen andere Fachleute oder von einem »Angriff auf die Identität«, so auch Paartherapeut Hegmann, und doch sieht er auch die andere Seite: »Angriff auf die Identität trifft es schon ganz gut. ›Mord an der Seele‹ hingegen geht mir zu weit. Wer das von sich sagt, hat die Opferrolle schon sehr verinnerlicht und leidet unter einem schwer verletzten Selbstwert. Es sind vor allem die Menschen mit einer ängstlichen Bindungshaltung, die eine Trennung als persönliches Scheitern ansehen.«

Besser wäre es, wenn man es so sehen könnte: »Die Trennung hat den Weg frei gemacht für einen Partner, der sich nicht abwendet, sondern auf einen zugeht. Das Festhalten-Wollen an einem Partner, der geht, ist ja das eigentliche Problem! Ein solcher Partner taugt nicht für eine glückliche Beziehung! Und damit sind wir zurück bei der ›Liebe, die leiden muss‹, und an dem Leid trägt ausschließlich – aus Sicht des Verlassenen – der Andere die Schuld.«

Nachgefragt: Und wie viel Verlustschmerz ist normal?

»Eine ganze Menge. Aber wenn nach zwei Monaten immer noch körperliche Symptome auftreten, dann sollte der Betroffene einen Arzt aufsuchen und sich um psychologische Unterstützung bemühen. Gerade Männer sind gefährdet, nach einer Trennung depressiv zu werden. Die Suizid-Rate unter der Gruppe der verlassenen Männer ist erschreckend hoch.« So Hegmann.

Tatsächlich schreiben mir Männer, die plötzlich verlassen wurden, dass sie sich dabei erwischen, wie sie überlegen, bei 180 km/h das Lenkrad zu verreißen und auf den nächsten Baum zuzusteuern. »Nach zwei so wunderschönen Jahren war das ein Stoß mit einem Schwert mitten ins Herz. Ich spürte, wie die kalte Klinge in meinen Körper eindrang«, so beschreibt es Alexander, dessen Freundin nach Jahren den Kontakt abbrach. »Ich dachte, ich müsse sterben. Es hat mir die Luft abgeschnürt und das Hirn lahmgelegt. Ich war monatelang nicht in der Lage, klar zu denken, obwohl wir nur drei Monate zusammen waren«, schreibt ein 30-Jähriger.

Beim Ghosting kommen Ausgeliefertsein und Trennung zusammen. »Streng genommen kann man jede Trennung als eine seelische Verletzung bezeichnen, die mehr oder weniger stark wirkt. Manchmal werden durch neuerliche Trennungen alte Wunden wieder aufgerissen, so dass ein solcher Kontaktabbruch brutal wirkt.« So Psychologe Hantel-Quitmann. Und auch der Parship-Berater Hegmann mag die Folgen von Trennungen nicht herunter spielen:

»Jede Trennung ist ein Trauma. Es lassen sich auch posttraumatische Belastungssymptome bei Liebeskummer feststellen: Psychische und physische Anzeichen, die häufig therapeutische Maßnahmen anraten lassen.« Jedes Mal, wenn das Bindungssystem attackiert wird, springen seine Schutz-

Reflexe an. Einer davon ist die Verlustangst, der andere ist die Bindungsangst. Dann kommt es zu Affären mit unerreichbaren Partnern, einem ständigen Hin und Her, kurzer Funkstille, Nähe und Distanz-Spielen und so weiter. Unsere Erfahrungen haben einen großen Einfluss auf unsere Bewältigungsstrategien, vor und in Beziehungen. Und je stärker gute wie schlechte Erfahrungen sind, desto beharrlicher sind auch die damit verbundenen Erwartungen.

Die Ohnmacht, die der Kontaktabbruch hinterlässt, ist so groß, weil der plötzliche Abbruch ohne Erklärung die Grundbedürfnisse eines Menschen, insbesondere das Bedürfnis nach Bindung, Orientierung und Kontrolle, angreift. Man will wissen, woran man ist und wenn möglich, die Dinge auch mitbestimmen.

»Ich war schon sehr verletzt. Dabei ist viel Vertrauen in mich und andere kaputt gegangen. Ich fand es geradezu boshaft. Ich kann mit allem leben, aber mit Schweigen kann ich nicht umgehen. Ich lag das erste Wochenende danach nur heulend im Bett. Es hat mich lange beschäftigt. Reingefallen. Was habe ich falsch gemacht? Was lerne ich daraus? Sollte ich besser auf mein Bauchgefühl hören?« Dies fragte sich Nathalie nach der ausbeuterischen Erfahrung mit Juri. Geister machen Angst. Trennungen machen Angst.

»Jede Trennung schmerzt. Selbst die, bei denen nachher noch miteinander gesprochen wird. Die Art der Trennung durch Kontaktabbruch belastet aber zusätzlich und ist noch stärker«, findet Claudia, die aus Angst vor einer möglichen Trennung nie ein wirklich intimes Gespräch mit ihrem »Bekannten« geführt hat.

»Das Verletzende ist der Eindruck, dem Anderen nichts wert gewesen zu sein. Jedenfalls nicht ausreichend, um sich in Würde zu verabschieden. Die Tatsache, dass jegliches

Vertrauen, was dem Partner oder Freund entgegengebracht wurde, völlig zerstört ist.« So resümiert Claudia. Leider ist nicht nur das Vertrauen zum Abbrecher erloschen, sondern eben auch zu anderen potenziellen Partnern, ja, sogar grundsätzlich zu anderen Menschen, bestätigt Anne: »Ich bin grundsätzlich nicht mehr offen, ziehe mich ganz schnell zurück, wenn ich mich angegriffen fühle. Ich bin sehr dünnhäutig geworden.«

Dass jede Trennung verletzt, findet auch die Psychologin Lisa Fischbach. Ghosting ist ihrer Meinung nach ein Zeichen von »Gestörtheit«: »Jede Trennung hat – je nach Stärke und vor allem ohne Vorzeichen – etwas Traumatisierendes, und das habe ich hier in der Praxis auch. Meine Klienten sitzen hier und leiden unter einem großen Zweifel an ihrem Selbstwert. Das Gemeine am Ghosting, also an dieser Art der Konfliktvermeidung, ist, dass es ja eine total unreife Form von Konfliktvermeidung ist, und die Verlassenen wiederum sind so traumatisiert, weil sie eher reifer und reflektierter sind und sich plötzlich mit dieser unreifen Form des Beziehungsendes konfrontiert sehen.«

Man stehe jedoch mit allen Fragen allein da: »Das ist brutal. Und wer zum Selbstzweifel neigt, wird da geradezu reingetrieben. Der findet ja nie eine Antwort, muss die ganze Sache neben seinem schmerzenden Liebeskummer alleine auslöffeln. Ich halte es für gestört, sich so aus Beziehungen zu verabschieden. Ja. Psychologen sprechen eher von Störung.«

»Eine unglückliche Beziehung ist aber doch schlimmer als eine Trennung«, argumentiert Therapeut Hegmann. Er hält Ghosting für eine nicht immer nur schlechte Trennungsvariante: »Ich würde es nicht empfehlen, weil es natürlich feige ist, aber manchmal kann man sich nicht anders lösen, etwa, wenn der Andere zu sehr drängt.« Doch könnte man das dann nicht ansprechen?

Was nicht beendet ist, wirkt mächtig in uns nach. Das Gehirn beschäftigt sich mit den ungeklärten Dingen stärker als mit gelösten Aufgaben. Ghosting hält uns in einer Spannung, in der unsere Psyche aktiv bleibt. Alte Bindungsverletzungen leben auf.

Auch Laura, die zweimal nach mehreren Jahren in einer eheähnlichen Beziehung völlig unerwartet und »aus heiterem Himmel« verlassen wurde, gestand mir, dass für sie der konsequenteste Kontaktabbruch, der Suizid, anfangs durchaus eine Option war. Sie hat überlebt. Jetzt schützt sie sich vor weiteren derart traumatischen Erfahrungen, indem sie keine Beziehung mehr eingeht. Sie verliebt sich nicht einmal mehr. Das Herz schützt sich selbst. Wurde man einmal verwundet, hat man später Angst, abermals zu lieben, auch aus Furcht vor erneutem Schmerz. Laura weicht der Leidenschaft, die sie nun zwangsläufig mit Trauer verbindet, bewusst aus. Zu groß ist die Angst vor einem erneuten Verlassen-Werden. Und tatsächlich können im Falle früher Traumatisierungen schlecht angepasste Erwartungsmuster nur sehr mühsam verändert werden.

Laura entzieht sich diesem – wie sie befürchtet – vorprogrammierten Wiederholungszwang, indem sie Partnerschaften vermeidet. Sie schützt sich vor weiteren Verletzungen, vor der erwarteten Katastrophe, die sie so gut aus der Kindheit kennt. Sie schützt sich aber auch vor sich selbst, ihrer Art, in Beziehungen zu gehen und darin zu sein. Der Fehler: Da sie mit diesen Konflikten als Erwachsene nicht umgehen kann, greift sie auf den Baukasten der Kindheit zurück. Doch die Bewältigungsstrategien des Kindes helfen nicht, selbst wenn sie als Kind einmal wirksam waren.

Umgekehrt sieht es für den »Geist« auch nicht rosig aus, denn die Funkstille ist ein ungeeigneter Versuch, sich aus seelischen Verstrickungen zu lösen. Durch Ghosting werden Konflikte nicht bewältigt, sondern vermieden. Es ist damit eine Art Schutzmechanismus – eben eine unreife Bewältigungsstrategie.

Auch Borderliner sind typische Kontaktabbrecher. Weil sie zwischenmenschliche Beziehungen kaum ertragen können, brechen sie den Kontakt zu anderen Menschen oft wieder ab, obwohl sie ihn zuvor meist forciert haben. Hantel-Quitmann erklärt: »Psychologisch besteht eine wichtige Frage darin, wie unsere unbewussten Abwehrprozesse als Schutzmechanismen uns davor bewahren können, in unserem bewussten Leben mit zu vielen, zu starken und zu negativen Gefühlen konfrontiert zu werden. Dies betrifft insbesondere Traumaerfahrungen.«

Wenn die moralisch-seelische Widerstandsfähigkeit eines Menschen nicht stark genug ist, können schwere seelische Verletzungen zu neurotischen Reaktionen führen. Das labile Selbstwertgefühl reagiert mit einer Fehlkompensation. Der Widerstand kann dann übertrieben, ja, maßlos werden. Pathologisch wird er, wenn er wahnhafte und fanatische Züge annimmt; infantil, wenn er zur sturen Verneinung wird.

Nach der Ghosting-Erfahrung mit ihrem Freund, mit dem Anne drei intensive Monate zusammen war, habe sie, neun Monate später, einen neuen Mann kennengelernt. Es war nur eine kleine Unzuverlässigkeit von seiner Seite, die sie dazu veranlasste, den Kontakt abzubrechen, ohne zu erklären, warum. Das Problem: Anne ist jetzt aus Angst zur Beziehungsvermeiderin, zum Ghost geworden. Sie wisse, dass es falsch sei, aber sie könne nicht anders, da sie ihre

Unsicherheit nicht erklären wolle, denn dann müsste sie sich grundsätzlich in Frage stellen. Nun fragt sie sich: Wo beginnt die krankhafte Reaktion auf Verletzungen? Die Grenzen sind sicherlich fließend. Impulsive, zerstörerische Akte, stürmische Beziehungen, die Unfähigkeit zu Nähe und Intimität – diese Gefühle kennen viele Menschen. Leidet ein Mensch jedoch unter einer Persönlichkeitsstörung, befindet er sich nahezu ständig in einem solchen Zustand.

In einer Beziehung agieren zwei oder mehr Menschen, jeweils geprägt von ihren Erfahrungen, ihrer Persönlichkeit und deren Eigenarten. Und jeder Einzelne von uns sieht sich einer paradoxen Lebensaufgabe gegenüber: »Wir sollen sowohl die Selbstbewahrung und Selbstverwirklichung leben als auch die Selbsthingabe und Selbstvergessenheit, sollen zugleich die Angst vor der Ich-Aufgabe wie die Angst vor der Ich-Werdung überwinden.« So schreibt der Psychologe Fritz Riemann in seinem Standardwerk »Grundformen der Angst«. Dass man darüber leicht ins Schleudern geraten kann, ist eigentlich gar nicht so verwunderlich.

Wir tragen ja alle unsere Besonderheiten in uns. Normalerweise kommen wir mit den Gegebenheiten unseres Lebens einigermaßen zurecht. Manchmal aber entstehen Situationen, die uns zu ›unnormal‹ wirkenden Handlungen zwingen.

Erinnerungen abzuwehren schützt davor, uns ihnen ganz auszuliefern. Vergessen kann eine gesunde Reaktion sein. Menschen mit einer Posttraumatischen Belastungsstörung (PTBS) etwa können Erinnerungen weniger gut unterdrücken.

Zu sehr in der Vergangenheit verhaftet sein macht depressiv. Depressive Menschen hängen meist in ihren dunklen Erinnerungen fest, können Vergangenes, Verlorenes oder Versäumtes nicht loslassen. Und Ghosting wiederum erschwert das Loslassen, weil es keinen Abschluss gab, weil die Dinge ungeklärt sind.

Menschen mit dominierenden Erinnerungen konservieren auch Enttäuschungen und Zurückweisungen, jeden Fehler, jedes ungerechte Wort. Wer das Erinnern übertreibt, mumifiziert die Liebe, aber auch das Unglück.

Jedes Mal, wenn wir eine Erinnerung abrufen, verändern wir sie unweigerlich und speichern dann die neue Version ab. Wir erinnern uns also nicht an das Letzte, was passiert ist, sondern an die neu gespeicherte Version. Für die Behandlung von Trauma-Opfern ist das wichtig. Wenn beim gezielten Erinnern die Gefühle hochkochen, verfestigen sie sich, warnen einige PTBS-Forscher.

Wie also soll man mit schwierigen Erinnerungen umgehen? Der Historiker Christian Meier schreibt: »Ohne Erinnerung würde unser Erleben in einzelne Momente zerfallen, wir hätten keine Identität, keine Geschichte, kein Bewusstsein unserer selbst. Aber ohne das Vergessen stünden wir vor einem chaotischen Scherbenhaufen voller Erinnerungen.«

Es gibt Entwicklungspsychologen, die glauben, dass es sich positiv auf die Entwicklung auswirkt, immer mal wieder mentale Zeitreisen in die Vergangenheit zu unternehmen. Daniel Schacter, Harvard-*Professor* für Psychologie und Neurowissenschaft, glaubt, dass erst unsere Erinnerungen uns zu Menschen machen. »Mit Hilfe des Gedächtnisses«, schreibt er in seinem Buch »Wir sind Erinnerung«, »versucht das Gehirn, der Umwelt Ordnung aufzuerlegen«.

Erst mit dem 18. Lebensmonat entwickelt der Mensch das sogenannte episodische Gedächtnis, mit dem ein Kind seine Erinnerungen bewusst abrufen kann. Letztendlich erinnern wir uns aber erst ab dem 3. oder 4. Lebensjahr an einige einschneidende Ereignisse. Erst mit Eintritt in die Schule beginnen die Erinnerungen, zusammenhängender zu werden. Dabei graben sich die Ereignisse stärker ins Gedächtnis, wenn darüber gesprochen wird.

Besonders negative Momente bleiben am stärksten in Erinnerung. Der Grund dafür ist, dass das Gedächtnis des Menschen auch die Aufgabe hat, Gefahren zu vermeiden. Die Dominanz der schlechten Erinnerung dient dazu, bei einer vergleichbaren Situation vorsichtig zu sein.

Indem man lernt, Dinge aus der Vergangenheit zu bewältigen, lernt man, seine Gefühle zu regulieren und positiv zu beeinflussen.

Doch viele Verlassene trauen sich nicht mehr zu vertrauen. Sie meiden Nähe, werden nicht selten selbst zum »Ghost«. Solche Schutzstrategien nehmen im Dating-Zeitalter zu. Psychologen und Therapeuten sehen das in ihren Praxen ganz deutlich.

So führt Hegmann aus: »Das Problem ist: Man gerät in eine Spirale. Mein Selbstwert wurde verletzt dadurch, dass ich geghostet wurde. Das heißt, der nächste Partner, den ich suche, der soll noch verbindlicher, noch selbstsicherer wirken als der vorherige. Selbstsicherheit und Verbindlichkeit vorgaukeln ist aber die leichteste Übung von vermeidenden Bindungstypen. Deswegen sind die auch so interessant.«

So geraten die einst Verlassenen nach der traumatischen Erfahrung aber sofort an den nächsten Beziehungsvermeider, ohne zu wissen, was sie falsch gemacht haben. »Sie haben ja auch nichts falsch gemacht! Sie haben nur wieder einmal einem besetzten Taxi gewinkt, statt es vorbei fahren zu lassen. Zu einer Klientin habe ich gesagt: ›Lassen Sie uns mal anschauen, wie Ihre Kontakte sind. Sie hatten vor

12 Jahren eine schreckliche Trennung und wiederholten seitdem immer das gleiche Muster, wählten immer die gleichen Typen.‹ Wahrscheinlich arbeitete sie die traumatische Erfahrung immer wieder ab. Das ist ein Prozess, der lange dauert und frustrierend ist.«

Nach einiger Zeit lernte sie einen Mann kennen, der ein sicheres Bindungsverhalten hatte. »Und jetzt plötzlich hatte sie jemanden, der sie anguckt und sagt: Ja. Ich hab das mitbekommen, hab' gesehen, dass Du ein Problem hast. Ich komme damit aber klar. Plötzlich ist die Dynamik weg! Sie hat die Forderungs-Rückzugsdynamik nicht mehr. Der flieht nicht, wenn sie sich bemüht. Deshalb muss sie sich nicht mehr so bemühen. Sie wird ruhiger.«

Erstmals konnte sie sich auf einen Mann außerhalb ihres Beute-Schemas einlassen, weil sie von seiner Seite keine Abwertung zu erwarten hatte und sich daher nicht durch Rückzug schützen musste. Der neue Mann sagt: »Ja, die Signale, die du aussendest, verstehe ich. Aber das ist nicht etwas, was mich kickt. Ich finde Dich toll. Du musst Dir keine Mühe geben. Nur wenn das zwölf Jahre dauert, das ist schlimm!« Sie hat zuvor alles probiert, alle möglichen Therapien bis hin zur Hypnose. Das Geheimnis aber ist: Es braucht dann tatsächlich eine positive Erfahrung. Und das ist aber auch das Spannende: Da ist Liebe ja irre. Sie haben Menschen, die jahrelang auf Partnersuche sind, nur schlimme Erfahrungen gemacht haben, die mir gesagt haben: »Ich will mich nicht wieder einlassen. Dann lerne ich jemanden kennen, und der Schalter ist umgelegt. Jahrelanger Frust ist wie weggeblasen. Ist doch toll!«

Und was bedeutet das für Menschen wie Laura, die das wortlose Verlassen-Werden immer wieder durchleben? Nachgefragt beim Psychologen Wolfgang Hantel-Quitmann:

»Es ist der Versuch, durch die eigene Liebe am alten Verlassenheits-Trauma etwas zu reparieren. Das Problem ist, dass die meisten Menschen in dieser Reinszenierung eines alten Konflikts auf der Suche nach einer neuen Lösung stecken bleiben, weil die Reinszenierung sozusagen eine punktgenaue Reinszenierung sein muss. Eine richtig gute Reinszenierung! Zu einer richtig guten Reinszenierung gehört auch die Revitalisierung der alten Hilflosigkeits-Gefühle, die man als Kind hatte. Und es ist eben nicht die erwachsene kompetente Frau, die jetzt den alten Konflikt neu löst!«

Sie bleibe in diesem Wiederholungszwang stecken, weil sie wieder in die alte Hilflosigkeit hineinrutscht: »Es nützt nichts, wenn ich ein Kindheitstrauma bewältigen will und das Ganze durch einen treuen Partner löse oder meine erwachsene Kompetenz. Das ist keine Lösung für den alten Konflikt. Für den alten Konflikt heißt das, noch einmal richtig hineingehen. Nochmal richtig hineingehen in die Abhängigkeit, in die Verlorenheit, in die Einsamkeit, in die eigene Hilflosigkeit und auch in die eigene Unfähigkeit, mit Bewältigungsstrategien dieser Herausforderung zu begegnen. Nur dann kann ich wirklich eine Lösung für den alten Konflikt finden.«

Therapeut Hegmann sieht dagegen die Lösung durch einen Partner, der eher ein sicheres Bindungsverhalten hat und so die alten Muster aufbricht: »Mit Glück trifft sie jemanden, der frisch aus einer Beziehung gekommen ist, mit einem sicheren Bindungsverhalten. Dann plötzlich kommt dieser Druck aus dem Kessel! Dieses Bemühen zieht genau die Leute an, die es toll finden, dass sie sich bemüht, und die dann aber sagen: So, jetzt bist Du mir zu nahe gekommen, jetzt bin ich wieder weg! Ich muss mir bei allen Klienten mit Ghosting genau angucken: Was ist deren Anteil? Was hat deren Bindungsverhalten mit dieser Situation zu tun? Das ändert ja nichts daran, wie ernsthaft deren Gefühlswelt in eine Schieflage geraten ist. Wie sehr sie darunter leiden. Das hat auch nichts mit kognitiven Fähigkeiten zu tun. Viele sind ausgesprochen intelligent, kommen aber mit reinem Nachdenken nicht da raus. Das muss man erfahren und erleben.«

Hegmann hatte einmal eine extrem beziehungsvermeidende Frau in der Praxis, die einen tollen Mann kennen gelernt hatte. »Dann hat sie ihn mit zu ihren Eltern genommen, und die Eltern sagten: Toll! Super! Endlich mal was Bodenständiges. Einen Tag später hat sie ihn verlassen. Die Bestätigung der Eltern war ihr zu viel. Das konnte sie dem armen Kerl aber nicht erklären. Der kam zurück und dachte sich, es sei besonders gut gelaufen. ›Die Eltern mögen mich, wir können jetzt weitermachen.‹ Stattdessen bekommt er einen Tritt. Und warum hat sie es ihm nicht erklärt?« Weil sie es selbst nicht wusste: »Sie wusste nicht, dass das Lob der Eltern ihre Bindungsangst ausgelöst hat. Sie stand da und sagte: Ich weiß nicht warum, aber ich konnte ihn nicht mehr ertragen. Und was macht man dann mit so jemandem? Man kann eben versuchen, auf der kognitiven Seite zu erklären, was passierte. Das sind Glaubenssätze, die ganz früh gewachsen sind, meist in der Kindheit: Ich will meine Autonomie nicht aufgeben, und ich bin nicht gut genug. Das kann aus der Kindheit kommen, aber auch aus Beziehungshistorie.«

Leander, der Heimatlose, der vor der Vergangenheit wegläuft, muss sich fragen, warum er immer wieder verschwindet, wenn Menschen ihm zu nahe kommen. Hat er Angst davor zu erkennen, wer er ist? Verliebtheit lässt er zu, doch allzu schnell kippt sie in eine vermeintliche Gleichgültigkeit. Wurden in der Phase der Verliebtheit vorangegangene Verletzungen noch kompensiert, wirkt dieses Betäubungsmittel bald schon nicht mehr. Leander erkennt, dass er den Anderen überhöht und auch sich selbst überschätzt hat, was die Möglichkeit angeht, den Anderen neu zu erschaffen, ihn zu kontrollieren. Auch kann seine jeweilige Partnerin ihm nicht geben, was er verloren hat: Vertrauen.

Es gibt in Leanders Welt nur solche, die für oder gegen ihn sind. So spart er sich die Auseinandersetzung mit der Realität, die auch immer bedeutet, sich Kränkungen zu stellen. Diese Spaltung des Anderen in Freund oder Feind ist allerdings verhängnisvoll, weil sie schnelle Affekte wie Flucht und Kampf aktiviert. Bei ihm ist es meist die Flucht. Dabei schließen Zuneigung und Fluchtplan einander nicht aus. Doch was steckte dahinter?

Der Andere hatte ihn verraten, indem er ihn zuvor getäuscht und nicht gehalten hatte, was doch versprochen war. So Leanders Logik. Der Kontaktabbruch ist somit auch eine narzisstische Aufwertung. Wer von einem Tag auf den anderen geht und jede Kommunikation verweigert, gibt den Ton an und setzt den anderen unter Druck. Er hat die Macht, den Dialog wiederzubeleben. Der Drang, Macht auszuüben, ist auch Ausdruck einer Angst, die man nicht kontrollieren kann.

Welchen Verrat reinszeniert Leander? Den seines Onkels, der die familiäre Nähe zum Missbrauch nutzte? Den seiner Eltern, die ihn nicht beschützt hatten, den seines älteren Bruders, der ihm nicht beigestanden hatte? Schlimme Erfahrungen schleichen sich nicht nur in unsere Köpfe und Herzen, sondern auch in unsere Gene. Eine Traumaerfahrung besitzt sogar die Macht, Gehirnregionen zu verändern.

Forscher der Charité haben herausgefunden, dass Narzissten ein Teil der Hirnmasse fehlt, der für die Empathie zuständig ist. Das macht es schwierig, Narzissten zu therapieren. Narzissten können fremde Wünsche und Emotionen nicht fühlen, also nicht nachvollziehen. Narzissten beuten in zwischenmenschlichen Beziehungen den Anderen aus. Der Narzisst benutzt die Menschen, mit denen er glaubt, eine Beziehung zu haben.

Es fehlt ihm an Empathie, sein Verhalten ist durch Neid und Überheblichkeit gekennzeichnet. Auf diese Weise definiert der international renommierte Psychoanalytiker Otto Kernberg die narzisstische Persönlichkeit. Noch deutlicher ist das Urteil der Psychoanalytikerin und Familientherapeutin Marie-France Hirigoyen, die den Narzissten als »Pseudo« beschreibt, als jemanden, der eigentlich gar nicht lebt. Zwangsläufig müsse so jemand, der ja selbst über keinerlei Substanz verfüge, andere Menschen wie ein Vampir aussaugen.

Überall Geister und Vampire. Und die fühlen sich offenbar besonders wohl im digitalen Zeitalter. Sie legen virtuell den Zugang zum Aussaugen, umwerben ihr Opfer mit Liebesbekundungen und Komplimenten, lassen es kaum zum Nachdenken kommen, indem sie auf allen verfügbaren Plattformen ihr Opfer belagern. Schließlich kommt es zu einem ersten analogen Kontakt, der von seinem Opfer meist als »zu schön, um wahr zu sein« empfunden wird. Und schon schnappt die Falle zu. Es kommt zu weiteren Kontakten, bei denen sich der Vampir als zumindest widersprüchlich erweist, seine Geschichten erscheinen unglaubwürdig. Der Vampir liegt dem Anderen chronisch auf der Tasche. Dazu ist keine Ausrede billig genug. Nachfragen werden brüsk abgewiesen, der Andere zerstöre alles mit seinem Misstrauen. Das Opfer fühlt sich schuldig und irritiert. Zu

Recht: Psychische Unzuverlässigkeit blockiert die Orientierungsmöglichkeit. Der Vampir schafft absichtlich Unsicherheit, um sein Opfer gedanklich zu lähmen. Mal entzieht sich der Vampir dem Kontakt, verhält sich völlig asozial, um sich dann wiederum als Opfer darzustellen. Die Schuld liegt immer beim Anderen. Und sind die Geschichten noch so abstrus – es ist immer der Andere, der sich täuscht. Der Andere wird so sehr gestresst, dass er kaum noch klar denken kann. Auf diese Weise hängen meist mehrere Opfer gleichzeitig am Tropf dieser meist narzisstisch gestörten Vampire, deren Leben auf Lüge und Betrug aufgebaut ist. Diese manipulativen Beziehungen müssen vor der unvermeidlichen Enttarnung mit einem Verschwinden enden.

Der Autor Jan Drees beschreibt in seinem Roman »Sandbergs Liebe«, der auf einer persönlichen Erfahrung beruht, wie eine kurze, aber heftige Beziehung, angebahnt auf einer Dating-Plattform, »ein komplettes Bewusstsein zerstören konnte«, wie Protagonist Kristian sagt. Kristians Intuition riet ihm, sich nicht auf Kalina einzulassen, da schon in ihren ersten Sätzen unvereinbare Widersprüche steckten. Doch er, der sich gerade in einer Phase des Umbruchs befand – und so eine leichte Beute war –, ließ sich darauf ein. Eine toxische Beziehung beginnt, die sein Leben zum Einsturz bringt. Er selbst – liebesbedürftig und unsicher – treibt das Unheil voran. Intimes tauscht das Paar meist über eine App aus. Seinen Heiratsantrag formuliert er schriftlich: »Wie würdest du reagieren, wenn ich dir einen Heiratsantrag machte?«, schreibt Kristian, und Kalina antwortet: »Kristian, wenn du mir einen Antrag machen würdest, müsste ich vor Glück weinen.« Es ist einfacher zu lügen, wenn man sich nicht in die Augen schauen muss. Die Kommunikation via WhatsApp ist für seine Freundin das perfekte Tool, um Manipulation und seelischen Missbrauch, den Entzug und das Gewähren von Kommunikation auf die Spitze zu treiben. Verführung und Vernichtung per Klick. Er hält sich jederzeit zur Verfügung. Sie verfügt über ihn. Kristian ist gefangen im Spinnennetz seiner Freundin, für das sie die sozialen Netzwerke missbraucht. Er sieht, dass sie ihn ignoriert, wenn sie nicht antwortet. Das macht ihr Schweigen, das sie als Machtmittel einsetzt, noch quälender. Mal sperrt sie ihn, mal schickt sie verführerische Fotos, mal meldet sie sich bei WhatsApp ab, mal überwacht sie seine Posts. Sie will ihn verwirren, und sie schafft es. Vollkommen. Er entkommt ihr nicht, und er will es auch nicht.

Nach sechs Monaten hat sie ihn vernichtet. Sie hat ihn mit ihren Ansichten regelrecht ausgestopft. Wenn er nachdenken kann, denkt er an Suizid. Es wird brauchen, bis er die Erfahrung verarbeitet hat. Denn der Schmerz will nichts davon wissen, dass er mit der Zeit vergeht. Das Buch endet mit dem Ende der Beziehung – die nie eine war.

Auch wenn die Opfer auf einen narzisstischen Betrüger hereinfallen, ändert dies nichts daran, dass die Erfahrung schmerzt, vor allem, weil sie sich schämen. Wo liegt ihr eigener Beitrag? War die »Liebe« nur solange möglich, wie sie sich so verhielten und fühlten, wie der Andere es verlangte?

»Ich bin 40, alleinerziehend, stehe fest im Leben, bin selbstständig und unabhängig. Und ich frage mich gerade, warum ich das so betonen muss, damit fängt es ja bereits an. Ich empfinde keine Scham, aber habe doch den Eindruck, betonen zu müssen, wie ›normal‹ ich doch bin und wie ›abnormal‹ es für eine ›normale‹ Frau dann ist, dass ihr das geschieht.«

Im Frühling lernte sie einen Mann kennen, mit dem sie

einige Monate zusammen war, ohne die Beziehung klar zu definieren.

»Wir haben beide Kind(er) und wollten uns auch aus diesem Grund mit dem Kennenlernen extrem Zeit lassen. Es war einfach eine wunderschöne Zeit, und ich denke, ich habe erst in dem Moment festgestellt, dass ich mich wirklich verliebt habe, als er bereits gegangen war. Ich habe mich emotional diesem Mann sehr, sehr nahe gefühlt. War aber zu Beginn sehr zurückhaltend und vorsichtig. Das Verrückte war, dass die ganze Initiative, die Beziehung überhaupt entstehen zu lassen, von ihm aus kam, jedes Fragen nach einem weiteren Treffen, jede Berührung, der erste Kuss.«

Ihrer Ansicht nach hatte er überdeutlich signalisiert, dass er sie gerne kennenlernen und mit ihr zusammen sein wollte: »Sein abrupter Abschied erfolgte um 2 Uhr morgens in unserer ersten gemeinsamen Nacht, mit der wir uns Monate Zeit gelassen hatten. Er müsse gehen, ob wir uns nächste Woche zum Schwimmen treffen, das waren seine letzten Worte. Am Tag darauf habe ich eine SMS geschrieben, eigentlich nur mit dem Inhalt, dass ich etwas verwirrt bin, aber Vertrauen habe. Daraufhin folgte am selben Abend eine kurze Whatsapp-Nachricht, dass er Zeit brauche. Ich habe dann versucht, eine Woche später ihn telefonisch zu erreichen. Er hat das Telefon nicht abgenommen und nach dem dritten Versuch meine Nummer blockiert, auf dem Handy, dem Festnetz, auf Whatsapp, und seine mir bekannte Mailadresse gelöscht.« Danach herrschte Funkstille.

»Wir sind uns einen Monat später über den Weg gelaufen, und dabei habe ich ihn ›zur Rede gestellt‹. Ich wollte einfach wissen, was los ist, warum er so reagiert hat. Dass ich ihn nicht verstehe, aber dass es mir helfen würde zu sprechen, um von der ganzen Sache Abschied nehmen zu können. Geredet hat er, nur gesagt hat er gar nichts, nichts über seine Beweggründe, nichts davon, wie es ihm dabei geht und schon gar nicht, wie es denn mir gehen könnte. Nach dieser halben Stunde war ich nur noch ratloser als davor. Das Ganze ist jetzt vier Monate her, und überwunden habe ich es immer noch nicht. Es tut immer noch weh und hinterlässt einen Haufen an ungeklärten Gefühlen.« Das Schlimmste dabei sei, dass sie lange das Gefühl hatte, mit ihr stimme etwas nicht.

»Diese verdammte Opferrolle, dass man nichts, absolut nichts tun kann. Das Gegenüber entzieht sich ja ganz einfach jeglicher Kommunikation. Ich bin seither der Ansicht, dass nicht kommunizieren zu wollen auch eine Form psychischer Gewalt ist. Und es hinterlässt Spuren, ich habe einen Teil meines Grundvertrauens verloren. Letzte Woche hat mich ein Bekannter gefragt, ob ich einen Glühwein trinken komme. Ich spüre, dass ich ihm sympathisch bin und dass ich ihn sympathisch finde. Und eigentlich würde ich gerne gehen. Merke aber auch, dass sich ein Abgrund an Fragen auftut, dass ich ihn am liebsten fragen möchte, bevor wir uns überhaupt treffen, wie er denn gewöhnlich eine Beziehung beendet, völlig idiotisch.«

Doch das ist es keineswegs. Wenn man zu Beginn einer möglichen Beziehung einige wesentliche Dinge anspricht, weiß man eher, worauf man sich einlässt. Es ist gut, die Biografie des Anderen zu kennen, auch die Beziehungshistorie.

Schwierig wird es, wenn man, wie Alicia, diese kennt und dennoch hofft, dass bei ihr alles anders würde. Ein verhängnisvoller Fehler. Alicia war mit einem narzisstischen Mann zusammen und kam danach immer wieder mit Männern zusammen, die den Kontakt abbrachen oder, je nach Bedarf, immer mal wieder aufnahmen. Die Folge: eine schwere Depression.

»Seit 2 Monaten kann ich nicht arbeiten. Ich habe am Anfang gedacht: Man muss sich zusammenreißen – und Depression ist ein gängiges Wort. Aber ich hatte viele Selbstmord-Gedanken und auch sonst eher trübe Situationen. Und es ist noch lange nicht gut.« So schreibt mir Alicia nach einem Austausch, der über Monate ging. Ihre Erschöpfung hat eine lange Vorgeschichte. Noch hat sie sich von den Geistern in ihrem Leben nicht erholt. Als Adoptivkind fehlt ihr das sichere Grundgefühl, dass sie gewollt ist. Verlustängste plagen sie genauso wie das Gefühl, nicht genug zu sein. Alicia sucht den Klebstoff für den Verlust ihrer leiblichen Eltern in anderen Menschen. Sie hat wunderbare Adoptiveltern, hat gesehen, dass es auch gute Partnerschaften gibt. Doch diese eigentlich gute Erfahrung sei überlagert von »schlechten Erlebnissen«, so Alicia. Das frühe Verlassen-Werden durch ihre leiblichen Eltern blieb ihr Thema.

Solche unverarbeiteten Erfahrungen werden häufig wiederholt. »Ich suche immer wieder die falschen Partner«, sagt Alicia. In gewisser Weise hat sie sogar Recht. Sie sucht in der Liebe die Vertrautheit des Verlassen-Werdens von früher, die Bestätigung ihres Weltbildes. Der »falsche Partner« soll ihr das Leid zufügen, das sie kennt und erwartet. Sie durchlebt das Trauma des frühen Verlassen-Werdens immer wieder, was als Versuch gedeutet werden kann, die ursprüngliche Verletzung zu kurieren. Das kann aber nur funktionieren, indem sie anders reagiert als damals, in ihrer Kindheit. Heute stehen ihr andere Werkzeuge zur Verfügung. Sie müsste also versuchen, sich neu zu codieren, um neue und korrigierende emotionale Erfahrungen zu machen.

Auch Laura reinszeniert das frühe Verlassen-Werden durch den Vater und die Flucht der Mutter. Kein falscher Weg, denn man kommt nur heraus, indem man in sein Grundproblem hineingeht. »Die Trennung durch das Ghosten bringt die Ohnmacht des Kindes wieder hervor. Das Kind verstand nicht die Gründe, hatte auch nicht die Worte oder Kompensationsmechanismen, um mit dem Verlust fertig zu werden. Wenn das Ghosten passiert, fühlt der traumatisierte Mensch dieselben Gefühle. In der Therapie etwa müssen Gefühle erst einmal wieder gefühlt werden, benannt werden, und der Mensch muss oft mehrere Verlusterlebnisse durcharbeiten, um zu heilen. Viele Menschen müssen begreifen, dass sie nicht mehr ein abhängiges Kind sind. Sie müssen erkennen, dass sie das Ghosten überleben können und ein erfülltes Leben auch ohne den Ghost leben können.« So Psychiater Markus Horvath.

Doch Alicia fragt sich auch: Was habe ich dazu beigetragen, dass diese Situation entstanden ist? Trage auch ich dafür eine Verantwortung? Suche ich immer wieder denselben Typ Mann? Wo die Wunde ist, sind die Anziehungskräfte besonders stark. »Solange ich immer wieder Partner habe, die mich schlecht behandeln, muss ich natürlich schauen, warum ich mich immer wieder in die Falschen verliebe«, sagt Alicia. Ihre Adoption gehört zu ihrem Leben. Doch hatte sie nicht Glück gehabt und wunderbare Adoptiveltern bekommen, die alles für sie taten? Jede Erfahrung hat ihre Bedeutung, im Guten wie im Schlechten.

Ist das nicht das, woraus das Leben besteht? Oskar Holzberg meint: »Im Allgemeinen ist es so, dass man eine Phase der seriellen Monogamie lebt und dann irgendwann Anfang/Mitte 30 – je nach Schicht-Zugehörigkeit – sagt: Du bist es. Das heißt, wir haben alle irgendwie eine ganze Menge

Trennungen, möglicherweise sogar traumatische Trennungen, auch ohne Ghosting, schon hinter uns. Und das macht uns natürlich extrem vorsichtig. Das ist, wie wenn man mit Glas hantiert. Das tut weh, da kann man sich mächtig schneiden dabei.« Und die Verwundungen gehen tief, ritzen sich buchstäblich in unsere Körper, bis tief in unsere Gene.

Stress geht unter die Haut – und verändert unsere Gene

Schon Sigmund Freud beschrieb den Einfluss von traumatischen Erlebnissen auf die Entwicklung von Angsterkrankungen.

Eine Reihe von Studien konnte in den letzten Jahren zeigen, dass äußere Einflüsse auf den Körper zu Veränderungen im Epigenom führen können. Besonders der Ernährung und psychosozialen Stressfaktoren wird ein Effekt auf das veränderte Ablesen der DNA nachgesagt.

Es gibt Versuche an Mäusen, die zeigen, dass junge Mäuse, selbst wenn sie Gene in sich tragen, die sie empfänglich für Ängstlichkeit und Stress machen, später weniger ängstlich sind, wenn sie von einer fürsorglichen Mutter aufgezogen werden. Gute mütterliche Fürsorge kann die relevante DNA-Sequenz tatsächlich chemisch verändern. Eine dieser epigenetischen Modifikationen nennt sich Methylierung. An ihr lässt sich auch ablesen, wie wir altern. Haben wir Stress, altern wir schneller. Das beginnt bereits im Mutterleib. Stress beeinflusst unsere Gene, unser Erbgut und kann sogar transgenerational vererbt werden.

Molekularbiologen bestätigten mir im Interview, dass emotionaler Stress physische und psychische Folgen hat und sich in unser Erbgut einschreibt. Wie aber ist es möglich, dass wir physische oder psychische Folgen unseres Lebensstils vererben, wo doch die Evolutionstheorie etwas ganz anderes lehrt? Diese Frage ist Teil eines Forschungszweiges, der im Bezug auf die Altersforschung immer mehr an Gewicht gewinnt: Die Epigenetik.

Die Epigenetik beschäftigt sich mit der Wechselwirkung zwischen Genen und Umwelt. Die revolutionäre Erkenntnis: Gene bestimmen nicht alles. Ihre Aktivität lässt sich steuern – und zwar nicht zuletzt durch unseren Lebenswandel. Werfen wir uns immer wieder in anstrengende und traumatische Beziehungen, bleibt dies für unsere Gene nicht ohne Folgen. Liebe, aber eben auch Stress in der Liebe, kann unsere Gene verändern, genauso Umwelteinflüsse wie Sonne, Luft, Wasser oder Lebensweisen wie Rauchen oder Sport treiben. Wir können also unser körperliches und seelisches Wohlergehen beeinflussen – andere aber auch.

In einem Forschungsbericht des Max-Planck-Instituts für Psychiatrie in München beschreibt der Experte für Neuroendokrinologie Dietmar Spengler, wie Gene aus Stress lernen: »Frühkindlicher Stress hinterlässt tiefe Spuren auf unseren Genen und programmiert zeitlebens das Risiko für Depressionen. Dies geschieht durch die Anlagerung einfacher chemischer Markierungen, sogenannter Methylgruppen, an unsere Erbsubstanz, die wie ein Schalter die Aktivität von Genen nachhaltig verändern.«

Die Wissenschaftler des MPI für Psychiatrie in München experimentierten mit Mäusen, die nach der Geburt kurze Zeit von der Mutter getrennt wurden und als Folge lebenslang erhöhte Stresshormone und verminderte Stresstoleranz zeigten. Beides ist bei entsprechender Veranlagung Wegbereiter für schwere Depressionen.

»Warum manche Menschen nach einem traumatischen Erlebnis eine Depression entwickeln, während andere Menschen mit gleicher Erfahrung nicht erkranken, führten wir bisher auf die Unterschiede in ihrem genetischen Erbe zurück. Das Genom galt als unveränderlicher Bauplan des Menschen, der zu Beginn unseres Lebens festgelegt wird. Der Mensch als eine Marionette seiner Gene – von dieser fatalistischen Choreographie muss sich die Wissenschaft verabschieden. In Wirklichkeit sind unsere Erbanlagen in ständigem Wandel begriffen. Nicht nur die Gene prägen den Menschen, der Mensch prägt auch die Wirkung seiner Gene.« So die Wissenschaftler in ihrem Forschungsbericht. Es gibt also ein epigenetisches Gedächtnis. Dass äußere Einflüsse wie Rauchen, Sonne und Stress Einfluss auf unsere Gene haben, ist bekannt. Dass psychischer Stress Spuren in unserem Erbgut hinterlässt und zu epigenetischen Fehlkodierungen führt, ist vielen Menschen nicht bewusst.

»Sämtliche Zellen eines Lebewesens besitzen die gleiche genetische Blaupause. Aber sie können als Folge unterschiedlicher Entwicklungs- und Umwelteinflüsse unterschiedliche Epigenome ausbilden. Dadurch gewinnen die Zellen verschiedene Eigenschaften, d.h. eine eigene Identität. Sie verfügen gleichsam über ein Gedächtnis. Das Epigenom ist daher die Sprache, in der das Genom mit der Umwelt kommuniziert und Spuren auf unseren Genen hinterlässt. Werden neugeborene Mäuse von der Mutter für kurze Zeit getrennt, dann können sich diese Tiere ihr Leben lang nur schlecht an Stresssituationen anpassen. Ihr Gedächtnis, ihr Antrieb und ihre Emotion sind gestört. Auch die Stresshormone sind erhöht.«

Das frühe Trauma habe sich somit tief in das Gehirn der Versuchstiere »eingebrannt«, so Dietmar Spengler. Die

Analogie zu stress-induzierten Leiden des Menschen – von Herzkreislauferkrankungen bis zur Depression – liege auf der Hand, so der Wissenschaftler. Gerade frühe Lebenserfahrungen würden sozusagen in unsere Gene eingraviert. Gene steuern also nicht nur, sie werden auch gesteuert. Gene stehen im ständigen Kontakt mit der Umwelt. Beziehungserfahrungen hinterlassen also einen genetischen Fingerabdruck in den Abläufen unseres Körpers. Erfahrungen wie Ghosting, Abwehr, Hilflosigkeit beeinflussen die Bewertung neuer Situationen. Und diese früheren Erlebnisse werden im Gehirn dort abgespeichert, wo auch die Bewertung von neuen Situationen stattfindet.

Auch die biologischen Abläufe in unserem Gehirn verändern sich durch das, was wir erleben. »Hätten wir die Möglichkeit, einmal im Jahr eine Reise in unser Gehirn zu machen und uns dort mit einem Elektromikroskop umzusehen, würden wir jedes Mal erheblich veränderte ›Landschaften‹ entdecken. Der Grund dafür ist, dass Ereignisse, Erlebnisse und Lebensstile die Aktivität von Genen steuern und im Gehirn Strukturen verändern.«

So der Mediziner und Psychiater Joachim Bauer. Und weiter heißt es: »Alles, was wir lernen, erfahren und erleben, vollzieht sich im Zusammenhang mit zwischenmenschlichen Beziehungen, zwischenmenschlichen Beziehungserfahrungen und das, was sie sowohl an Emotionen als auch an Lernerfahrungen mit sich bringen, wird in Nervenzell-Netzwerken des Gehirns gespeichert.«

Das Hirn wiederum steuert zahlreiche Körperfunktionen, so machen etwa Depressionen häufig auch herzkrank. Ein ungesunder Lebensstil, vor allem aber Stress, gilt als ursächlich für hohen Blutdruck. Das Gehirn macht aus einem psychischen einen biologischen Vorgang. Der Einfluss der zwischenmenschlichen Beziehungen auf den Körper ist also erheblich. Eine zu hohe Stressbelastung und ein erhöhter Cortisolspiegel schwächen letztlich auch das Immunsystem.

Deshalb wird der Einfluss von seelischen Belastungen häufig auch mit Krankheiten wie MS, Rheuma, Asthma, aber auch mit bestimmten Krebserkrankungen in Verbindung gebracht. Der Mediziner Joachim Bauer mahnt: »Die Aktivierung von Genen durch belastende zwischenmenschliche Beziehungen oder Stress bleibt auch für das Gehirn selbst nicht ohne Folgen. Über längere Zeit erhöhte Cortisol-Werte, wie sie bei Menschen unter seelischer Belastung auftreten, können den Nervenzellen des Gehirns an entscheidenden Stellen erheblichen Schaden zufügen.«

Langanhaltender Stress macht sogar alt. Der Grund dafür sei, so Bauer, dass zwischenmenschliche Belastungen die Gene von Stresshormonen anschalten, während sie gleichzeitig die Aktivität von Genen hemmen, die Nervenwachstumsfaktoren produzieren. Der Molekularbiologe Jens Reich verglich die Gene mit einem Konzertflügel. Ein Konzertflügel kann für sich alleine keine Musik machen. Es muss jemand auf ihm spielen. Wer aber spielt auf den Genen? WIR!

So stehen auch die Gene im ständigen Kontakt zur Umwelt. Zwar ist die DNS-Sequenz festgelegt. Diese Abfolge bleibt auch für immer. Doch die Regulation der Genaktivität, worauf zwischenmenschliche Beziehungen Einfluss haben können, gilt mittlerweile als mindestens gleichgewichtig. Forscher sprechen sogar von der »sozialen Konstruktion des menschlichen Gehirns«. So gelten gute menschliche Beziehungen als wirksamstes Mittel gegen seelischen und körperlichen Stress. Die Qualität unserer Beziehungen ist demnach wichtig für unsere Gesundheit. Im Umkehrschluss ist aber auch klar: Schwierige und belastende Beziehungen machen krank. Nur etwa ein bis zwei Prozent der Erkrankungen gehen auf Genmutationen zurück.

So macht der Mediziner Bauer auch darauf aufmerksam, wie wichtig es ist, dass wir sorgsam miteinander umgehen. »Wir selbst wirken durch die Gestaltung unserer menschlichen Beziehungen entscheidend daran mit, was sich biologisch in uns abspielt. Aus dem, was wir über die biologische Bedeutung sozialer Beziehungen heute wissen, ergibt sich eine neue Dimension der Verantwortung.«

Erst in den letzten Jahren haben Forscher herausgefunden, dass Gewalt Veränderungen in der DNA bewirken kann. Eine Gewalt-Erfahrung während der Schwangerschaft ist sogar noch im Erbgut der zwei folgenden Generationen nachweisbar. Kinder, die Gewalt erleben, werden häufig zu guten Beobachtern, weil sie Bedrohungen schneller wahrnehmen müssen, und sie haben es gleichzeitig schwer, ihre Gefühle einzuordnen, weil es ihnen niemand beigebracht hat.

Unsere Vorerfahrungen und die Bewertung neuer Situationen werden im Gehirn an derselben Stelle abgespeichert. Frühe Kränkungen haben eine doppelte Bedeutung im Stressreaktionsmuster. Frühe Erfahrungen prägen sekundenschnell die Bewertung einer neuen Situation. Es erfolgt ein Abgleich mit ähnlichen Situationen, insbesondere wenn diese Situation, wie etwa bei Laura, nicht verarbeitet wurde. Den Weggang des Vaters und die Flucht der Mutter konnte das Kind nicht alleine bewältigen. Doch diese Erfahrungen sind abgespeichert und addieren sich mit jedem neuen Verlusterlebnis, etwa dem Verschwinden des Partners.

Frühe Verlusterfahrungen und angstbesetze Erlebnisse haben biologische Langzeitfolgen und hinterlassen einen besonders tiefen Abdruck in der Seele.

**Die Angst vor der Angst:
Pathologisches Verschwinden**

Auf den Partnervermittlungs- und Dating-Plattformen bildet sich das gesamte Normal-Profil der Menschen ab und damit auch alle möglichen Varianten von Pathologisierung. Man kann hier also auch auf Menschen mit Persönlichkeitsstörungen treffen. Ob ein Abbrecher ein pathologischer Fall ist und, falls ja, welche Störung dahinter liegen könnte, ist allerdings nicht leicht zu erkennen. Das Phänomen der Isolation und des Rückzugs aus Beziehungen kommt bei vielen psychischen Erkrankungen vor. Der notorische Abbrecher hingegen hat ein Problem. Er muss vermeiden, erkannt zu werden. Er hat Angst vor dem Anderen.

Leidet ein Betroffener jedoch unter Psychosen, weiß er nicht wirklich, wer er ist. Und dann ist es fast unmöglich, in eine Beziehung zu gehen. Er zieht sich also zurück. Das wortlose Sich-Zurückziehen als Manipulationsversuch ist darüber hinaus eine Macht-Strategie, die man gerade in Paarbeziehungen häufig beobachtet, vor allem, wenn ein narzisstischer Partner im Spiel ist: »Dass diese Kommunikation den Partner fertig macht, ist dem Narzissten egal, wenn er damit an sein Ziel kommt. Es geht ihm niemals um den Partner, sondern immer nur um ihn selbst. Er hat kein Mitleid mit seinem »Objekt«, denn in ihm ist Leere, und die projiziert er auf den Anderen. Wie soll er den Schmerz des Partners fühlen, wenn er diese Gefühle schon lange zuvor von sich abgespalten hat? Der Partner soll ihn auffüllen und mit Energie versorgen. Wenn er dies nicht kann oder tut, wird der Narzisst den Kontakt abbrechen und nach anderen Quellen im Außen suchen.« Dies erklärt die Autorin Angela

Rudloff, die viele Gespräche mit Narzissten geführt und mehrere Bücher zu diesem Thema geschrieben hat.

Narzissten bedienen sich gerne der »perversen Kommunikation«, wie es Marie-France Hirigoyen einmal nannte. Die »Kommunikation« folgt dabei dem Vorsatz, den Anderen durch Täuschung in die Irre zu führen oder gar zu vernichten.

Dazu gehört auch »Gaslighting«. In Hitchcocks Film »Das Haus der Lady Alquist« (Originaltitel: »Gaslight«), aus dem Jahr 1944, ereignet sich eine Geschichte, die in der Psychologie als »Gaslighting« bezeichnet wird. Es geht um gezielte Täuschung, Verunsicherung und Manipulation. In dem Film passieren mysteriöse Dinge im Haus, in dem das junge Ehepaar Paula und Gregory lebt. Schmuck oder auch ein Bild verschwinden. Das Gaslicht flackert. Paula spricht ihren Mann darauf an, doch er behauptet, dass sie sich alles nur einbilde. Die Hausangestellte hat er auf seine Seite gezogen, sie bestätigt Paulas Fehlwahrnehmung. Es gäbe kein Flackern des Gaslichtes. Gregory will seine Frau verunsichern, um Juwelen, die sich im Haus befinden sollen, zu suchen. Er schickt seine Frau immer öfter auf ihr Zimmer, damit sie sich ausruhen könne. Systematisch treibt er seine Frau in den Wahnsinn. Schließlich hält sie sich selbst für verrückt. Es wird etwas geleugnet, was tatsächlich stattgefunden hat. Gregory lügt, denn die Gaslampen flackern ja tatsächlich, wenn er die Juwelen auf dem Dachboden sucht. Hitchcock zeigt in diesem Film, wie sehr Manipulation das Vertrauen in die eigene Wahrnehmung zerstören und die Psyche eines Menschen in ihren Grundfesten erschüttern kann. Es ist das erklärte Ziel dieser Manipulationstechnik, den Anderen zutiefst zu verunsichern, sein Selbstwertgefühl zu untergraben und ihn so zu verwirren, dass er nicht mehr eigenständig entscheidet, fühlt und denkt.

Grundlage des Films war ein Theaterstück des britischen Dramatikers Peter Hamilton, das 1938 in London Premiere feierte: »Gas Light«. Der Begriff Gaslighting, der für emotionalen Missbrauch steht, geht auf Hamiltons Stück zurück. Gaslighting gilt im Übrigen in England seit 2015 sogar als schwere Straftat. Aus psychiatrischer Sicht handelt es sich dabei um eine der niederträchtigsten und effektivsten Formen emotionalen Missbrauchs.

»Beim Gaslighting wird die Taktik der Lüge mit der Taktik der Irreführung (Irreführung folgt der gleichen Logik wie die Scharlatanerie) kombiniert. Einerseits werden Dinge geleugnet, die stattgefunden haben; andererseits werden Dinge behauptet, die nicht stattgefunden haben. Das führt zur gezielten Verunsicherung, Verwirrung und Stress beim Opfer. Anhänger der ›Dunklen Triaden‹ benutzen häufig die Taktiken des Gaslighting. Sie übertreten nicht nur konsequent soziale Erwartungen, brechen Gesetze und beuten Andere aus, sondern sind auch typischerweise überzeugende Lügner, manchmal charmante, die konsequent ihr Fehlverhalten bestreiten. So bezweifeln einige Menschen, die Opfer von ›Dunklen Triaden‹ wurden, ihre eigenen Wahrnehmungen und Erinnerungen.« So der Neurologe Achim Peters.

Dunkle Triaden? »Bei der ›Dunklen Triade‹ handelt es sich um den Dreiklang unterschiedlicher antisozialer Verhaltensmuster, dem Machiavellismus: zwischenmenschliche Strategien, um die eigenen Ziele mittels Ausbeutung, Täuschung und Manipulation zu erreichen. Die Anderen sollen mir nützlich sein. Dem Narzissmus: Hauptziele sind, Aufmerksamkeit und Ruhm zu erlangen; extreme Eitelkeit;

exzessiver Selbstfokus. ›Die Anderen sind dazu da, um mich zu bewundern.‹ Der Psychopathie: Gefühllosigkeit, Mangel an zwischenmenschlichen Emotionen, Unerbittlichkeit, gepaart mit antisozialem Verhalten. Diese Personen sehen Mitmenschen vor allem als Objekte.«

So erklärt es der Neurologe Achim Peters in seinem Buch »Unsicherheit«. Anhänger der »Dunklen Triade« sind egoistisch und rücksichtslos, oft aber auch überaus erfolgreich. Sie haben keine Skrupel, die sie aufhalten könnten. Die mächtigste Waffe der Dunklen Triaden ist die gezielte Verunsicherung. Ghosting und Breadcrumbing gehören dabei zwangsläufig zum Arsenal der »Dunklen Triaden«. Breadcrumbing attackiert das Selbstwertgefühl und die Stabilität des Anderen durch ein ständiges Hin und Her. Kümmern und Ignorieren wechseln sich unberechenbar ab. Das Opfer senkt seinen persönlichen Maßstab für das, was Zuneigung ausmacht, und fängt an, sich selbst als der Zuneigung unwürdig einzuschätzen.

Es geht darum, über den Anderen zu bestimmen, ihn zu kontrollieren, mit allen Mitteln der Manipulation. Unpräzise zu sein hilft, den Anderen in einem Stresszustand zu halten, ihn gar zu lähmen. Der Andere soll am Ende völlig passiv dem Anhänger der »Dunklen Triade« ausgeliefert sein. Sämtliche Schutzmechanismen sind beseitigt. Der Neurologe Peters erläutert: »Nachdem Menschen also ihre präzisen, eng gesteckten Zielerwartungen infolge manipulatorischer Taktiken aufgegeben haben, sind sie bereit, nicht wünschenswerte Zustände (Armut, Ausgrenzung, Demütigung, Verzicht, Überforderung etc.) zu erleiden und zu erdulden.«

Und weiter heißt es: »Gerade in Liebesbeziehungen üben Dunkle Triaden psychische Gewalt auf ihren Partner aus.

Der beherrschende Einfluss geht von einem narzisstischen Täter aus, der seinen Partner lähmen will, indem er ihn in eine unbestimmte Lage, in Unsicherheit versetzt. Das erspart es ihm, sich in einer Paarbeziehung zu binden, die ihm Angst machen würde. Durch dieses Vorgehen hält er den Anderen auf Abstand, innerhalb von Grenzen, die ihm nicht gefährlich erscheinen.«

Die unausgesprochene Botschaft lautet: ›Ich liebe dich nicht‹. »Aber sie ist verdeckt, damit der Andere nicht fortgeht, und sie wird auf indirekte Art vermittelt. Gleichzeitig muss der Partner am Denken gehindert werden, damit er sich des Vorgangs nicht bewusst wird. Der Partner gibt durch ständige Manipulation seine enge Zielerwartung auf, in der er ursprünglich nur eine liebevolle Beziehung gewünscht hatte, und akzeptiert schließlich auch noch einen zermürbenden Zustand, in dem er ständig enttäuscht wird.«

Seine Zielerwartung werde somit unklar, verschwommen, unpräzise: »Neuere Forschungsergebnisse zeigen, dass Personen, die eine hohe Punktzahl in der Dunklen Triade haben, einen sogenannten Ludus-Liebes-Stil (Spielchen spielen) und/oder einen Pragma-Liebes-Stil (verkopfte Liebe) verfolgen. So kann das Spielen von Spielchen diesen Personen erlauben, Andere in der emotionalen Distanz zu halten. Liebe mit dem Kopf und nicht mit dem Herzen mag ein Ausdruck der begrenzten Empathie sein, die für diese Individuen charakteristisch sind. Und die Gewalt dauert in der Regel so lange an, wie die Macht der Dunklen Triade akzeptiert wird.«

Gewalt kann aber auch gerade dann ausbrechen, wenn die Beziehung mit einem Narzissten beendet werden soll. Sie kann einen Menschen sogar das Leben kosten. Wenn Hass und Wut tief sitzen und verdrängt werden – dabei kann es sich auch um einen alten Hass handeln – und diese Wut schließlich ausbricht, kann es sogar zum Mord kommen. Doch im Grunde begann der Mord schon vorher.

»Selbst bei einem Mord ist sich der Narzisst sicher, dass er nicht anders konnte, weil er dahin getrieben wurde. Er selbst hält sich durchweg für einen guten Menschen, nur eben verkannt. Die Saat, später zum Mörder zu werden, ist lange vor dem eigentlichen Verbrechen ausgebracht worden. Gerät er dann außer sich, weil er sich ungerecht behandelt fühlt, findet er nicht, dass er Unrecht tut.« So die Erklärung der ehemaligen Kriminalbeamtin Angela Rudloff. Das kann ich bestätigen. Für eine TV-Dokumentation habe ich einen Mörder mit deutlich narzisstischen Zügen im Gefängnis besucht und mit ihm gesprochen. Da waren keine Gefühle für das Opfer, sondern nur für sich selbst. Er betrauerte sich und die Ungerechtigkeit, über 17 Jahre im Gefängnis sitzen zu müssen.

Vor der Tötung hatte er seine Freundin, mit der er 14 Jahre zusammen gewesen war, systematisch schikaniert, kontrolliert und nieder gemacht, so die Erinnerung von Angehörigen, Arbeitskollegen und Freunden. Sein Opfer, eine Kinderintensivkrankenschwester, hatte ein Helfersyndrom, wie ihre Mutter heute offen zugibt. Der Täter spürte das schnell und nahm ihre Zuwendung als psychologisch Bedürftiger dankend an. Gleichzeitig hasste er sich für seine Bedürftigkeit – und seine Freundin für das, was sie war und er nie würde sein können. Doch irgendwann konnte auch sie nicht mehr geben, seine Schikanen nicht mehr ertragen. Sie wollte ihn verlassen, hatte einen anderen Mann kennengelernt. Da brachte er sie um. Eine vorbereitete Beziehungstat, hieß es im Urteil. Aber war das überhaupt eine Beziehung? »Narzissmus und Partnerschaft schließen sich aus, lediglich der Partner dachte, dass er eine Beziehung hatte«, erklärt die Autorin Angela Rudloff. Das Muster der narzisstischen »Partnerschaften« sei immer wieder gleich: Es fängt alles immer überragend gut an. Eben zu schön, um wahr zu sein. Mündet in subtilen Beleidigungen, führt zur kompletten Verdrehung des gesamten Gehörten in der Anfangszeit, verziert mit Kontaktabbrüchen, die für den Partner nicht nachvollziehbar sind, und endet im Abschuss. Dann beginnt alles wieder von vorn, wobei die schöne Anfangsphase nie wieder in der Intensität und schon gar nicht in der Länge ›angeboten‹ wird. Stattdessen kommt es zur ›Versöhnung‹, die oft damit einhergeht, dass der Partner sich entschuldigt für Dinge, die er nie getan oder gesagt hat (Schuldumkehr), wenn der Narzisst nur wieder zurückkommt.

»Hier harren dann viele Partner jahrelang aus, nur mit dem Ziel, wieder zur Anfangszeit zurückzukommen. Ein unmögliches Unterfangen, völlig aussichtslos.« So Rudloff. Ein Narzisst könne nicht lieben. Narzisstische Menschen neigen zum Kontaktabbruch. Sie fühlen sich aufgrund ihres tiefsitzenden Minderwertigkeitskomplexes schnell gekränkt und angegriffen und schlagen oft maßlos übertrieben zurück, im Sinne von: »Ich werde dir schon zeigen, wie es ist, verletzt zu werden.« Schweigen als Waffe und Manipulationswerkzeug. Macht und ein Gefühl von Überlegenheit schützen ihn vor dem tiefen Gefühl: »Ich bin nichts wert«.

Das angeschlagene Selbstwertgefühl hat seine Ursachen meist in der Kindheit. Der Psychoanalytiker Wolfgang Schmidbauer schreibt: »Kinder, die sich zu wenig in ihren emotionalen Problemen wahrgenommen fühlen, die zu wenig Empathie bekommen, können sich schlecht in sich selbst einfühlen und angemessen für sich sorgen. Es gelingt ihnen nicht, etwas zu entwickeln, was wir die empathische

Balance nennen könnten. Einen Grundzustand, in dem eigene und fremde Bedürfnisse gleichzeitig wahrgenommen und in ein Gleichgewicht gebracht werden.«

Die narzisstische Kränkung reißt alle Aufmerksamkeit an sich und blockiert jede Empathie. Der Andere dient nur als Spiegel, als Mittel, um Anerkennung und Bewunderung zu generieren. Und da der Selbstwert labil ist, brauchen Narzissten ständig Bewunderung von außen, um das positive Selbstbild aufrechtzuerhalten. Und dieses muss umso stärker aufgebläht werden, je niedriger das aktuelle Selbstwertgefühl ist. Dabei entwerten sie Andere, um sich selbst aufzuwerten. Sobald der Narzisst den Anderen in eine Beziehung manipuliert hat und dieser sich meist trotz eines »unguten Gefühls« darauf einlässt, beginnt die Zerlegung. Die Vernichtung. Aber was sind die Gründe für die Verwandlung von Liebe in Gleichgültigkeit oder Hass?

Psychoanalytiker Schmidbauer nennt vier Gründe: »1. Vorangehende Verletzungen, die in der Verliebtheit kompensiert werden. 2. Überschätzung des Liebesobjekts, Verleugnung seiner Schwächen, 3. Selbstüberschätzung, was die Möglichkeiten angeht, sich oder einen anderen im Nehmen der Liebe neu zu erschaffen und das Geschaffene zu kontrollieren! 4. Die Neigung zu primitiven Spaltungen. Der Partner ist entweder gut oder böse; er kann nicht als Ganzheit mit unterschiedlichen Eigenschaften erlebt werden. Es gibt dann nur die Wahl zwischen Liebe und Hass, zwischen Parteigänger und Feind.«

Solche Menschen beenden jede Beziehung mit einem scharfen Schnitt. Das kann durchaus wörtlich genommen werden. Der Mörder, den ich im Gefängnis besucht habe, hatte seine Freundin erstochen und erschlagen. Schon während der Beziehung ließ er keine Gelegenheit aus, sie zu erniedrigen – bis hin zu Misshandlungen. Der Mord war die logische Konsequenz. Man kann Hass und Mordgelüste für eine Zeit konservieren, sie in einen perfiden Plan umwandeln und daran arbeiten, Hass und Mordlust in einer einzigen Handlung zu entfesseln. Der Täter »übertötete« seine Freundin, die ihn verlassen wollte. Aber nicht aus Eifersucht, wie er betonte. Und doch erscheint es wie ein Racheakt, allerdings nicht nur, weil sie ihn verlassen wollte, sondern weil sie ihm immer wieder durch ihre Präsenz deutlich machte, an was es ihm fehlt, wie verkümmert seine Seele war, wie bedürftig, verletzlich und kaputt er in Wirklichkeit war. Er brauchte sie, um seinen schwachen Selbstwert auszugleichen, wertete sie gleichzeitig ab und kontrollierte sie. Solange sie ihm übergebührende Anerkennung schenkte, brauchte er sie und hasste sie gleichzeitig dafür. Als sie sich abwandte, tötete er sie. Sein Grundthema aber bleibt die Angst, die Furcht vor Kränkungen oder vor der Verletzung des sowieso schon niedrigen Selbstbewusstseins. Wer Angst hat oder einem Kontrollwahn unterliegt, so wie etwa dieser Täter, kann sich nicht in sein Gegenüber einfühlen.

»Der in seinem Selbstgefühl stabile Mensch kann Kränkungen verarbeiten, indem er sie realistisch einschätzt: Hier habe ich einen Fehler gemacht, dort nicht, in vielen Bereichen bin ich in Ordnung. Die narzisstische Störung hingegen führt dazu, dass ein einzelner Fehler nicht in seinem realen Umfang wahrgenommen wird, sondern als Symbol für die Mangelhaftigkeit der ganzen Person. Wer als Kind so massiv gekränkt wurde, dass er seine eigene Wut als mörderisch erlebte (und dadurch auch seine Bezugspersonen als mordlustig imaginieren musste), sucht später den perfekten Frieden, die perfekte Harmonie. Dann gibt es aber keine kleinen, harmlosen, gut lösbaren Streitigkeiten mehr, sondern nur noch Katastrophen.« So erklärt Schmidbauer die geringe Frustrationstoleranz der Narzissten.

Es gibt bei Beziehungen mit einem Narzissten nur die Möglichkeit, sich anzupassen, sich unterzuordnen oder zu gehen. Wäre es nicht eindeutig besser und gesünder, zu gehen und die toxische »Beziehung« hinter sich zu lassen? Warum ist das so schwierig? »Durch das ewige Auf und Ab in narzisstischen Beziehungen wird der Partner süchtig. Er glaubt, er müsse um Liebe kämpfen, sich unterordnen, anpassen, mehr geben und gibt sich schließlich auf. Dafür jedoch wird er vom Narzissten verachtet. Der Narzisst suchte sich einst eine Person, die ›wertvoll‹ ist, um sich selbst wertvoll fühlen zu können.«

Mache sich der Partner klein, sei sein Wert für den Narzissten verschwunden, und er bügele ihn nieder, bevor er sich ›etwas Besseres‹ suche, wo die Bewunderung der neuen Person etwas zähle. »Ordnet sich der Partner nicht unter, gibt es Kampf und Rückzug in schwindelerregender Abwechslung. Es ist egal, was der Partner tut – ein Narzisst ist nie zufriedenzustellen. Der Partner kann nur daran zerbrechen, doch er glaubt zu sterben, wenn der Narzisst aus seinem Leben verschwindet. Dass dies seine einzige Rettung ist, sieht er erst, wenn er in den Rückspiegel seines Lebens blickt und wirklich losgelassen hat.« So die Autorin Angela Rudloff, die vor allem Co-Narzissten berät.

Das Problem ist, dass Narzissten kaum therapierbar sind. Sie sind nicht in der Lage zu lieben, weil sie zu keiner Einfühlung fähig sind: »Narzisstische Persönlichkeiten sind auf der Seite der Bindungsangst zu finden. Ihnen ist Kontrolle und Selbstbestimmung wichtiger als Bindung, weil ihr verletzter Selbstwert nicht ertragen könnte, seine Autonomie zu verlieren.«

Die Selbstzweifel durch den Vergleich mit falschen oder unrealistischen Vorbildern sorgen für große Unsicherheit. Wer sich selbst grundsätzlich in Frage stellt und nicht wertschätzt, kann einen Menschen nicht ernst nehmen, der einen dennoch liebt. Ich will nicht sagen, dass man sich selbst lieben muss, um ein glückliches Leben und eine Beziehung führen zu können, aber mit sich selbst befreundet zu sein, sollte möglich sein, um Liebe auch annehmen zu können.

Narzissten neigen außerdem zu einem Verhalten, das man heute »Love bombing« nennt: Sie stellen den Anderen auf einen Sockel und beten ihn an. Einzig, um sich selbst darüber zu erhöhen. Wenn dann der Narzisst seine Bedürfnisse nicht mehr genügend bedient sieht, beginnt er mit der Demontage des einst Angebeteten. Der Sturz ist umso tiefer, je höher der Sockel war. Narzissten beginnen häufig eine Beziehung mit einem Viel zu Viel von allem. Die Dosis von Nähe und Distanz stimmt nicht. Sie überschütten den Anderen mit Botschaften und Kommunikation, Ideen, auch Einladungen, seltener auch mit Geschenken – später werden sie damit geizen. Sie machen unaufgefordert Komplimente, Versprechungen und Liebeserklärungen – oft schon nach einer gemeinsamen Nacht. Alles sieht danach aus, als wäre man bei dem perfekten Partner gelandet. Doch der Schein trügt, und die Liebesblase platzt mit einem lauten Knall. Was bleibt, ist Liebeskummer, schlimmstenfalls ein Riss im Leben.

Wer sich vor dieser Dating-Masche schützen will, braucht Feingefühl und sollte besonders am Anfang auf das Verhalten des Anderen achten. Die Alarmglocken sollten läuten, wenn etwa eine Person bereits beim ersten Date von der großen Liebe spricht und ungefragt Zukunftspläne schmiedet.

Es gibt drei Abbrechertypen: jene Variante, die psychologisch teilweise nachvollzogen werden kann, eine zweite, bei der der Ghost selbst nicht weiß, warum er es tut, und schließlich die pathologische Variante, hinter der eine Persönlichkeitsstörung steht. Kurz: Den normalen Abbrecher kann man verstehen, auch wenn man sein Verhalten nicht unbedingt goutiert. Der Ängstliche, beziehungsweise der Neurotische, versteht sich selber nicht, und der Pathologische versteht den Anderen nicht. Hierzu gehört der Narzisst.

Psychologin Lisa Fischbach erkennt eine deutliche Zunahme des narzisstischen Kontaktabbruchs: »Menschen, die eine Beziehung wortlos abbrechen, haben eine Störung. Häufig liegt dahinter eine narzisstische Persönlichkeitsstörung. Wenn Beziehungen ausgedient haben und die Menschen in so einer Unfähigkeit verschwinden, hat das auch autistische Züge. Es fehlt solchen Personen an Einfühlungsvermögen. Sie verhalten sich rücksichtslos und egoistisch. Wortlos zu gehen ist eine völlige Entwertung des Gegenübers.«

Und, ja: »Natürlich ist das ein gestörtes Verhalten. Bei der Online-Partnersuche muss ich hingegen gar nichts sagen. Da halte ich das für einen großen Mangel an Courage und auch eine Form von Schwäche. Man traut sich nicht in die Konfrontation. Dieses Bequeme: Abzuhaken und weiterzugehen. Die Wisch-und-Weg-Mentalität, die fördert das natürlich gravierend. Das ist einfach hochgradig egoistisches und rücksichtloses Verhalten von Menschen.«

Fatalerweise kann, auch wenn Egoismus und schlechtes Benehmen nicht unbedingt unter pathologischen Störungen einzuordnen sind, ein solches Verhalten – auch langfristig – krank machende Folgen haben.

Posttraumatische Verbitterungsstörung

»Posttraumatische Verbitterungsstörung« ist eine Entdeckung und Bezeichnung des Neurologen und Psychologen Michael Linden von der Charité in Berlin. Diese Formulierung erweckte sofort meine Aufmerksamkeit, da doch einige der beschriebenen Fälle dazu passen könnten. Deshalb habe ich mich an Michael Linden gewandt und ihn gebeten zu überlegen, ob auch eine Funkstille oder eine Ghosting-Erfahrung eine derartige Störung auslösen könnte.

Doch was ist eine Posttraumatische Verbitterungsstörung (Posttraumatic Embitterment Disorder, PTED)? »Eine Posttraumatische Verbitterungsstörung ist eine reaktive psychische Störung in Folge des Erlebens von Ungerechtigkeit, Herabwürdigung oder Vertrauensbruch, gekennzeichnet durch nagende Verbitterungsgefühle, Aggressionsphantasien, schlechte Stimmung, Rückzug aus Sozialbeziehungen, Einengung des Lebens u. v. m. Sie ist abzugrenzen von ›normaler‹ Verbitterung, wie sie jeder Mensch kennt.«

So der Professor für Neurologie und Psychologie, Linden. Solche einschneidenden Lebensereignisse, die eine PTED auslösen können, sind z. B. Scheidung oder Kündigung. Eben Ereignisse, die mit einer persönlichen Kränkung verbunden sind.

»Die Störung ist nicht traumatisch wegen des vorangegangenen Auslöseereignisses, sondern wegen der zeitlichen Entwicklung. Noch Minuten vor dem Ereignis waren die Menschen gesund. Minuten später sind sie krank und schwerst beeinträchtigt. So etwas kann nicht nur passieren, wenn man in einen Autounfall verwickelt wird und danach unter einer PTSD leidet, sondern auch als Folge einer Verletzung zentraler Grundannahmen durch scheinbar lebensübliche Ereignisse.«

Dies die Erklärung des Leiters der »Forschungsgruppe Psychosomatische Rehabilitation« an der Charité in Berlin. Und deshalb könnten auch plötzliche Kontaktabbrüche ohne Erklärung in nahen Beziehungen zu einer Posttraumatischen Verbitterungsstörung führen, so Linden. Voraussetzung dafür sei, dass der Kontaktabbruch und die Art, wie er erfolgte, als schwere Ungerechtigkeit oder Missachtung erlebt wurde. Noch einmal nachgefragt: Kann tatsächlich ein einziges mittlerweile fast alltägliches Ereignis wie der plötzliche Kontaktabbruch ohne Begründung krank machen?

»Es kann jeden treffen, wenn es um etwas geht, das einem sehr wichtig ist. Wenn man beispielsweise viel in eine Beziehung investiert hat, alles für den Anderen getan hat unter Hintanstellung eigener Bedürfnisse und dann ›abserviert wird‹, dann wird nahezu jeden Menschen nicht nur Enttäuschung, sondern auch Verbitterung erfassen. Wenn dies auch noch mit öffentlicher Bloßstellung verbunden ist, dann kann es zu einer Posttraumatischen Verbitterungsstörung kommen mit nagenden Vergeltungsphantasien.«

So Linden weiter. Ich denke an Esra, die kurz vor der Hochzeit von ihrem Verlobten geghostet wurde. Der wortlose Bruch, der Abgang ohne Begründung, schmerzt besonders, weil der Verlassene unter dem Kontrollverlust leidet und er sich »ohnmächtig« erlebt, denn seine Aktionen bleiben ja ohne Resonanz. Warum aber ist gerade Ghosting so schmerzhaft, frage ich Linden, der den Kontakt-Abbruch ohne Erklärung immerhin als »schwerwiegendes Ereignis« einstuft? Es verletze so sehr, »(...) weil es als ›unfair‹ und ›herabwürdigend‹ erlebt wird. Man wird nicht einmal eines Wortes der Erklärung gewürdigt. Wenigstens das hätte der

Anstand gefordert. Man ist zudem seinen eigenen Phantasien ausgeliefert, was psychologisch zu einem Zeigarnik-Effekt führt, d.h. man kann die Sache nicht abschließen und bleibt damit der Vergangenheit verhaftet.«

Die Definition unter Wikipedia lautet: »Der Zeigarnik-Effekt ist ein psychologischer Effekt über die Erinnerung an abgeschlossene im Gegensatz zu unterbrochenen Aufgaben. Er besagt, dass man sich an unterbrochene, unerledigte Aufgaben besser erinnert als an abgeschlossene, erledigte Aufgaben.«

Da es keine Erklärung gibt, bleibt dem Verlassenen zu viel Raum für Spekulationen. Er verfängt sich in einer Gedankenspirale. Ich berichte Linden, dass das Leid des Verlassenen nicht unbedingt von der Dauer der Beziehung abhänge. Dass sogar Menschen von einer tiefen Verbitterung, Demütigung und Verunsicherung berichten, die über Dating-Plattformen jemanden kennengelernt haben, ihn oder sie bloß zwei- bis dreimal getroffen haben und schließlich von ihm oder ihr »geghostet« wurden. Die Dauer der Beziehung sei hier nicht relevant, macht Linden deutlich. Man könne sich auch nach kurzem Kontakt ungerecht behandelt und herabgewürdigt fühlen. Vielleicht aber liege der »Fehler« gar beim Verlassenen, der sich zwar als Opfer empfindet, aber offenbar an seinen Erwartungen gescheitert und nun auf dem Boden der Tatsachen angekommen ist. Was tun? Linden rät: »Ohne von ›Fehler‹ zu sprechen gilt aber, dass die Lösung ausschließlich beim Betroffenen liegt. Dazu helfen ›Weisheitskompetenzen‹, d.h die Fähigkeit, die ganze Sache kontextuell einzuordnen, sich an der Zukunft und nicht der Vergangenheit zu orientieren, sich in den Anderen hineinversetzen zu können, sich nicht von Gefühlen davontragen zu lassen.«

Menschen wie etwa Laura, die nach zwei heftigen Erfahrungen von Funkstille nie wieder eine Beziehung eingehen will, hätten eine Phobie entwickelt, und das sei nicht selten. »Es gehört zu Verbitterungsreaktionen, dass sie oft mit phobischen Reaktionen verbunden sind. Die Betroffenen vermeiden Orte, Personen oder Situationen, die sie an das Vorgefallene erinnern. Hier erfordert die Lösung ein zweischrittiges Vorgehen. Zuerst muss die Verbitterung verarbeitet werden. Danach kann noch eine Phobiebehandlung erforderlich werden.«

Anpassungsstörungen sind allerdings besonders schwer zu behandeln. Sie spielen im klinischen Alltag zwar eine große Rolle, und ihre Chronifizierung kann zu heftigen Beeinträchtigungen führen, doch die diagnostischen Kriterien sind unscharf und wissenschaftliche Studien nur begrenzt verfügbar. Viele der befragten Fachleute kannten die Posttraumatische Verbitterungsstörung nicht, fanden aber die Bezeichnung im Zusammenhang mit dem plötzlichen Kontaktabbruch und den psychischen Folgen für die Verlassenen sehr treffend.

Eine Studie mit psychisch erkrankten Patienten zeigt, was kritische Lebensereignisse auslösen können. An erster Stelle stehen tatsächlich Gefühle von Verbitterung (85,7%), gefolgt von Traurigkeit (81,0%), Ärger (76,2%) und Hilflosigkeit (75,0%). 70% der Patienten berichteten über Einschränkungen in beruflichen Aktivitäten, 65% in Freizeitaktivitäten und 57,1% in familiären Aktivitäten. Ghosting hat weitgreifende Folgen. Die Psychologin Lisa Fischbach merkt an: »Ich finde den Begriff ›Posttraumatische Verbitterungsstörung‹ geradezu brillant. Nehmen Sie die Untreue. Meist bekommt man das zufällig mit. Da bricht häufig eine Welt zusammen. Ich spreche da auch von einer Posttraumatischen Belastungsreaktion, weil das ja Menschen völlig – psychisch und körperlich – aus der Bahn wirft. Und diese Verbitterung bleibt, wird schlimmstenfalls zu einem Muster. ›Ich denke: Okay, so wird es immer wieder sein.‹ Oft passiert es auch, dass man in dieser sehr misstrauischen Haltung in die neue Beziehung geht, dass eine Rest-Distanz bleibt. So kann keine Nähe entstehen.«

Das Problem bei der Posttraumatischen Verbitterungsstörung scheint mir zu sein, dass die Vergangenheit nie vergeht und die Betroffenen sich mit der Situation immer wieder konfrontiert sehen. Das Gefühl der Herabwürdigung und Demütigung wird, sobald eine Situation sich ähnlich anfühlt, sofort aktiviert. Weil sich – unwissenschaftlich formuliert – die alte Kränkung doppelt tief in die Gene eingraviert hat und, sobald eine neue Situation neue Bewertungen erfordert, schnell wieder an die Oberfläche kommt. Eine neue Begegnung hat so kaum eine Chance.

People talking without speaking
People hearing without listening (...)
Fools said I, ›You do not know
Silence like a cancer grows‹

Sound of Silence – Simon & Garfunkel
Der Song wird bis heute als Nationalhymne
der Ablehnung ›gefeiert‹.

6. Kapitel
The Sound of Silence

Kaum einer findet poetischere Worte für das Schweigen – und das Verschwinden – als der Schriftsteller Mirko Bonné: »Im Englischen und im Französischen gibt es für Stille und Schweigen ein und denselben Ausdruck: »silence«. Wer schweigt, stimmt ein in die Stille rings. Er geht darin wieder auf und verschwindet, indem er schweigt, indem er sich ausschweigt. Zu schweigen ist etwas durch und durch Wohltuendes, es ist das der im Grunde stillen Welt einzig Angemessene. Auf der einen Seite! Es gibt ja kaum etwas Schwierigeres unter Liebenden (und auch Freunden bisweilen) als das gemeinsame Schweigen: Indem man schweigt, ersetzt einen kein Wort. Man ist nur da und sagt nichts, ist einfach der – oder die – dem anderen gegenüber.

Das Schweigen nach dem Ende einer Liebe verstehe ich als Hinweis auf Fehlendes: Man konnte wohl nicht zusammen schweigen. Da konnte wohl zumindest einer nicht er – oder sie – selbst sein! Da musste man viel zu oft dem anderen folgen.« Mirko Bonné weiß um den Wert der Stille.

Fragen ohne Antworten: Was bedeutet Schweigen?

Ich konnte dem Poeten Mirko Bonné erfreulicherweise für dieses Buch einige persönliche Gedanken zum Thema Verschwinden entlocken. Seiner Meinung nach verschwinden Menschen, weil sie »genug haben vom Eingeengt-, Eingezwängt-, vom Instrumentalisiert- und Funktionalisiertwerden. Weil sie – durch die Flucht – endlich wieder erleben wollen, wie es ist, wirklich am Leben zu sein, so wie als Kind, das herauswuchs aus allen Korsetts. So schlimm diese Sprengung für den oder die, die zurückbleiben, in diesem Moment auch ist – Verschwinden ist die notwendige Steigerungsform des Geringer-, des Weniger- und Immer-weniger-Werdens. Man schwindet dahin, bis man verschwindet. Irgendwann ist man niemand mehr«. Schweigen also als Botschaft, dass man wie bisher nicht mehr weiter machen will, nicht mehr kann, ersticken würde, wenn man bliebe.

Schweigen ist Kommunikation, denn man kann nicht nicht kommunizieren. Auch wenn der Sender schweigt, nimmt der Empfänger eine Botschaft wahr. Die Wortlosigkeit kann manchmal sogar deutlicher sein als alle zuvor gesprochenen Worte. Der Empfänger spürt die heftige Wirkung sogar, wenn er die Botschaft nicht entschlüsseln kann.

»Die Abwesenheit, das ist zuerst die Stille, diese Umhüllung aus Stille, in der man zusammenschreckt, sobald ein unerwartbares Geräusch oder Geflüster von außen eindringt.« So der französische Autor Philippe Besson, der der Überzeugung ist, dass nichts das Schweigen übertreffen kann. Es sei »abgrundtief und spektakulär«. Nichts habe eine heftigere Wirkung.

Worte können aber auch zerstören. Außerdem: Man kann

reden und doch nichts mitteilen. Manches ist unaussprechlich, also schweigt man. In einer Beziehung dagegen kommt es darauf an, nicht nur die richtigen Worte zu finden, sondern auch klare Signale zu senden. Oft ist ja gerade das Nicht-Gesagte das Entscheidende. Es werden Nebenkriegsschauplätze eröffnet, gerade weil wir das Belastende nicht ausdrücken können oder Folgediskussionen vermeiden wollen.

Und ist das Schweigen nicht tatsächlich ein deutliches Signal, um mitzuteilen, dass eine Beziehung gestört oder ein Kontakt nicht gewollt ist? Man sollte die Interaktion nicht aus den Augen verlieren. Was in der Situation des Kontaktabbruchs unreif wirken kann, ist eventuell ein letzter möglicher Schutz, weil die andere Person blind und taub ist für das, was der Abbrecher gesagt oder zu sagen versucht hat.

Mangelt es also an einer Ausgewogenheit zwischen Sprache und Schweigen? Wichtige Dinge ansprechen zu können und zu dürfen, ist für das Gelingen einer Beziehung essentiell. Bedürfnisse müssen geäußert werden dürfen. Das geht eindeutiger mit Worten, glauben die meisten meiner Leser zumindest, als mit Handlungen, die zu viel Raum für Spekulationen lassen. Schweigen sei schädlich für die Beziehung, denn diese lebe vom Austausch, und der sei am besten über Sprache möglich – so die vorherrschende Meinung. Unsere soziale Wirklichkeit ist aus Sprache gebaut. Die Sprache hat Kraft. Dabei kommt es immer auch darauf an, welche Absichten derjenige hat, der spricht und wo die Sprache zum Klingen kommt. Auch, in welchem kulturellen Kontext Worte geäußert – oder nicht geäußert – werden, zählt. Ein idealer Austausch wäre der, wo beide Seiten zu Wort kommen. Wo es ein »Wir« gibt. Niemand darf das Monopol haben.

Aber es gibt auch eine Wand aus Worten. Menschen, die Worte wie aus der Nebelmaschine produzieren oder dem Anderen zu viele Worte entgegenschleudern, monologisieren und nicht wahrnehmen, dass sie ihr Gegenüber damit ermatten. Wissenschaftler sprechen hier von mangelnder interpersonaler Sensitivität, und die ist verwandt mit emotionaler Intelligenz. Diese Menschen möchten sich sozial verbunden fühlen. Das viele Reden ist also ihre Art, Nähe herzustellen. Aber auch in diesem Wortschwall sind häufig Grundauffassungen und kleine Botschaften versteckt, selbst wenn das Gegenteil behauptet wird.

Worte können gleichzeitig die wahren Gründe eines Abbruchs verschleiern. Man sollte dabei auf das Nichtgesagte achten. Doch es ist schwer, das Gewicht und die Bedeutung des Schweigens an bestimmten Stellen richtig einzuordnen. Schweigen kann Strafe, Manipulationswerkzeug oder Schutz bedeuten, man kann aber auch aus Verzweiflung verstummen.

Doch fast immer kommuniziert man durch sein Schweigen, dass *etwas* nicht stimmt. Das Problem dabei ist das »*etwas*«. Es bleibt zu viel Raum für die Interpretationen dessen, was es sein könnte. »Wieso begreift er nicht, dass alles weg ist, sobald zwischen uns Schweigen herrscht, dass die Liebe mit der Abwesenheit erlischt, dass nichts der Zeit und der Distanz standhält. Wieso sieht er nicht, dass die Liebe eine Leere hinterlässt, die nicht gefüllt werden kann?« Dies fragt die Philosophin Michela Marzano in ihrem Buch »Alles was ich über die Liebe weiß«.

Wir erinnern uns: In der Paartherapie ist die »Mauer des Schweigens« eine von vier Hauptursachen, die für das Scheitern einer Beziehung verantwortlich sind. Es ist der vierte der »apokalyptischen Reiter«, der eine Beziehung zum Scheitern bringt. Schweigen ist also durchaus Kommunikation, gleichzeitig eine der Ursachen für das Ende einer Beziehung. Schweigen schafft Distanz. Abstand.

Schweigen, Stille ist vor allem für Schriftsteller segensreich, ja, geradezu »stillschweigende« Voraussetzung fürs Kreativ-Sein. Mancher spricht sogar vom »heiteren Schweigen«. Das heißt also nicht, dass es im Raum der Stille keine Worte gäbe. Nur sind diese eben nicht für jeden zugänglich.

»Schweigen ist ein stiller, großer Raum, der unendlich viele Gefühle, Geschichten und Möglichkeiten beherbergt, und an dessen Wänden sich ungesagte Worte wie Lichtbilder niederschlagen, die durch die Fenster hereinfallen.« So die Schriftstellerin Anne von Canal.

Was ist heute das Wort noch wert?

Wenn das nicht eine Frage für meinen ehemaligen Deutschlehrer, den Autoren Andel Müller, ist. Was also ist das Wort heutzutage noch wert, frage ich ihn, der mir beigebracht hat, Worte als Zeichen des Denkens und Fühlens zu begreifen.

»Sprache ist und bleibt das Medium überhaupt: Alles, was wir denken, fühlen, sehen, unterschwellig empfinden, träumen, aus Bildern und anderen visuellen Medien entnehmen, ›übersetzen‹ wir in Sprache, sagen es in ›unseren‹ Worten. Wir erleben derzeit – wieder einmal – die Indienstnahme von Sprache als Medium der Massenverblödung, ebenfalls in bis vor kurzem ungeahnten Dimensionen: den anti-sozialen Medien ›sei Dank‹.« So Andel Müller. Und er macht auf etwas aufmerksam, was alle Phantasten und Luftschlossarchitekten sich vergegenwärtigen sollten:

»Die Realität hat/hätte die Kraft, die Fantasie einzuholen

oder gar zu übertreffen, schon weil alle Fantasie letztendlich aus der Realität, der (in Sprache!) denkenden Beschäftigung mit ihr, hervorgeht«. Kaum etwas offenbart Macht und Ohnmacht der Sprache so gut wie »Ghosting«.

Sprache ist das Medium des Wahrnehmens, des Tuns und Denkens, der Erkenntnis und des Verstehens, der Interaktion und der Kommunikation, sogar des Fühlens. Die Angst verfliegt, sobald man sie in Worte gepackt hat, heißt es. Unausgesprochenes jedoch pocht weiter unter dem Schorf. Worte können heilsam sein und verletzen, verschleiern und erhellen. Fast alles, was der Mensch tut, tut er mit und durch Sprache. Sprechend vollziehen wir Handlungen – aber wir vollziehen sie eben auch ohne Worte, etwa in existenziellen Krisen oder Grenzerfahrungen wie dem Trauma, was ja nichts anderes als ein abruptes Abreißen der sprachlichen Ausdrucksmöglichkeiten ist. Oder denken wir an die »Funkstille«.

Dabei macht das Unvermögen, die Sprache zu nutzen, ihr Fehlen ja nur noch deutlicher. Verlusterfahrungen wie der Tod stoßen häufig an die Grenzen der Sprache. Und vielleicht verliert die Sprache sogar an Bedeutung in einer Zeit, in der das Bild, das Ikonische, an Bedeutung gewinnt. Ist dann Sprache nur noch ein Medium neben anderen, oder ist sie doch Mittelpunkt unserer Existenz?

Das Wort macht den Menschen zum Menschen. Wir haben das große Privileg, uns mit Worten ausdrücken zu können, in den Dialog zu gehen, zu verstehen und zu begreifen. Kommunikation, die auf Austausch beruht, ist die Grundvoraussetzung für Menschlichkeit.

Wir nutzen die Sprache nicht nur, um miteinander zu kommunizieren, sondern auch, um zu denken, um neue Ideen zu entwickeln. Worte helfen auch dabei, den verlorenen Faden wiederzufinden. Der Schweigende weiß das und versucht es zu verhindern. Er will das Weiterdenken verhindern.

Zugegeben, man muss eindringen in das, was man ausdrücken will. Wollen wir das nicht mehr? Ist es zu mühsam geworden? Oft werden heute Textnachrichten vermischt mit kleinen Bildchen, oder die Emojis ersetzen gar vollständig den Text. Bilder verstärken eher Emotionen, während man sich bei Buchstaben auf ihre Langsamkeit einlassen muss. Bilder sind schneller, unmittelbarer. Worte fordern eine entschleunigte Nachdenklichkeit. Sie müssen erst verstanden werden. Das kostet Zeit, aber der Erkenntnisgewinn ist meist größer.

Dennoch: Auch geschriebene Wörter laufen Gefahr, fehlinterpretiert zu werden. Es ist nicht immer einfach, den richtigen Ton im Schriftlichen zu treffen. Man hört ja nicht, *wie* etwas gemeint ist. Häufig geht es ja nicht darum, was man sagt, sondern wie man die Dinge aussendet – oder auffängt. Kennt man sein Gegenüber, spielen auch Erwartungen eine Rolle. Die Erwartung formt sozusagen die Wahrnehmung. Noch bevor der Andere etwas sagt, ahnen wir, was er sagen wird, und das beeinflusst wiederum unsere Wahrnehmung – und Reaktion. Was gesagt werden will, ist also nicht ausschließlich mit Worten ausdrückbar. Worte können Gefühle ebenso schlecht abbilden wie Farben. Emotionen bewegen sich in einem unendlich variierenden, changierenden Spektrum.

Deshalb hat das Zeigen häufig einen größeren Stellenwert als das Sagen. Allerdings bilden der Gesichtsausdruck oder Symbole die Welt nie eins zu eins ab. Auf das Wort trifft dies ebenso zu. Vielleicht ist dies einer der Gründe, weshalb wir heute Worte durch Symbole ergänzen.

Die Symbol-Wort-Nachricht wirkt allerdings immer etwas fragmentiert. Wenn wir eine Textnachricht schreiben, tun wir das meist nebenbei, im Gehen, beim Fernsehen oder beim Essen, unsere Körperhaltung ist eine andere, als wenn wir am Schreibtisch sitzen – und unser geistiger Horizont ist es auch. Wir denken kaum noch nach, wenn wir die Tasten drücken.

Die Symbol-Wort-Zwitter ergeben keine Geschichte. Die Kommunikation wirkt lose. Unverbindlich. Aber vielleicht ist das ja gewollt, sollte sich die Botschaft in ihrer Form erschöpfen. Mehrere Studien aus den letzten Jahren haben gezeigt, dass handgeschriebene Texte kreativer sind und komplexere Satzstrukturen aufweisen.

Eine Erklärung dafür könnte sein, dass die Bewegungen, die der Körper beim Schreiben von Buchstaben mit der Hand vollzieht, auch Regionen im Gehirn anregen, die für das Denken und Sprechen zuständig sind. Beim Tippen hingegen berühren die Finger die immer gleiche Oberfläche. Nur über elektronische Verschaltungen lässt diese die ihr zugeordneten Zeichen auf einem Bildschirm erscheinen: Buchstaben, Punkte, Zahlen. Auf dem Touchscreen kann aus einer einzigen Fingerbewegung ein A werden, ein Selfie, ein Date oder ein Kuss, je nach dem dahinterliegenden elektronischen Muster. Der Körper aber spürt keinen Unterschied.

Eine andere Erklärung dafür, dass man beim Schreiben auf mehr Ideen kommt als beim Tippen, ist, dass man sich mehr konzentrieren muss, weil das Korrigieren aufwändiger ist. Aber auch die Verlangsamung hilft: So bleibt mehr Zeit, um gedankliche Verbindungen herzustellen. Die Digitalisierung hat die Zahlen, Nullen und Einsen in den Vordergrund gerückt – und die dazugehörige Oberfläche.

Forscher haben herausgefunden, dass mit dem Computer zu schreiben die Kreativität mindert. Wir bleiben buchstäblich auf der Oberfläche hängen. Die Zeit-Kollegin Katrin Zeug hat für einen Bericht mit Archäologen und Neurologen darüber gesprochen, wie das Schreiben das Denken verändert. Ihre Recherche kommt zu dem Ergebnis, dass das Schreiben sogar dem Denken voraus geht.

Der Philosoph Jacques Derrida vertrat die radikale These, dass es ohne das Schreiben gar kein Denken gebe. Dabei bezog er sich wesentlich auf »Was heißt Denken?«, ein Werk von Martin Heidegger.

Lorenz Engell, Professor für Medienkultur an der Bauhaus-Universität in Weimar, schließt sich der These an. In der europäischen Kultur sei das Denken nicht ohne das Schreiben vorstellbar: »Ideen von Kohärenz und Linearität entstehen.« Beim Schreiben formen sich die Gedanken nacheinander bis hin zu Worten und einer Satzkonstruktion. Anders ist es beim Bild, wo alles gleichzeitig passieren kann. Das Medium bestimmt also, wie wir denken. »Hallo, Professor Engell«, so würden seine Studenten ihn per E-Mail anschreiben. Auf die Idee kämen sie mit Stift und Papier niemals. Wäre es vielleicht hilfreich, bevor wir den Kontakt abbrechen, unsere Gedanken handschriftlich festzuhalten? Würde dadurch klarer, wonach wir suchen, was wir meinen und was wir nicht wollen?

Der Neurologe Martin Lotze hat die Gehirne von Menschen während des Schreibens im Kernspintomografen untersucht. Er sah, dass nicht nur ein Areal aktiv war, sondern mehrere Areale in einem komplexen Zusammenspiel. Lotze machte eine zweite Untersuchung mit Studierenden des Studiengangs ›Kreatives Schreiben‹. Hatte das Schreiben ihre Hirne verformt? »Es ist schwierig zu sagen, was zuerst kam. Fakt ist, dass ihre Gehirnaktivitäten sowohl anders vernetzt als auch effizienter waren«, sagt Lotze.

Gleichzeitig hat die Sprache auch Grenzen. Die Macht und Ohnmacht der Worte. Wenn Sprache Macht hat, kommt es auch zu Konflikten, und die Ohnmacht der Sprache erfahren wir beim Ghosting oder gar in Kriegen, wenn Waffen statt Worte eingesetzt werden. Das Wort ist zwar gewaltfrei, aber nicht machtlos. Und man kann auch Dinge und Menschen »totsagen« oder umgekehrt »totschweigen«.

Beim Ghosting geht es um den Entzug der Sprache, der Worte, aber auch um den Entzug von Werten und Gewissheiten. Parship-Berater Hegmann warnt: »Es ist für mich weniger der Verlust der Worte als mehr der Verlust von Verbindlichkeit und Verlässlichkeit. Was vorher vorausgesetzt wurde, ist plötzlich weg. Ich kann mich auf nichts mehr verlassen, und genau das führt dazu, dass niemand mehr vertrauen kann.« Vielleicht fehlt eben doch das Wort als das Verbindende. Fast alle Therapeuten und Psychologen, die ich traf und für dieses Buch interviewte, klagten über die grassierende Bindungsunfähigkeit und Näheangst ihrer Klienten.

Und doch: Die nonverbale Kommunikation ist nicht zu unterschätzen – so beginnen und beenden wir unser Leben. Ein Baby hat, bis es drei Jahre alt wird, kaum Worte zur Verfügung, und dennoch passiert in den ersten Lebensjahren eine Menge. Auch der Sterbeprozess verläuft häufig ohne Worte.

Dann wiederum gibt es das Schweigen im falschen Moment, wenn Worte die Gefühle hätten unterfüttern können, wie beim Ghosting. Oft höre ich von Abbrechern den Satz: »Ich fand die Worte nicht!«. Und so schweigen sie, meist in der Hoffnung, verstanden zu werden. Im Sinne von: Bitte höre, was ich nicht sage. Das Schweigen hat seine Bedeutung, wirkt ebenso wie das Wort, meist sogar mehr. Daher ist es auch wichtig, die Phasen des Schweigens in Beziehungen zu beachten, da die kleinen Momente der Funkstille in der Kommunikation verraten, dass es durchaus unausgesprochene Probleme oder zumindest Punkte gibt, die eine vertrauensvolle Kommunikation ins Stocken geraten lassen. Schweigen ist ein Mittel zum Schutz, aber auch zur Machtausübung. Dazu habe ich in den ersten beiden Büchern ausführlich geschrieben.

Gleichzeitig leben wir in einer Zeit, in der die Wörter nicht auf die Gedanken warten können – einzig die schnellstmögliche Reaktion zählt. Sprache wird dann nicht mehr zum Austausch genutzt, sondern ist zunehmend Ausdruck von Geschwätzigkeit. Wir chatten und bloggen, simsen und twittern. Aber haben wir uns dabei noch etwas zu sagen?

Das Leben findet in Beziehungen statt, im Dialog mit Worten – was, wenn es dies so nicht mehr gibt? Wenn der Verlust des Wortes einhergeht mit dem Verlust von Werten? Ghosting ist auch eine Abkehr von alten Umgangsformen, Ritualen und Wertesystemen. Niemand muss sich für irgendetwas rechtfertigen. Ich kann Menschen einfach wegklicken, kann Hassmails schreiben oder meines Weges gehen. Alles geht. Wie gehen diese Menschen miteinander um? Wie kommunizieren sie? Für Ethik gibt es keine Bildchen.

Die Macht des Bildes konkurriert mit der Sprache. Wir erleben gerade den »iconic turn«, die Kommunikation der Bilder. Zeitgleich ist ein sprachloses Auseinanderdriften zu beobachten. Hinzu kommen Kommunikationsrituale wie etwa bei Facebook: Geht es hier tatsächlich um Freundschaften oder nur um die Abbildung von Kontakten auf der

Oberfläche? Eine Simulation von Kommunikation? Oder ist es sogar so, dass der allgegenwärtige Austausch eher Zusammenhänge, Bindungen und die Art, wie sie entstehen und was aus ihnen hätte werden können, zerstört? Gleichzeitig wirkt jede Textnachricht wie eine Bitte um Bindung.

»Unser Gehirn ist ein sehr komplexes Organ, das unglaublich viele Informationen parallel und in hoher Geschwindigkeit verarbeitet, viel mehr als die Stimme, die diese Prozesse in unserem Kopf kommentiert, wiedergeben kann. Emotionen sind wie SMS vom Unbewussten, die melden: Hier stimmt etwas nicht. Oder: Achtung, wichtig! Auf diese Weise beeinflussen Gefühle unser Verhalten. Eine spannende Frage ist, ob die Worte, die wir verwenden, um unsere Entscheidungen zu erklären, nachträglich verfasst werden oder gleichzeitig abrufbar sind.« So der Psychologe Arvid Kappas.

Welche Rolle spielen Worte und Erklärungen in Paarbeziehungen? Warum reicht die nonverbale Kommunikation nicht aus? Der Schriftsteller der Stille, Mirko Bonné, antwortet mit einer Gegenfrage: »Die Frage ist doch eher: wozu? Wozu reicht diese (als unvollkommen empfundene) nonverbale Kommunikation nicht aus? Was ist denn das Ziel, der Zweck, der Sinn des ganzen Miteinanders? Hier liegt der Hund begraben. Und der ist kein Yorkshire-Terrier, sondern der alte, der uralte Wolf. Geht es denn etwa nicht um Leidenschaftlichkeit, Zuneigung, Verliebtheit, Liebe, alles das, was uns so verbindet und trennt, was uns zeigt, dass wir wirklich da sind und uns darüber austauschen können? Um Innigkeit? Worüber bitte denn? Alles Andere ist doch einfach nur zum Heulen.«

Der Abschied vom Abschied.
Was wir hinterlassen, wenn der Abschied verschwindet

Die radikalste und unwiederbringliche Variante des Verschwindens ist der Tod. Verschwinden in der Literatur ist die Verarbeitung der Urangst des Menschen vor dem Tod und dem Vergessenwerden.

Unser temporäres Dasein ist bestimmt von dem Urzustand des Verschwindens. Für manche erscheint das Verschwinden fast wie eine Notwendigkeit. Etwa für den Dichter Mirko Bonné. Für ihn ist das Verschwinden »(...) ein Akt des Widerstands, ein überlebensnotwendiger. Die eigene Angst überwindet man wie im Spiel – ›die Ängste‹, wie wir modisch sagen und uns damit verraten: die engste unserer inneren Engen. Wann wäre Angst je eine gute Beraterin gewesen?« Der plötzliche und wortlose Abgang à la Bonné lässt sich besser verstehen, wenn man seine Werke kennt.

In seinen Romanen beschreibt der Poet unterschiedliche Arten des Verschwindens, meist aus einer als nicht mehr lebbar empfundenen Enge. Wenn man in nahen Beziehungen eher Enge erfahren hat, strebt man nach Weite. »Doch was, wenn irgendwann der Tag kommt, an dem Sie grausam das bedauern werden, was Sie für ›nicht lebbar‹ hielten?«

In seinem »Triptychon vom Verschwinden in Frankreich« beschreibt Bonné, wie Menschen aus Beziehungen, ihrem bisherigen Leben und aus ihrer emotionalen Obdachlosigkeit ausbrechen. Ganz klar schlägt sein Herz für denjenigen, der verschwindet. Das Verschwinden ist für ihn unbedingt eine Möglichkeit. Seine Figuren verschwinden meist aus einer unerträglich gewordenen Enge, etwa einer einschläfernden Ehe mit Haus und Kindern, in der sie sich gefangen fühlen. In »Lichter als der Tag« flieht seine Hauptfigur, Raimund, mit seiner Tochter in einer Art Roadmovie nach Frankreich. Hinter allem liegt eine Funkstille mit einer verflossenen Liebe und deren Freund, ihrem Mann. Das plötzliche Auftauchen der einstigen großen Liebe – die sich mit niemandem wieder finden ließ – weckt seine Sehnsucht nach einem anderen Leben, einem, das einst eine Möglichkeit war, bevor er es vergaß. Dagegen kämpft Raimund an, indem er ausbricht aus einem Leben, das dies zuließ. Sein Rückzug aber begann schon früher.

Ich frage Bonné, was ihn so sehr am Motiv des Verschwindens fasziniere, dass es in seinen Werken immer wieder auftaucht. Offen antwortet er: »Wahrscheinlich, dass ich als Mensch nie verschwinden konnte – weder aus meinem Körper noch dem Lebensalltag, nicht aus der Gewaltzone meiner Eltern noch aus der der Einbläuungen durch meine Lehrerinnen und Lehrer. Und schon gar nicht aus der der Gemeinheiten Gleichaltriger. Umso mehr reizt mich das Verschwinden als beständige Möglichkeit – für jeden. Denn das Verschwinden ist eine reale Utopie. Jedem, dem man begegnet – im Bus, in der Bahn, auf der Straße, auf einem Feldweg im Regen –, sollte man die Frage stellen: »He, wohin geht's?« D.h.: ›Wohin verschwindest du gerade?‹ Wohin verschwinde ich am besten? Es gibt ja nicht mehr viele Orte, zu denen, an die man verschwinden kann. Wenn es sie überhaupt je gab.«

Eine »reale Utopie«, frage ich den Autoren Andel Müller. »Eine ›reale Utopie‹ kann das aber wohl nur sein, wenn man sich in der Situation zuvor extrem unwohl gefühlt hat, also in diesem Leben nicht ›bei sich‹ ist, so im Sinne von Ernst Bloch: ›Man ist mit sich allein. Zusammen mit anderen sind es die meisten auch ohne sich‹. Aus beidem muss man heraus.«

Woraus genau verschwinden Bonnés Figuren: Aus der Realität, einem fremdbestimmten Alltag oder aus einer Art Matrix? »Sie versuchen, dem Festgefügten zu entgehen – durch selbstbestimmte Kreativität. Sie tun ihr Bestes – und das ist nicht wenig –, um der Versteinerung zu entgehen. Der Reihenhaussiedlung. Der Parteizugehörigkeit. Den Lügen der Kirche. Den Lügen der Schule. Ja: insofern ›der Realität‹. Ein zentraler Begriff ist für mich das ›Zweifeln‹. Der zweitwichtigste Satz, den ich kenne, stammt von John Keats (Dichter), der in einem Brief an seinen Verleger schrieb: ›That which is creative must create itself.‹ Der wichtigste ist von Georg Trakl (Dichter), der vor dem Abtransport in einem Viehwaggon an die Ostfront 1914 in einer Notiz geschrieben hat: ›Alle Menschen sind der Liebe wert‹.«

Und natürlich muss ich jemanden, der das Verschwinden als Aufbruch – zugegebenermaßen mit großer Anstrengung und längerem Anlauf – und als Befreiung, als Möglichkeit der Entstehung von etwas Neuem, begreift, auch fragen, wie das machbar sei, ohne »verbrannte Erde« und gebrochene Herzen zu hinterlassen. In der Kunst darf man verschwinden. Aber in der Wirklichkeit? Versteht man die Wirklichkeit nicht nur dann, wenn man sich mit ihr auseinandersetzt? Bonné antwortet: »Der Antrieb jedes Verschwindens und Verschwinden-wollens ist der Wunsch nach Zäsur und Neubeginn. Immer aber knüpft sich daran auch die Frage, was oder wen lässt man als Verschwindender zurück, in welcher Verzweiflung den Zurückbleibenden, der – oder die – von etwas anderem ausging? Hauptgrund für das Verschwinden ist wohl die Enge, und die hat viele Ursachen, viele Verursacher, viele Erscheinungsformen«, antwortet Bonné. Das Problem: Der Wunsch nach Neubeginn ist meist einseitig. »Der verschwindet, will etwas ändern, aber vorerst nur für sich. Er – oder sie – will überleben. Will nicht allein – nur mehr – Eigentum eines anderen sein.« Und natürlich spricht der Schriftsteller damit etwas an, was beim Frust des Verlassenen eine wichtige Rolle spielt: Erwartungen.

Sein französischer Kollege, der Autor Philippe Besson, sieht sich auf der anderen Seite, ist derjenige, der die Abwesenheit des Anderen ertragen muss. Er hat Verzicht und Verlust zum Thema seiner Bücher gemacht, nicht nur als Opfer, sondern auch als Beobachter. Er beschreibt den nicht zu überwindenden Schmerz über das Verschwinden des Anderen – ohne sich dabei zum Opfer zu machen.

Dem Flüchtenden bekommt das Verschwinden meist nicht gut. Doch der Zurückgelassene ist durchaus nicht der triumphierende Gewinner. Am Ende ist es eher eine Versöhnlichkeit, die die einst Liebenden verbindet, auch wenn der Andere nicht mehr da ist.

Und kaum einer beschreibt so herzzerreißend, wie es sich anfühlt, zurückgelassen zu werden, mit all der Hoffnung und der Trauer, wie Besson. Seine Figuren sind geradezu von der Abwesenheit des Geliebten durchtränkt. So sehr, dass sie fast zu ihrem Wesen wird. Ohne Abschluss ist es schwer, den Weggang ohne Worte als Ende zu akzeptieren.

»Warten zersetzt. Weil man sich weigert, sich geschlagen zu geben, zu glauben, dass es kein Morgen gibt, nichts wiederkehren wird«, schreibt Besson. Es sei kaum möglich »weiterzuleben, als wäre es kein Zerbrechen. Als wäre es keine Trennung. Als wäre es kein Bruch, von dem man sich kaum noch erholt. Als gäbe es keine Sehnsucht danach.«

In Philippe Bessons Büchern verschwinden Menschen auf verschiedene Art, indem sie ihr Umfeld, ihre Heimat verlassen, um aufzubrechen in ein anderes Leben oder auch, indem sie sich umbringen. Aufgeben. Die Flüchtenden sind bei ihm die wahren Verlierer. Sie gewinnen nie. Das mag auch daran liegen, dass sie zuvor meist falsch gespielt haben. Sie haben nicht nur den Anderen getäuscht, sondern auch sich selbst. Das rächt sich. Ihre Hinterlassenschaft sind ungeahnte Verwüstungen – und zwar lebenslang, wie Besson es beschreibt.

»Die Wunde hat sich nicht wieder geschlossen. An manchen Abenden schmerzt sie noch. Es ist mein Los: Diejenigen, die verschwunden sind, kehren regelmäßig zurück und suchen mich heim. Ich glaube, sie rächen sich.« Wofür? Dafür, dass der eine den anderen erkannt hat? Ihn einengte? Erwartungen hatte? Aber erinnern wir uns doch daran, dass Annika aus meinem ersten Buch auch genau dieses Bild verwendete. Es sei, als ob es den Faden, um die Wunde zuzunähen, nicht gäbe, sagte sie.

Doch wie bei Bonné wird auch bei Besson deutlich, dass das Verschwinden des Anderen, dessen »Auflösung«, meist schon vor dem Weggang begonnen hatte. Und Besson beschreibt in seinem Werk »Hör' auf zu lügen« die Undurchdringlichkeit der kurzen Funkstille, die seine Figuren schon früh erfahren und die eine Vorahnung auf das Ende gibt. Ein Schulfreund, mit dem Bessons Hauptfigur ein homoerotisches Verhältnis verband, beschreibt, wie das Schweigen schon vor den Trennungen beginnt. Die Zeit des Schweigens ist nicht ohne Ereignis.

»Er verhält sich, als wäre nichts geschehen oder als sollte alles vergessen und begraben sein. Es ist noch mehr als ein Vergessen. Es ähnelt einem Bestreiten. Ich erkenne nur noch das, mit einem Mal: das Leugnen. Ich begegne der Verneinung von allem, was uns zueinander trieb; das Löschen des Bildes.«

Schon hier wird die frühe Auflösung des Einen und das Auslöschen des Anderen beschrieben. Ein Leugnen. Deshalb werden ja die Ge-Ghosteten auch fast verrückt. »Es ist, als sei nie etwas geschehen«, schreiben immer wieder die Betroffenen. Der spätere Abbrecher nimmt sozusagen die unvermeidbare Trennung vorweg. »Wie habe ich es fertig gebracht, das unleugbare, das sichere Ende zu überspielen? Ich vermute, weil ich nicht in Kummer versinken wollte, schon im Voraus«, lässt Besson seine Hauptfigur sagen, die ja durchaus ahnte, wie es enden würde.

Der Verlassene versteht nicht oder will nicht verstehen, warum der Andere geht, vielleicht aber auch, weil er sich selbst sonst die Frage stellen müsste, warum er bleibt. Aber eben darum geht es offenbar: um Lebendigkeit, Bewegung. Und auch Besson beschreibt den Widerwillen, Wurzeln zu schlagen, festgehalten zu werden. Und zwar auch beim Verlassenen. In Wahrheit ist er sogar der Aktivere. Auch das kann jemanden verschrecken oder gar in die Flucht schlagen.

Auch Besson beschreibt Figuren, für die »Sesshaftigkeit einen verschleierten Tod« bedeutet. Vielleicht ist es diese Sympathie für den Flüchtenden – immerhin verband sie einmal so etwas wie Liebe –, die ihn den Weggang überleben lässt. Bei Bonné löst sich der Flüchtende, um sich nicht gänzlich aufzulösen: »Schwindsucht ist deshalb der Oberbegriff für mehrere unerforschte Krankheiten, Tuberkulose oder Diabetes – Erkrankungen, die dem Körper alles abverlangten, bis er schließlich aufgab vor Ausgezehrtheit und der Tod eintrat. Ich habe in jedem meiner Romane unterschiedliche Arten des Verschwindens darzustellen versucht.

Alle sind sie Versuchsanordnungen, Modelle fürs Verschwinden aus einem unlebbaren Leben. Sichtbar daneben steht immer das lebbare, das Glück versprechende, und das ist nie ein auf sich selbst gestelltes Leben.«

Aber: Geht es dabei eher um das Verlorengehen oder um das Gefundenwerden, frage ich Bonné: »Das ist von Fall zu Fall unterschiedlich. Ich glaube auch nicht, dass sich das eine ohne das andere denken lässt oder ereignet. Abschied heißt ja nicht, allein für sich etwas Neues zu beginnen. Es heißt ebenso, dem Zurückgelassenen die Möglichkeit zu etwas Neuem einzuräumen, ja, erst zu verschaffen! Gefunden werden wollte ich nie. Verloren gehen aber ebenso wenig. Ich wollte stets unterwegs sein, unabhängig und selbstbestimmt, soweit das möglich ist, ohne zu verletzen. In einem Journaleintrag heißt es bei Peter Handke, es gehe nicht darum, einen Ausgang, sondern darum, einen Eingang zu finden. Eingang wo hinein, das ist doch die Frage!«

Das Leben besteht mehr und mehr aus Abbrüchen, aus Abtauchen, Ausweichen, Verschwinden aus den jeweiligen Beziehungen. Als ob das Leben ein Hindernislauf wäre. Warum weichen die Menschen dem Wagnis aus? Warum suchen sie, kaum angekommen, nach dem Notausgang? Wollen sie sich in Sicherheit bringen?

Wir leben in einer Gesellschaft, die immer mehr Sicherheit anstrebt, Liebesbeziehungen gar berechnen lässt und gleichzeitig, im permanenten Taumel des Abbrechens verweilend, Dauer als Stillstand empfindet. Man fürchtet das Bekannte wie das Unbekannte. »Die Angst vor dem Unbekannten ist ja das, was vielen am meisten zu schaffen macht. Deshalb leben wir in einer inzwischen durch und durch absurden, weil ja minütlich lebensgefährlichen Sicherheitsgesellschaft«, beklagt Bonné diese Entwicklung.

Trotz Sicherheitswahn scheint der Abgang ohne Abschied gesellschaftsfähig zu werden. Dating-Plattformen forcieren den Abschied vom Abschied. Die virtuellen Optionen erscheinen so zahlreich, dass ein Weggang ohne Worte, das Abtauchen als bequeme und zeitsparende Konfliktvermeidung, als Ausstieg aus dem Ausstieg, akzeptabel geworden ist.

Verschwinden ist in Büchern, Liedern und Filmen eines der reizvollsten und beliebtesten Motive. In meinen Filmdokumentationen versuche ich eigentlich fast immer eine Annäherung an das Innenleben der Porträtierten. Es geht darum, diese Menschen sichtbar und ihre Gefühle spürbar zu machen. So habe ich immer eher das Erzählen und Zeigen als ein Mittel gegen das Verschwinden empfunden. Anderseits geht es in Filmen um ein Verarbeiten, den Versuch, etwas zu begreifen und zu benennen. In Spielfilmen wiederum geht es häufig um Figuren, die nur zueinander finden, um sich in einem Moment des Wartens und Verzweifelns gegenseitig zu stützen. Helden aus Zufall, fast aus Versehen, deren Wege sich spätestens nach zwei Stunden wieder trennen. Abspann. Sie verschwinden. Das Ende: offen.

Das Verschwinden als Erzähl-Stoff ist auch deshalb so attraktiv, weil es die Tür für Wagnis und Abenteuer öffnet, es macht viele Varianten einer Geschichte möglich. Ein Verschwinden gibt Rätsel auf, ist geheimnisvoll. Und manchmal muss derjenige, der abtaucht, sich über alles hinwegsetzen, um sein Glück, das sich manchmal auch als Unglück erweist – oder besser sich selbst – zu finden. Bei Besson ist es der Fliehende, der untergeht. Die Flucht ermöglicht ihm nicht das Leben, dass er sich erträumt hatte. Er hätte zuvor schon ehrlicher zu sich selbst sein müssen. Der Verlassene wiederum kommt über den Verlust kaum hinweg. Davon handeln seine Bücher, vom unerträglichen Verlust des Anderen. Und er spricht von großer Not, ja, »einer Armut, die entkräftet«, von »nagender Trauer« und dem »drohenden Wahnsinn«. »Der Andere ist unerreichbar geworden. Als wäre das gesamte Gemüt nur davon voll«, so Besson. Manchmal scheint es, als würden sich seine Figuren nie wieder von dem Verschwinden erholen – und damit meint er immer beide: den Verschwindenden wie auch den Zurückgelassenen.

Es gibt natürlich nicht nur Männer, die vom Verschwinden schreiben. Auch Autorinnen wie etwa Marguerite Duras, Zeruya Shalev oder, nicht zuletzt, Elena Ferrante, für die das Verschwinden geradezu Ursache und Katalysator von Unglück und Glück ist, schildern, wie das Verschwinden eines nahen Menschen das ganze Leben aus den Angeln heben kann – und auch hier: von beiden, Abbrechern und Verlassenen.

Die Schriftstellerin Anne von Canal beschreibt in ihren Büchern, wie die »Funkstille« sich ins Leben schleicht und welche tiefen Spuren ein Weggang ohne Worte hinterlässt. Aber auch für sie ist, wie für Bonné, der Abbruch eher ein Aufbruch: »Verschwinden ist der Aufbruch aus Vertrautem und Bekanntem, aus Bindung und sozialem Gefüge. Es ist die Entscheidung, die eigene Welt mitsamt den Menschen, die sie bevölkern, hinter sich zu lassen, mit dem Ziel, allein weiterzugehen und nicht wieder zurückzukommen.«

Und so begreift Anne von Canal das Verschwinden als bewusstes und aktives Handeln, wissend, dass der Weggang gleichzeitig Vermeiden ist: »Es ist das Gegenteil von Aushalten und Ertragen, aber auch das Gegenteil von Konfrontieren und Lösen.« So flieht im Roman »Der Grund« der Pianist Lautis, weil er sich der Konfrontation nicht gewachsen fühlt.

»Statt sich den Problemen zu stellen, entscheidet er sich immer wieder für die Flucht nach vorn und wird dadurch ein Getriebener, ein Heimatloser im eigenen Leben. Erst als diese Einsamkeit zu schmerzhaft wird, kann er zurückschauen auf das, was war.«

Ihre Figur Fido – in dem Roman »Whiteout« – verschwindet als Jugendliche einmalig und für immer, aus dem Leben ihrer besten Freundin und deren Bruder. Fido bricht den bis dahin engen Kontakt ab, ohne sich zu erklären. Über ihre Beweggründe kann und soll man als Leser spekulieren, sie werden im Buch nicht erörtert. Im Zentrum der Geschichte steht Hanna, die verlassene Freundin, die nach vielen Jahren endgültig lernen muss, die Antworten auf die Frage nach dem Warum in sich selbst zu finden und die Abwesenheit der Freundin zu akzeptieren. Denn Fido ist tot. Hanna ist Wissenschaftlerin auf Antarktisexpedition. Dort erreicht sie die Todesnachricht. »Ein Wort, und du bist wieder in meinem Kopf. Als wäre keine Woche vergangen, seit du uns den Rücken kehrtest und nach zehn Jahren so leicht aus unserer Freundschaft, aus unserem Leben gingst, als wären wir bloß flüchtige Bekannte gewesen«, schreibt von Canal in »Whiteout«. Die Autorin beschreibt, wie sich die Erinnerung an die Oberfläche drängt und sukzessive jede Synapse im Hirn besetzt. Nur schwer kann Hanna sich auf die Arbeit konzentrieren. »Ein Schatten und eine Seele« waren sie und ihre beste Freundin. »Was war der Grund?«, fragen sich Hanna und ihr Bruder noch Jahrzehnte später.

»Nicht einmal ein Wort? Gespräch für Gespräch, Minute für Minute, Moment für Moment habe ich mich immer wieder durch meine Erinnerung geäst und konnte doch nichts Nahrhaftes finden. Nichts, was darauf hinwies, warum Du uns nicht mehr kennen wolltest.« Die Frage nach dem »Warum« bezeichnet Anne von Canal als ein »Hirngeschwür, das auf jeden Gedanken drückte und nur schwer in den Griff zu bekommen war«. Die Abwesenheit der Freundin war Hannas Einsamkeit. Als die Polarforscherin im Eis vom Tod ihrer einstigen Freundin erfährt, brechen die alten Gefühle wieder auf.

»Das Karussell fährt wieder. Die alten Gefühle, die alten Fragen drehen sich im selben Kreis wie früher. Sehnsucht, Trauer, Unverständnis und Stolz hocken auf ihren Holzpferdchen, winken mir bei jeder Runde wieder zu.« Und sie stellt sich die unvermeidliche Frage, ob Fido sie denn nie vermisst habe? Sie wird keine Antwort mehr bekommen.

Das Ungelöste zu akzeptieren ist nicht einfach. Die Autorin kennt meine Bücher, hat sich nach eigener Aussage sogar davon inspirieren lassen, weiß also um die Qualen des Ungeklärten für den Zurückbleibenden, um die Einsamkeit des Abbrechers, aber auch um dessen Drang nach Befreiung aus einer festgefahrenen Situation oder gar dem Leben. Deshalb unterscheidet sie den »wortlosen Kontaktabbruch« von dem ihrer Meinung nach eher weniger aggressiven »Verschwinden«:

»Der wortlose Kontaktabbruch ist die berechnende Schwester des Todes – er wiegt die Beziehung in Schmerzen auf, die eigenen gegen die des anderen, in der Hoffnung auf Erleichterung. Das weniger aggressive Verschwinden, also der Aufbruch ins Ungewisse, der sich nicht primär gegen andere Menschen richtet oder sich von ihnen abwendet, sondern vielmehr zum Neuen hinwendet, kann eine Möglichkeit sein, sich selbst näher zu kommen, Neues über sich und die eigenen Fähigkeiten, die eigenen Grenzen und das, was dahinter liegt, zu erfahren. Das mag egoistisch sein, aber nicht unbedingt destruktiv. Es ist also vielleicht nicht so sehr die verbrannte Erde, die man hinterlässt, als dass man nach neuem fruchtbaren Boden sucht.« So die Autorin Anne von Canal.

»Ich erfahre, dass Abwesenheit eine Dichte hat. Vielleicht die von dunklen Wassern eines Flusses, von denen man beschwören könnte, es sei Öl, in jedem Fall eine klebrige, schmutzige Flüssigkeit, in der man, wild um sich schlagend, versinken würde.« So beschreibt Besson die andere Seite.

Die frühere Liebe seiner Hauptfigur, der Schulkamerad, entfloh Jahrzehnte später der Enge einer Ehe, eines Daseins in einem kleinen französischen Ort. Totale Funkstille. Zu allen. Er erklärte nichts. Er verschwand einfach.

Der Kontakt zum Schulfreund brach Jahrzehnte vorher ab, weil dieser ins Ausland ging und sein Leben als schwuler Mann nicht verleugnen wollte. Und er schreibt: »Ich habe lange versucht, einige Worte für sein Verschwinden zu finden. Ich stieß auf viel, einen ganzen Haufen, ich habe sie sogar alphabetisch geordnet, wenn Sie denn alles erfahren wollen: Abwesenheit, Aufbruch, Auflösung, Auslöschung, Ende, Entwischen, Entzug, Flucht, Fortsein, Rückzug, Tod, Verlassen, Verlust.«

»Ghosting« wird als »wortloser Abbruch«, aber eben auch als »Verschwinden« wahrgenommen, da sich ja jemand wie ein Geist in Luft auflöst. Wie nimmt die Schriftstellerin Anne von Canal diese fast schon zur Normalität gewordene Form des Verschwindens wahr?

»Verbinden – Verschwinden. Das geht in unserem hochdigitalisierten Privatleben augenscheinlich so viel einfacher und vermeintlich unverbindlicher als zu analogen Zeiten. Die Zahl der oberflächlichen Kontakte wächst täglich und mit ihr auch das Gefühl, man könne sich mit Recht stillschweigend aus einer Bekanntschaft rausschleichen. Man ist ja nur einer von vielen. Ist ja nicht so wichtig. Ich glaube aber, der Schein trügt. Denn letztlich ist der Wunsch nach Verbindlichkeit und Verlässlichkeit gerade in dieser schnellen Welt besonders ausgeprägt.«

Ghosting ist ein Trendwort für ein Phänomen, das alltagstauglich geworden ist und doch nicht unterschätzt werden sollte, warnt Anne von Canal: »Im ersten Moment klingt dieses Wort verharmlosend, beinahe lustig, aber in Wahrheit ist es ein sehr starker Begriff für eine sehr folgenschwere Handlung.«

Und mehr noch. Ghosting zerstört und bringt Schmerz – oft für beide Seiten. So fragt sich Besson auch, wie man diesen Zustand aushält, »(...) wie man es zuwege bringt, in diesem Halbdunkel zu leben, mit dieser Abwesenheit, die nicht der Tod ist, dieser Unerreichbarkeit, die nicht unüberwindbar ist, mit dieser Phantomexistenz. Wie lässt sich das meistern, wie wird man nicht immer wieder vom Verlangen, Licht ins Dunkel zu bringen, heimgesucht, das Theater zu beenden, dies Befremdliche nicht länger zu akzeptieren oder ganz einfach das Fehlen (darauf läuft es immer wieder hinaus)? Vergebens will man die Freiheit eines anderen achten (sogar wenn man sie für egoistisch hält), es bleiben aber auch der eigene Schmerz, der eigene Zorn zu überwinden.«

7. Kapitel

Vom Suchen und Finden oder: Die Suche nach dem guten Geist

Zwei, die nicht zusammenfinden, sind nur eine hübsche Idee für jene, die nie ankommen wollen und denen es eher um die Suche als solche geht als um das Finden. Sich zugleich nach Entdeckung, dann aber Flucht zu sehnen, ist problematisch. Leider bewegen sich viele, die mir schreiben, genau in dieser Ambivalenz.

Ich werde immer wieder gefragt, was nun die »Lösung« sei. Vorab: Jemanden zu suchen, der nicht gefunden werden will, hat keinen Sinn. Auch gibt es kein Rezept für die richtigen Zutaten der Partnerfindung oder irgendeine Zauberformel. Die Liebe kennt keine Algorithmen.

Und: Der Eine, in dem all unsere Sehnsüchte erfüllt werden, ist eine Illusion. Niemand kann auffüllen, was uns selbst emotional fehlt. Wir können uns allerdings genauer anschauen, was eine gute Beziehung ausmacht und warum Ghosting eher nicht als »Lösungs-Mittel« taugt.

Ghosting – ein »Lösungs-Mittel«?

Ghosting löst die Probleme in Luft auf, mitsamt dem Verschwundenen, dem Geist. Und ist es nicht sogar gesund zu »vergessen« und weiter zu gehen?

Viele befragte »Ghosts« sind felsenfest davon überzeugt, dass es ihnen gut tue, sich nicht allzu lang mit Verflossenen aufzuhalten, wenn es eben nicht passte. Und das muss ja auch nicht falsch sein. Nur kommt es eben auf das *Wie* an. In Freundschaften treffen meist zwei Seelen- und Geistesverwandte aufeinander. Es passt. Deshalb betrauern oft beide Seiten jahrzehntelang die Auflösung der Freundschaft.

Wie steht es aber nun um die Heilkraft des Vergessens? Unser Körper jedenfalls muss vergessen, sonst entwickelt er Autoimmunkrankheiten. Es gibt ein immunologisches Gedächtnis. Auch die Erfahrung, von einem Menschen verletzt worden zu sein, wollen wir nicht immer mit uns herumschleppen, werden doch so neue unbeschwerte Erfahrungen verhindert. Es kommt auf die Balance zwischen Erinnern und Vergessen an. Vergessen ist eigentlich schlecht. Man denke an Alzheimer-Patienten, die vergessen, wer ihre Familie ist, auch wer sie selbst sind.

»Die Vergangenheit sagt uns, wer wir sind, ohne sie verlieren wir unsere Identität«, formulierte Stephen Hawking. Vergessen macht Angst. Angst vor dem Verlust der Identität.

Ohne selektives Vergessen aber wären wir unfähig, Neues zu speichern, unfähig zu handeln und zu lernen – auch unfähig zu lieben? Sozialverhalten ist nur durch Vergessen möglich, so der Soziologe Niklas Luhmann: »Die Hauptfunktion des Gedächtnisses liegt also im Vergessen, im Verhindern der Selbstblockierung des Systems durch ein Gerinnen der Resultate früherer Beobachtungen.«

Der Historiker Christian Meier beschwört geradezu die Heilkraft des Vergessens. Seine These: Das Schlimme wiederhole sich manchmal gerade deshalb, weil die Menschen sich daran erinnerten. Das könnte zutreffen, denken wir an Laura oder Alicia, deren Leben jeweils mit einem Abbruch begann und die später immer wieder verlassen wurden. Doch selbst, wenn sie es wollten: Man kann das Vergessen nicht erzwingen, die eigene Festplatte nicht löschen.

Auch Verdrängtes wirkt nachhaltig weiter. Denken wir an Leander, der immer wieder verlässt, weil er nicht erfahren durfte, was es heißt zu vertrauen. Doch wenn man flieht, nimmt man immer einiges aus der Situation mit. Man kann seine Existenz nicht abstreifen wie ein Kleidungsstück. Wer lernen will, muss sich zuerst einmal erinnern.

»Wir löschen normalerweise nichts, sondern speichern alles in unserem Gedächtnis. Dies ist auch eine Grundlage des Lernens. Bei traumatischen Erfahrungen müssen wir verdrängen und vergessen lernen. Aber in der Liebe lernen wir nicht durch Vergessen, sondern am besten, wenn wir Erfahrungen verarbeiten.« So der Psychologe Hantel-Quitmann.

Sich erklären, zu sagen, warum man gehen will, hat viel mit Selbsterkenntnis zu tun. Man gewinnt, wenn man sich erklärt. Ghosting ist kein Lösungs-Mittel. Es löst gar nichts, außer bei toxischen Beziehungen. Dort kann ein klarer Schnitt überlebensnotwenig sein. In normalen Beziehungen aber lässt es die »Dinge« ungelöst und unverarbeitet auf einer Liste stehen.

Soziologe Sven Hillenkamp beschreibt in »Das Ende der Liebe« ein Szenario: »Ein Mann sucht nach einem Restaurant. Er kommt an vielen vorbei, die ihn verlocken, doch er geht weiter. Irgendwann reizen ihn die Restaurants immer weniger. Jedes einzelne ist enttäuschend – im Vergleich mit allen anderen, auf die er zugunsten dieses Einen nun verzichten müsste. Der Mann vergleicht jedes Einzelne mit der

Summe der Restaurants, die er gesehen hat. Gleichgültig, vor welchem Restaurant er steht, alle anderen werden in seinem Kopf zu einem, mit denen er das jeweilige Restaurant vergleicht. Die Summe ist seine Hydra.«

Nun könnte der Mann ja immerhin zu jedem Restaurant, an dem er vorbeigegangen ist, zurückkehren. »Er kann nicht in allen Restaurants gleichzeitig essen, doch immerhin in jedem Einzelnen. Die Teile seiner Summe bleiben ihm zugänglich. Die Partnersuchenden dagegen können nicht zu ihren vergangenen Begegnungen zurückkehren (oder nur in den seltensten Fällen). Dennoch behandeln die Partnersuchenden ihre Begegnungen wie der Restaurantsuchende die Restaurants. Sie kennen keine zurückliegenden Möglichkeiten. Sie hören nicht auf, an ihre vergangenen Möglichkeiten zu denken, als seien diese gegenwärtig, als liege die lange Reihe ihrer Begegnungen nicht in der Zeit, sondern im Raum – wie die lange Reihe der Restaurants, wie ein Laufsteg. Sie vergleichen jeden möglichen Partner mit der Summe der vergangenen (möglichen) Partner.«

Und weil sie gehen, ohne die Beziehung zu beenden, bleibt die Tür in ihren Gedanken offen. Gesammelte Verluste. Gesammelte Möglichkeiten. Das Problem dabei ist, dass die Abbrecher Teile des jeweiligen Partners mit einem anderen vergleichen. Emotionale Segmentierung. So wie sie Beziehungen fragmentieren, zerstückeln sie Menschen, als könne man sich den Partner aus einem Baukasten zusammensetzen. Dabei werden die Teile des Anderen, einzelne Eigenschaften perfektioniert. So aber sieht man nicht mehr das Ganze. In diesem Sinn wäre Ghosting eher ein Mittel zur Auflösung. Weil sich die Menschen in Teile, Gesten, Ereignisse auflösen, so wie ihre Geschichten.

Durch Ghosting wirkt ein Teil des Lebens nicht existent.

In einigen Aussagen von Betroffenen heißt es, dass sich die täglichen Zurückweisungen durch die Dating-Plattformen wie »ein kleiner Tod« anfühlten. Das, was zwei Menschen geteilt haben, gibt es zumindest für denjenigen, der geht, nicht mehr – außer eben in Fragmenten. Online ist der Ghost durchaus noch existent – für andere.

Das Bestehende ist nicht stabil. Das ist irritierend und verunsichert. Also wenden sich die Verunsicherten an sogenannte »Breakup coaches«. Die sollen dabei helfen, wieder Orientierung zu finden, dem Verlassenen beibringen, wie man eine Ghosting-Erfahrung »überlebt«. US-Experten raten in der Mehrzahl: Um zu heilen, müsse man seinerseits den »Ghost mit einem Klick deleten«, seine Telefonnummer, Messenger-Dienste – alles. Denn wenn man schon das Ende einer Beziehung nicht kontrollieren könne, so könne man zumindest seine eigene Reaktion darauf selbst bestimmen. Man solle schließlich nach vorne schauen, um »digital wie auch emotional neuen Platz zu schaffen«.

Davon abgesehen, dass man Menschen nicht ausradieren oder gar per Knopfdruck löschen sollte, sehen das deutsche Experten etwas anders. Und auch der Ghost solle sich darüber im Klaren sein, dass man seine Vergangenheit nicht »deleten« kann. Eric Hegmann warnt: »Ich kann natürlich alle sozialen Medien blockieren und versuchen, neue Trampelpfade zu betreten, auf denen man sich nicht begegnet. Aber man trifft sich immer mehrfach im Leben. Und das Wiedersehen kann dann sehr unangenehm sein, denn Scham ist kein schönes Gefühl.«

Scham und Moral sind auf das soziale Zusammenleben bezogene Gefühle beziehungsweise Prinzipien. Ist Ghosting also unmoralisch? Moralisches Handeln basiert auf guten Gründen – unmoralisches Handeln kommt auch ohne

Begründung aus. In diesem Sinne wäre Ghosting unmoralisch, weil es die Werte einer Gemeinschaft infrage stellt und sie verletzt. »Verletze niemanden, vielmehr hilf allen, soweit du kannst.« So formuliert Arthur Schopenhauer das Prinzip aller Moral.

Auch der Psychologe Hantel-Quitmann findet deutliche Worte: »Eine der größten Ängste des Menschen besteht in der Angst vor Ausgrenzung und Verlassenwerden. Das kann man schon bei kleinen Kindern beobachten, die ganze Bindungstheorie beruht darauf. Insofern sollte jede Gesellschaft darum bemüht sein, im eigenen Moralkodex Ghosting zu verurteilen, weil es ein plötzliches, unbegründetes Verlassen darstellt, das bei dem Verlassenen Gefühle der Wertlosigkeit hinterlässt. Scham ist ein starkes soziales Gefühl, man schämt sich nur in Gegenwart anderer, wenn man entdeckt wird. Moral dagegen ist kein Gefühl, sondern ein Kodex von Verhaltens- und Denkmustern, den sich eine Gemeinschaft gibt. Wahrscheinlich sehen wir gerade in den USA den Niedergang moralischer Standards, den Aufbruch in die kollektive Schamlosigkeit. Ein Zeichen für den Verfall einer Gemeinschaft.«

Parship-Berater Hegmann findet Ghosting dagegen nicht zwangsläufig unmoralisch: »Das möchte ich von der Situation abhängig machen. Es ist vor allem feige und kann sehr verletzend sein. Aber es kann auch ein Befreiungsschlag sein, weil der Kontakt nicht einsehen wollte, dass es kein weiteres Kennenlernen geben wird. Ich denke, Menschen sollten immer versuchen zu vermeiden, andere zu verletzen. Aber: Trennung kommt nicht ohne Verletzung aus, und da muss man dann abwägen: was verletzt weniger?«

Nachgefragt: Taugt Ghosting als endgültige Lösung? Zumindest muss eine Seite der Beziehung ein Leben lang mit dem großen Fragezeichen leben. »Für das Tinder-Date, das nicht über ein zweites Treffen hinausgekommen ist: Ja. Bei der langen Beziehung auf keinen Fall«, findet der Paarberater. Aber eines verlieren wir auf jeden Fall, wenn wir ghosten, gibt auch Hegmann zu: »Wir lösen damit eine gesellschaftliche Absprache auf, nämlich vor dem Scheitern eine Lösungsstrategie zu versuchen.«

Ghosting hat also nicht nur Folgen für den Einzelnen, sondern auch für das soziale Miteinander, für die Gesellschaft. Deshalb fordern Psychologen, auch schon Kindern und Schülern Konfliktfähigkeit, Fairness und Empathiefähigkeit zu vermitteln, und wenn nicht von den Eltern vorgelebt, dann eben als Schulfach. Durch Mitgefühl entsteht sozialer Zusammenhalt. Jeder Mensch ist mit der Fähigkeit zur Empathie ausgestattet, doch sie verkümmert, wenn sie nicht gelebt wird. Es ist schlecht für das soziale Miteinander, wenn man nicht versteht, was mit dem anderen los ist, sich nicht einfühlen kann, Stimmungen nicht deuten kann. Die Gene spielen dabei übrigens kaum eine Rolle. Wer als Kind Achtsamkeit nicht lernt, wird später auch nicht achtsam mit seinen Mitmenschen umgehen. Verantwortung und Respekt kann man sich eben nicht sparen! »Ghosting« ist Folge des sich selbst zerstörenden sozialen Miteinanders. Der soziale Kitt drohe aufzuweichen, warnen Soziologen und Psychologen. Sozialer Zusammenhalt war früher wichtig, um körperlich zu überleben. Heute brauchen die Seele und die Psyche Verlässlichkeit, Hilfe, Mitgefühl. Starke emotionale Bindungen sind ebenso wichtig wie Nahrung.

Bedroht Ghosting unsere seelische Gesundheit und unsere Gesellschaft? »Sozialer Kitt kann nur dann entstehen, wenn zwischen den Individuen emotionale Zustände ausgetauscht werden. Und zwar so, dass ein Lebewesen auf die emotionalen Zustände eines anderen reagiert, als wären sie seine eigenen.« So Hirnforscher Achim Peters. Es geht also auch hier um den Austausch von Empfindungen, um Empathiefähigkeit. Empathie, ein allzu oft gebrauchter Begriff. Doch was ist damit gemeint? Empathie ist die Kommunikation von Emotionen zwischen Individuen. Es geht um die Fähigkeit, Gefühle lesen und verstehen zu können. Empathiefähigkeit, so der Neurologe Peters, »ist eine Bindung, durch die sozialer Zusammenhalt überhaupt erst entsteht und weiterwachsen kann«.

Therapeut Oskar Holzberg hält Ghosting daher für ein »manifestes Phänomen«, das unglücklich macht. Er fordert einen Verhaltenskodex für Dater: »Wer ghostet, wird gemeldet und fliegt raus!« Die Plattformen trügen die Verantwortung. Was die Partnervermittlungs- und Dating-Plattformen machten, sei »(...) wie wenn man Medikamente auf den Markt wirft und die Nebenwirkungen nicht beachtet. Es ist auch seelisch ungesund, wenn man Menschen wie Joghurt behandelt. Schmeckt es nicht, kaufe ich eine andere Sorte. Ghosting besagt: Du bist auswechselbar! Ich habe keine Verantwortung für Dich. Ich finde, dass die sozialen Medien da völlig versagen. Das ist nicht sozial! Ghosting ist schlechter Stil! Und die Dating-Plattformen lassen ihre User damit allein!«

Wenn Ghosting zu einem ganz normalen Phänomen werde, hieße das, »(...) emotional gesehen, dass ›den Teppich unter den Füßen wegziehen‹ ein ganz normaler Vorgang wird. Und das wiederum fördert das Bedürfnis nach Sicherheit. Das wiederum setzt einen Kreislauf in Gang, wo das Bedürfnis nach noch besseren Matching Points geschürt wird. Und dann sind wir sozusagen durch die Hintertür wieder bei der arrangierten Ehe. Nur diesmal geht es nicht um Geld und Familienbesitz, sondern um Seelenheil!« Folgt man dieser Logik, müssten die Dating-Plattformen daran interessiert sein, Ghosting als eine akzeptable Option hinzunehmen.

Zwischen Liebe und Ökonomie hat offenbar ein Rollentausch stattgefunden. Während ökonomische Entwicklungen immer stärker emotionalisiert werden, von der Gefühlswelt der Anleger, Unsicherheit an den Märkten bis hin zur Panik berichtet wird, werden private Beziehungen – die Liebe im 21. Jahrhundert – immer stärker ökonomisiert. Es gibt einen Markt, der die Suche nach dem passenden Partner strukturiert und berechnet. Die Liebe wird zum Konsumgut. Ist also der digitale Kapitalismus schuld an der grassierenden Liebesferne, weil er die Liebe als berechenbar ansieht und zur austauschbaren Ware degradiert?

Laut Zygmunt Bauman ist auch die Liebe heute ein Opfer des Konsumdenkens: In einer Welt, in der alles Konsum ist, würden selbst die Gefühle auf der Suche nach einer möglichen Befriedigung hohl und leer werden. Man gibt sich fortan damit zufrieden, in der unmittelbaren Gegenwart zu leben, verfolgt keine langfristigen Projekte mehr und ist nicht mehr in der Lage, irgendetwas von Dauer zu erschaffen.

Eine verflüssigte Liebe. Wie die Beziehung, die wir zu den Objekten haben, die wir gebrauchen und dann wegwerfen. Gerade so, als wären Menschen einfach nur Dinge. Und sehen die Profile auf den Plattformen nicht tatsächlich manchmal wie Werbefotos von Produkten aus? Haben wir die Bedeutung von Bindung verspielt? Eine Zeit lang ermunterte »Tinder« seine User mit dem Werbespruch: »keep playing«.

Fest steht: »Ghosting löst nichts! Es produziert nur

weitere Kundschaft«, so der Leiter einer Psychiatrie. Denn Ghosting mache krank. Früher waren die Hauptprobleme in den Psychiatrien, dass die Menschen neurotisch verstrickt waren, Hemmungen hatten oder unter Zwangshandlungen litten. Natürlich gibt es das heute auch noch. Doch das Hauptproblem ist heute, wie man *in* Beziehungen – oder eben *aus* Beziehungen geht.

Das Thema: Bindung. Das Problem: Vereinzelung. Dass Menschen nicht mehr in Beziehungen gehen können, macht krank. Nun ist das Bedürfnis nach Bindung Grundbedürfnis eines jeden Menschen. Unser erstes psychisches und physisches Bedürfnis ist Bindung. Ohne die Zuwendung der Mutter, ohne Berührung sterben wir. In den Kliniken geht es jedoch immer mehr darum, dass die Bindungsfähigkeit bedroht ist, weil die Verbindung nicht mehr hergestellt werden kann.

»Ghosting ist das Schlimmste, was man jemandem antun kann! Da schützen sich einige auf Kosten der anderen!«, warnt der Pychologe Holzberg. Ghosting verstärkt Pathologien, da wir verlernen, uns vorzustellen, wie es im Anderen aussieht. Dabei kann es auch darum gehen, was der Andere verbirgt. Damit umgehen können wir aber nur, wenn wir das erahnen und dann vorsichtig abwägen, ob wir es ansprechen. Dazu bedarf es wiederum der Einfühlung.

Im vorherigen Kapitel habe ich mit Dichtern und Schriftstellern über das Verschwinden gesprochen. Zum Teil wurde es hier als Aufbruch gedeutet, zumindest für denjenigen, der – manchmal mit großer Anstrengung – geht. Verschwinden löst vielleicht keine Probleme, aber es kann den Weg zu einer Wandlung ebnen.

Derjenige, der geht, ist bereit, sein Leben umzukrempeln – das ist sein gutes Recht. Nur: Niemand ist eine Insel.

Das Verschwinden eines Menschen als Mittel gegen Verstrickungen und Verengungen einzusetzen, führt häufig zu Verletzungen.

Und: Das Verschwinden ist keine Voraussetzung dafür, dass Dinge neu entstehen können. Selbst der Dichter Mirko Bonné, Verfechter des Rechts auf das Verschwinden, räumt ein: »Leider wird die Entscheidung recht einseitig getroffen. Dem Anderen wird die Möglichkeit genommen, mit zu entscheiden. Der verschwindet, will etwas ändern, aber vorerst nur für sich. Er – oder sie – will überleben. Will nicht allein – nur mehr – Eigentum eines anderen sein. Ich glaube aber, dass man sich auch gemeinsam verändern kann! Voraussetzung dafür ist das Allerwichtigste: dass man im Austausch bleibt, auf welche Weise immer.«

Der Mensch kann gut fliehen – vor Gefahr und vor der Realität. Aber die Evolution gab ihm auch die Verpflichtung mit, sich um andere zu kümmern. Nur mit beiden Erfahrungen wird er glücklich.

Ghosting ist insofern ein Lösungsansatz, als eine Rückkehr in die Beziehung kaum noch möglich ist, so Psychologe Hantel-Quitmann: »Man beendet eine Beziehung, und darüber sollte man sich im Klaren sein. Die Folgen des eigenen Handelns wollen gut überlegt sein. Ghosting erscheint mir als eine Kapitulation vor jeglicher Möglichkeit, innerhalb der Beziehung etwas zu ändern. Man wird zum Geist, der entschwindet, als sei man nie dagewesen.«

Augen auf und durch:
Wie aus Abbrüchen Aufbrüche werden können

Im Leben dreht man keine Szene ein zweites Mal. Man kann nicht immer wieder bei Null anfangen. Auch wenn sich das offenbar einige wünschen. Man wird ja auch nicht immer wieder neu geboren. Und selbst wenn Forscher versuchen, die Lebensuhr zurückzudrehen – noch ist es nicht soweit. Unser Leben ist ein Kontinuum, so unzusammenhängend die Lebensabschnitte für manche auch erscheinen mögen.

Dass wir nicht einfach, wie es uns beliebt, neu beginnen können, wird auch deutlich, wenn wir uns mit der transgenerationalen Weitergabe von Traumata befassen. Die Traumata, Sehnsüchte und Enttäuschungen der vorangegangenen Generationen tragen wir in uns. Immer. Unsere Lebensprägung beginnt also, bevor das Leben selbst beginnt.

Insofern ist es heilsam und gut für uns, wenn wir die Zusammenhänge nicht aus den Augen verlieren und in Beziehungen sorgsam mit anderen umgehen. Das Ende, der Moment der Trennung und die Art, wie die Trennung verläuft, sind entscheidend für das weitere Bindungsverhalten, deshalb ist es ja auch so wichtig, sich so zu trennen, wie man es auch für sich selbst wünschen würde. Dies ist bekanntlich auch der Kerngedanke von Kants berühmtem »kategorischen Imperativ«: »Handle so, dass die Maxime deines Willens jederzeit zugleich als Prinzip einer allgemeinen Gesetzgebung gelten könne.«

Trennungen und vor allem ihr Verlauf sind prägend, und Prägungen bilden den Sockel für alles. Trennungsschmerz verliert sich nie ganz im Leben, wie wir gesehen haben, er schreibt sich buchstäblich in unsere DNA. Doch Trennungen gehören zum Leben. Deswegen ist es eben so wichtig, darauf zu achten, *wie* wir uns trennen, wenn Aufbrüche nicht zu Abbrüchen – oder gar Zusammenbrüchen – werden sollen.

Nun sind Dinge von Dauer in unserer Zeit selten geworden. Und manche Menschen sind erst zufrieden, wenn sie unzufrieden sind. Auch in langjährigen Beziehungen muss man sich übrigens immer wieder für den Partner entscheiden. Wir leben in einer Instant-Gesellschaft, die nur noch im Hier und Jetzt agiert. Langfristige Projekte, Auseinandersetzungen sind mühsam. Kontinuität ist nicht gefragt. Abwechslung und Wandel sind die neue Religion. »Up or out«, heißt das bei McKinsey. Diese Instant-Mentalität ist längst als Prinzip in die Paarbeziehungen übergegangen – und damit in fast alle Lebensbereiche, klagt Psychologe Oskar Holzberg: »Ich setze bei meinem Klienten zur Erklärung an. Und sofort – und das ist wirklich neu – sagen die ungeduldig: Jaja, aber was ist denn jetzt die Lösung? Sie wollen ganz schnell Lösungen haben. Ich habe gerade mit dem Paar herausgearbeitet, in welches Muster es sich verstrickt hat und wie sie aufeinander wirken. Sie konnten sehen, was es in dem Anderen noch an Gefühlen auslöst, die vorher gar nicht sichtbar waren. Und ich denke: Großartig! Und dann lehnen die sich zurück und fragen: Und was machen wir jetzt? Das ist ein App-Leben! Dafür muss es doch eine App geben!«

Auch haben Paar-Forscher festgestellt: 70 Prozent aller Paar-Probleme lassen sich gar nicht lösen. Liebe und Freundschaft sind kompliziert, eine Gebrauchsanweisung gibt es nicht. Menschen sind nun mal keine Gegenstände.

Wer meint, Bindung kaufen zu können, versteht die Bedeutung von Bindung nicht. Sie ist freiwillig, unplanbar und vor allem frei von Berechnung. Wir sind keine Objekte, und deshalb schätzen wir es auch nicht, wenn jemand mit uns so umgeht. Wir möchten nicht wie eine Aktie gehandelt werden, deren Wert sich sekündlich ändert.

Nun mag man argumentieren: Wieso? In den Dating- und Partnerschaftsvermittlungs-Plattformen funktioniert es doch. In den vielen Gesprächen mit Betroffenen, Psychiatern, Therapeuten und Partnervermittlungs-Plattform-Beratern höre ich jedoch von immer mehr Menschen, die auf der Suche nach einem Partner verzweifeln oder sogar aufgeben. Von dem unangenehmen Gefühl, immer auf Knopfdruck verfügbar sein zu müssen, wird berichtet, von der großen Müdigkeit, die die ewige Suche nach sich ziehe. Viele fühlen sich hohl und leer.

Das bewusste Abschiednehmen ist wichtig für die Zeit der Trennung. Alles andere würde eine Verleugnung des Anderen bedeuten. Doch er war ja da. Es gab diese Beziehung. Und selbst mit hartnäckigem Schweigen lässt sich die gemeinsame Zeit nicht ignorieren.

Ghosting ist nicht zuletzt auch ein Stressfaktor. Es macht körperlich und psychisch krank, verursacht sogar Herzinfarkte. Es ist die Ohnmacht, der Kontrollverlust, der stresst – mehr noch als die Ablehnung. Es braucht Information, um Unsicherheit zu reduzieren. Menschen mit Charakterzügen der »Dunklen Triade« haben das erkannt und verwenden daher die gezielte Verunsicherung und das Unterbinden von Kommunikation als Machtinstrument.

Wer aber den Anderen nicht vernichten und keine falschen Hoffnungen aufrecht erhalten will, sollte kommunizieren, begründen, sich erklären. Wortlose Abbrüche verstärken

Verunsicherung und auch Hoffnung, denn es wurde ja nicht explizit gesagt, dass ein Ende der Beziehung gewünscht wird.

Die meist unrealistische Hoffnung, dass der Geist wieder auftaucht, hält den Schmerz wach und verhindert das Weiterkommen. Hoffnung sei wie eine Droge, sagen Ge-Ghostete, und sie liegen damit gar nicht falsch. MRT-Gehirnscans zeigen, dass bei Liebeskummer dieselben Mechanismen im Gehirn aktiviert werden wie bei Drogensüchtigen. Deshalb kann der Verlassene an kaum etwas anderes denken als an den Ghost. Der amerikanische Psychologe Guy Winch hat dafür eine passende Metapher: »Wir können das Heroin nicht haben, weil wir die andere Person ja nicht zurückbekommen. Aber wir können das Methadon haben: Erinnerungen.«

Leider wird der Abbrecher vom Verlassenen nicht selten idealisiert. Auch dafür hat Winch eine Erklärung: »Damit versucht unser Kopf, den Schmerz aufrechtzuerhalten. Er erinnert uns an all die großartigen Momente, weil uns das wehtut. Der Schmerz soll uns dazu bringen, den gleichen Fehler nicht wieder zu begehen. Aus Sicht unseres Kopfes bestand der Fehler allerdings darin, uns überhaupt zu verlieben. Für unseren Geist ist es das Gleiche wie mit einer heißen Herdplatte. Er versucht uns einzureden: Das war sehr schmerzhaft, also mach das bitte nicht noch einmal. Dieses Muster funktioniert für heiße Herdplatten wunderbar, in der Liebe aber überhaupt nicht, nur macht unser Geist diese Unterscheidung nicht.«

Wird das klar erkannt, kann man weiter gehen, sich irgendwann glücklich schätzen, dass man mit einer Person, die offenbar nicht anders will oder kann, als abzutauchen, nichts mehr zu tun hat.

Geht es um Ghosting nach langfristigen Beziehungen, ist davon auszugehen, dass der Ghost nicht anders kann, als eine Beziehung immer auf dieselbe Art zu beenden. Das Leben mit einem Gespenst ist unmöglich. Habe ich erst einmal verinnerlicht, dass mir durch die Trennung viel künftiges Leid in einer unglücklichen Beziehung erspart bleibt, wird der Abbruch leichter als Chance zu einem Aufbruch verstanden.

In der Tat zeigt sich im Rückblick meist, dass es letztlich gut war, dass der Andere gegangen ist. In diesem Fall muss man dem Abbrecher zugutehalten, dass er vielleicht sogar weniger verblendet war als der Verlassene und ganz genau spürte, dass es so nicht weitergehen konnte, es also für beide sogar besser war, die Beziehung zu beenden. Vielleicht hatte er sogar ein besonders feines Gespür, während sich der Verlassene selbst etwas vorlog, dachte, er hätte sich nur mehr anstrengen müssen. Oft ist es ja genau das, was den Abbrecher in die Flucht treibt: das Angestrengte, Absichtsvolle, der Druck, die Liste all dessen, was die Liebe ausmachen soll. Dieses Management von Erwartungen an Erwartungen. Problematisch wird es, wenn beide immer wieder den gleichen Mustern folgen. So können Abbrüche nicht zu Aufbrüchen werden. Wichtig ist, dass man die Wiederholungsschleife vermeidet und früher Stopp sagt.

»Denn wenn die bisherigen Muster im Wahrnehmen, Denken, Urteilen und Handeln selbst das Problem sind, dann müssen diese Muster zunächst geprüft und geändert werden, weil wir sonst immer wieder in die gleichen Fallen tappen und mit den gleichen, unbrauchbaren Mitteln versuchen, wieder aus ihnen herauszukommen, kurz: Es gilt, aus den Erfahrungen zu lernen. Aber dazu bedarf es zunächst der Einsicht in die eigenen Fehler.« – So der Psychologe Hantel-Quitmann. Aber warum ist es so schwer, wahrhaftig zu sein, auch sich selbst gegenüber? »Wir wollen Scham- und Schuldgefühle vermeiden, um vor uns selbst und anderen gut dazustehen, wir wollen unsere kleinlichen oder gar zerstörerischen Absichten verbergen, wir wollen uns vor negativen Gefühlen wie Angst, Neid, Trauer oder Rachegedanken schützen, oder wir wollen die Verantwortung für negative Ereignisse ungern übernehmen. Und so sind die Sehnsucht nach Nähe und die Angst, dabei verletzt oder in seinen schamhaften Seiten erkannt zu werden, in unserer maskierten Gesellschaft zwei Seiten der gleichen Medaille. Die Lösung wäre dann eine sukzessive Öffnung, ein sich stückweise Zeigen, das nur weitergeht, wenn es beiderseitig ist.«

Also: Die »Ghosts« würden sich selbst einen Gefallen tun, wenn sie genau hinsehen würden, warum sie immer wieder abbrechen und weiter ziehen. Verschwinden hat nun einmal viel mit Angst, also mit Enge zu tun.

Mir schreiben viele Menschen, die unter ihrem eigenen ständigen Abbrechen leiden: »Ich bin schon wieder in diesem Muster gelandet«, »ich habe mich schon wieder wortlos eingeigelt«, »irgendwann wurde mir das zu schwierig und zu nah – zu viele Gefühle« oder auch »wir kamen nicht weiter«. Die Frage lautet dann doch: Warum halten sie die Emotionen nicht aus? Manche sagen sogar: »Ich habe das Gefühl, ich löse mich auf!« Ihr Verschwinden ist dann nur noch konsequent.

Was also ist mit dem eigenen Konfliktverhalten? Warum konnte man vorher nicht formulieren, was einengt, nicht passte, verletzte? So jedenfalls werden Abbrüche nie zu Aufbrüchen. Außer vielleicht für den Verlassenen, der erkennt, dass das Problem beim Anderen liegt. Er kann nun weiter gehen und dies bestenfalls dadurch erkennen, dass er jemandem begegnet, der diese Angst nicht in sich trägt. Meist hat sogar eher der Verlassene mehr Möglichkeiten, aus dem Verschwinden des Anderen Positives zu ziehen, manchmal braucht er dafür allerdings ein wenig Hilfe. Extrem wichtig, so der amerikanische Psychiater Markus Horvath, sei es, sich selbst klar zu machen, dass der Ghost nicht allein Täter und der Geghostete nicht nur Opfer ist. Auch Laura habe sicher schon Menschen verlassen, sie ist ja immerhin in die USA gezogen. Sie suche selbst Neues, lasse Menschen und Orte hinter sich, so Horvath: »Man soll sich den Schatten oder eben das Geisterhafte zu eigen machen. Dann kommt man in die Selbstwirksamkeit. Reife! Laura selbst will das Neue. Ich sage ihr: Umarme es!«

»Die Ge-Ghosteten haben unbedingt die Möglichkeit, ihren Umgang mit dem Abbruch zu gestalten«, findet auch Paarberater Hegmann: »Wer nach einer Verletzung auf Partnersuche geht, macht das häufig aus einer Position der Schwäche heraus. Dann werden vermeintlich starke Partner besonders anziehend erscheinen. Die sind aber häufig nicht wirklich stark, sondern tun nur so und ziehen ihre Stärke aus der Anerkennung der Anderen. Und damit ist die Dynamik Forderung – Rückzug gleich wieder zurück in der neuen Beziehung. Verarbeitet man dagegen eine Trennung, stärkt sein Selbstbewusstsein, dann sind ganz andere Partner interessant, und zwar solche, bei denen Ghosting auch weniger wahrscheinlich ist.«

Die Devise sollte also heißen: nach vorne blicken. »Versuchen, die Trennung als Chance zu erleben, einen Partner zu finden, der sicherer ist und besser passt. Der Schwarm hat sich ja mit einem solchen Verhalten aus der Riege der akzeptablen Partner verabschiedet! Lieber eine frühe Trennung als eine unglückliche Beziehung mit anschließender Trennung. Vertrauen kann man lernen, möglicherweise braucht der eine oder andere dabei eine Anleitung oder Unterstützung. Es braucht gar nicht so lange, wenn man sich entschieden hat, den Schmerz loszulassen.«

Übrigens hilft auch Rache nicht – im Gegenteil: Sie hält das Gefühl der Verbindung aufrecht und ist damit ein schlechter Weg, um abzuschließen. Kurzfristig ist Rache sicherlich schmerzlindernd, aber dauerhaft nicht wirksam. Wer betrogen und verletzt wurde, leidet. Wut, Traurigkeit, Scham – diese Gefühle kosten Kraft. Das ständige Grübeln lähmt und kostet Zeit. Rache ist kein gutes Lösungs-Mittel, denn langfristig bringt sie nichts – außer Stillstand.

Verzeihen gilt mittlerweile als das Heilmittel der Seele. Aus psychologischer Sicht gibt es zum einen das entscheidungsbasierte, zum anderen das emotionsbasierte Verzeihen. Das emotionsbasierte Verzeihen folgt auf den Entschluss, dass man sich von Wut, Trauer und Rachegelüsten nicht das Leben bestimmen lassen will. Beim entscheidungsbasierten Verzeihen geht es um das Bedürfnis nach Rationalität, also darum zu verstehen, warum man verletzt wurde. Verzeihen beginnt oft mit einer Entscheidung, aber es ist immer ein Prozess, der im Übrigen ganz unabhängig von der Person ist, der verziehen wird. Es ist kein Friedensangebot an den Menschen, der uns vermeintlich Unrecht getan hat – dieses Angebot richtet sich stattdessen zunächst an uns selbst.

Insofern eignet sich Ghosting sehr gut, um diesen Weg zu gehen, auch wenn es anfangs unmöglich erscheint. Der Andere spielt dabei keine Rolle. Beim Verzeihen geht es vor allem darum, die eigene Handlungsfähigkeit wiederzuentdecken. Der Verlassene lässt sich nicht mehr nur von negativen Gefühlen leiten, sondern übernimmt selbst das Steuer. Er übernimmt Verantwortung für sein Befinden, fühlt sich mächtig statt ohnmächtig. Dass die Möglichkeit zu verzeihen nicht auf Ohnmacht basiert, sondern Macht verleiht, fühlt man am stärksten dann, wenn uns jemand um Verzeihung bittet. Wir können die Entschuldigung annehmen oder ablehnen. Einfordern kann man das Verzeihen nicht.

Verzeihen bedeutet also loszulassen. Vor allem die Rolle des Opfers. Ein Opfer kann nicht frei sein, wenn es täglich die Last aus Schmerz und Wut trägt.

Verzeihen hilft uns weiter zu leben. Andernfalls bleibt die kränkende Erfahrung dickköpfig auf der Seele liegen. Ob man verzeihen soll, kann man anhand von zwei Fragen an sich selbst schnell beantworten: Ist einem die Beziehung wirklich wichtig? Und: Wie groß ist die Wahrscheinlichkeit, dass der Andere uns noch einmal verletzt?

Aber auch das ist wahr: Verletzungen gehören zum Leben. Wir tun einander ständig weh, allein schon, wenn wir den Erwartungen des Anderen nicht entsprechen. Die Schuld nur auf der anderen Seite zu suchen, führt nicht weiter. Man sollte wenigstens versuchen, etwas mit den Augen des Anderen zu sehen. In Konflikten kann die Frage nach dem Eigenanteil sogar entlasten, weil sie zeigt, dass man den Lauf der Dinge eben doch auch mitbeeinflusst.

Das Gehirn leistet beim Verzeihen Schwerstarbeit, wie Aufnahmen im Magnetresonanztomographen zeigen. Frauen tun sich mit dem Verzeihen übrigens schwerer als Männer. Die Aufzeichnungen der Gehirnaktivität zeigen, dass beim Prozess des Verzeihens jener Bereich des Gehirns aktiv ist, der bei Schmerzen aller Art reagiert.

Dennoch ist Verzeihen gesund für Körper und Seele. Es

mindert den Stress. Und: Stress schwächt das Immunsystem und verringert die Empathiefähigkeit. Menschen mit viel Empathie können schneller verzeihen.

Und weil die digitale Kommunikation diese Themen auf die Spitze treibt und dadurch immer wieder User generiert, gibt es mittlerweile schon einen Markt für psychologische Beratungen im Netz, etwa einen Vergebungsworkshop, den man sich herunterladen kann. Dabei lernen Betroffene, sich den Schmerz bewusst zu machen, ohne sich als Opfer zu bemitleiden oder den Verursacher als Täter zu hassen. Sie üben, sich in den Anderen einzufühlen – und ihm auf dieser Grundlage zu vergeben. Die wichtigen Fragen an sich selbst lauten: Was schuldet mir der Andere? Was schmerzt mich? Was müsste ich vom Andern bekommen, um wirklich loslassen zu können? Die Antworten, die man sich selbst gibt, setzen den eigentlichen Klärungsprozess in Gang, so die Hoffnung der Betreiber des digitalen Workshops. Das Ziel ist, einen Strich unter das Geschehene zu ziehen – für sich selbst. Die Strategie geht durchaus auf: Die digitale Vernetzung verursacht Verletzungen und bietet dafür gleich das passende Pflaster. So kommt immer wieder Kundschaft nach. Nun braucht man sich keinen Vergebungsworkshop herunterladen – doch es zeigt, dass es den Anderen nicht braucht.

»Ich hatte eine Beziehung, die 18 Monate dauerte und ziemlich ernst geworden war. Plötzlich der Kommunikationsabbruch. Nach drei Wochen des Schweigens entschied ich, dass ich diese Nicht-Beziehung beenden werde. Ich schrieb ihm handschriftlich einen Brief. Darin erklärte ich, dass ich durch sein Verhalten verletzt und verwirrt war, aber gute Zeiten mit ihm gehabt hätte und ihm alles Gute wünsche. Es fühlte sich richtig an, meinerseits aufrichtig unsere Beziehung zu beenden, selbst wenn seine Handlung unhöflich und unreif war. Die Aufrechterhaltung meiner eigenen Integrität schwächte den Schmerz. Und so war ich im gewissem Sinne diejenige, die die Tür endgültig schloss.« So schrieb mir eine Leserin. Für sie war die Beziehung nicht zu Ende, nur weil der Andere verschwunden war. Deshalb musste sie selbst den Schlussstrich ziehen.

Zu jeder Beziehung gehören zwei, das heißt der Verlassene darf sich durchaus fragen, warum ihn der wortlose Abbruch so sehr trifft, und auch, ob er den Anderen in die Flucht getrieben hat, etwa durch Erwartungen, die der Andere vielleicht nie in Aussicht gestellt hat. Das kann ein erster Schritt sein, sich selbst zu befragen, was man zu diesem »Ende« beigetragen haben könnte. Leider übertreiben es viele Verlassene damit. Auch hier kommt es auf das richtige Maß an. Esra, die kurz vor der Hochzeit von ihrem Verlobten ohne Begründung verlassen wurde, weiß, dass das Verschwinden ihres Partners auch alte Schmerzpunkte berührte. Sie will diese Wunden mit einem Therapeuten besprechen, umso mehr, weil sie sich nicht mehr in Beziehungen traut. Doch möglicherweise waren die Bindungsängste schon vorher da.

Viele Betroffene suchen die Schuld bei sich selbst, eben weil sie keinen anderen Anhaltspunkt haben. Hoffnungslosigkeit und Selbstzweifel können bei den »Ghosting«-Opfern zu Depressionen oder anderen psychischen Erkrankungen führen. Psychotherapeut Stefan Marmann rät den Betroffenen, sich im Notfall an einen Fachmann zu wenden. Das gilt übrigens auch für den »Ghost«: »Es gibt seelische Erkrankungen, soziale Ängste, aber auch Formen der ängstlichen Depression oder Persönlichkeitsstörungen, die Ursachen für ein plötzliches Abtauchen sein können.«

Das könne man mittlerweile sehr erfolgreich auch psychotherapeutisch behandeln; dies setze aber voraus, dass es bei einem Patienten auch eine entsprechende Therapiemotivation gäbe, so Marmann, also dass der Betroffene an seinem Verhalten etwas ändern will, weil er selbst darunter leidet. Leander hat das erkannt. Nur so habe er überlebt, sagt er. Er komme sich vor wie ein Schiffbrüchiger. Er hat eine Psychoanalyse gemacht – was zwar nicht bedeutet, dass er geheilt ist. Zumindest ist er sich aber nun bewusst, warum er handelt, wie er handelt, und er fühlt sich weniger getrieben.

Bezogen auf die Spielarten in der Dating-Welt fragen sich viele: Was kann man tun, wenn man bemerkt, dass man nur eine Option von vielen ist? Eine Frage, die immer wieder gestellt wird und auf die es sicher mehrere Antworten gibt. Wichtig jedoch wäre, für sich selbst zu definieren, welchen Grad an Verbindlichkeit man braucht und erwartet. Wird diesem Bedürfnis nicht nachgekommen, sollte man konsequent sein und eine Beziehung nicht eingehen. Viele meiner Kontakte lassen sich als Rückfalloption »missbrauchen«, so wie Alicia oder auch Lisa. »Ich komme mir schon wie ein Airbag vor«, klagt Alicia. In ihrem Fall hätte es durchaus Sinn, das eigene Bindungsverhalten zu überdenken und sich etwa die Frage zu stellen, warum sie immer wieder an emotional unerreichbaren Partnern festhält? Ist sie selbst unbewusst ein passiver Beziehungsverweigerer?

Es lohnt sich außerdem, Michael Lindens »Weisheitstherapie« hier zu Rate zu ziehen. Der Neurologe und Psychologe, der uns im fünften Kapitel für die »Posttraumatische Verbitterungstheorie« sensibilisierte, hat die sogenannte Weisheitstherapie entwickelt. Darin beschreibt er unsere Fähigkeit, mit schwierigen Fragen des Lebens umzugehen, zum Beispiel mit Blick auf die Lebensplanung.

»Weisheit ist die Fähigkeit, die Widersprüche einer konkreten Situation zu bewältigen und die Konsequenzen einer Handlung für sich selbst und für andere abzuschätzen. Sie wird dann erreicht, wenn in einer konkreten Situation eine Balance zwischen intrapersonalen, interpersonalen und institutionellen Interessen hergestellt werden kann.«

Der Grad an persönlichen Weisheitskompetenzen sei daher ein Faktor, der erklären könne, »ob ein belastendes Lebensereignis von einem Betroffenen bewältigt wird oder zu Anpassungsstörungen führt«, so Linden. Dabei sei Weisheit, wie er sie versteht, ein mehrdimensionales Konstrukt und basiert auf der Fähigkeit zum:

a) Perspektivwechsel: die Fähigkeit zum Erkennen der verschiedenen Perspektiven der an einem Problem beteiligten Personen,

b) Selbstdistanz: die Fähigkeit, sich selbst aus der Sicht einer anderen Person wahrzunehmen,

c) Empathie: die Fähigkeit zum Erkennen und Nachempfinden von Gefühlen der am Problem beteiligten Personen,

d) Emotionswahrnehmung und Emotionsakzeptanz: Fähigkeit zur Wahrnehmung und Akzeptanz eigener Gefühle.

Es gibt weitere Punkte, die seine Weisheitstherapie erklären, darunter die »Selbstrelativierung«, bei der wir uns deutlich machen sollten, dass in der Welt vieles nicht so abläuft, wie wir es uns vorstellen. Aber auch das Wissen darum, dass jedes Geschehen kurz- und langfristige Konsequenzen hat, die sich auch widersprechen können. Es sei im Übrigen wichtig, die eigenen Probleme durch einen Vergleich mit den Problemen anderer Personen relativieren zu können.

Auch bräuchten wir letztlich eine gewisse »Ungewissheitstoleranz«. Linden erklärt: »Es ist wichtig, sich klar zu machen, dass kritische Lebensereignisse wie Tod, Scheidung, Kündigung usw. zum menschlichen Leben gehören. Menschen verfügen über die Fähigkeit der ›Resilienz‹ und können solche belastenden Ereignisse in der Regel verarbeiten. Von Krankheit ist erst zu sprechen, wenn es zu bleibenden psychopathologischen Normabweichungen kommt. Der Befund und die Funktionsstörung definieren Krankheit und nicht der Auslöser.« Auf diesem Hintergrund gehe es bei der Weisheitstherapie nicht um eine Lebensberatung oder die Unterstützung bei der Bewältigung eines Lebenskonflikts.

»Es geht um die Besserung der Psychopathologie. Dies geschieht nicht durch die Erarbeitung von Konfliktlösungen, sondern durch die Förderung psychologischer Funktionen, die erforderlich sind, um eine Konfliktlösung erreichen zu können. Weisheitstherapie ist ein therapeutischer Ansatz zur Behandlung von Belastungs- und Konfliktreaktionen oder Anpassungsstörungen.«

Und natürlich gibt es Kontraindikationen. So bedarf es etwa bei einer Persönlichkeitsstörung einer grundlegenden Veränderung einzelner Verhaltensweisen. Schwierigkeiten ergäben sich in der Praxis auch dann, wenn lang anhaltende Kränkungen zu einem Teil der persönlichen Identität geworden sind, die durch neue Perspektiven eher bedroht werden würde. Natürlich muss nicht jeder eine Therapie machen, der ghostet oder geghostet wird. Wer sich aber entwickeln möchte und unter dem Ghosting massiv leidet, dem kann eine Therapie sicher helfen.

Leidet man unter dem Ghosting, ist jedoch in der Lage, das Geschehen zu reflektieren, so wie Claudia, die von ihrem

Freund wortlos verlassen wurde, kann man es auch ohne fremde Hilfe schaffen: »Das Gute ist, dass ich gelernt habe, mir wieder mehr zu vertrauen und dass ich mich besser auf mich und mein Urteilsvermögen verlassen kann. Dadurch tappe ich zukünftig (hoffentlich!) nicht wieder in die gleiche Falle bzw. schaue besser hin, bevor ich mich auf jemanden emotional ›einlasse‹. Ich schalte mehr den Kopf ein. Das ist gegen meine (emotionale) Natur, bewahrt aber vor weiteren schlechten Erfahrungen.«

Claudia hat eine Art Frieden mit sich geschlossen, weiß um ihre Schwachstellen und hat »ihre Lektionen« verstanden. Solche Erfahrungen machen schließlich das Leben auch aus.

Andere erkennen, dass es im Nachhinein gut war, dass die Beziehung ein Ende fand. Auch Esra resümiert: »Es geschehen Dinge im Leben, die uns nicht gefallen, die aber gut für uns sind.«

Ziemlich gut – und das gibt sie offen zu – findet Esra, dass »der Geist tatsächlich vor kurzem vor meiner Tür stand. Mit einem Riesenstrauß roter Rosen. Tränenüberströmt entschuldigte er sich bei mir, bereute, mich derart schäbig stehen gelassen zu haben«, erzählt mir Esra mit breitem Grinsen. Sie zu verlassen sei der größte Fehler seines Lebens gewesen, versicherte er. Doch erklären, warum er sie kurz vor der Hochzeit hat stehen lassen, konnte er nicht. Zwar redete er, sagte aber nichts. Worte an sich reichen eben nicht. Sie brauchen auch Inhalt. Möglicherweise wusste er selbst nicht, warum er kurz vor der Hochzeit geflüchtet war. Auch er ist ein Bindungsängstlicher. Es geht in und nach einer Beziehung letztlich nicht nur um die Kommunikation als solche, sondern auch darum, aufrichtig dabei zu sein.

Erstaunlich ist, dass sich nach dem Ende einer langjährigen Beziehung die einstigen Partner nicht selten wie Fremde gegenüber stehen. Worüber wurde zuvor gesprochen? Aber auch diejenigen, die sich zuvor scheinbar innig miteinander austauschten, etwa über Einsamkeit, Scham oder Selbstzweifel, können sich plötzlich fremd sein. Bei diesen Paaren wirkt Ghosting besonders irritierend. Der Psychologe Holzberg gibt zu bedenken: »Ge-Ghosteter, aber auch der Ghost, müssen aufpassen, dass sie handlungsfähig bleiben. Das hat auch mit einem Bei-sich-bleiben zu tun. Wer ständig sucht, leidet und vermeintliche gesellschaftliche Ursachen zu seiner Verteidigung aufs Tablett bringt, zerfasert.«

Und: Je mehr wir uns umkreisen, desto weniger berühren wir uns. Wir sollten uns stattdessen an das altbekannte Credo halten: Erkenne Dich selbst. Man kommt nur heraus, indem man richtig hineingeht. Hinein geht in die Gefühle. Man muss anfangen, sich selbst zu verstehen, beobachten, wann welche Gefühle auftauchen. Wenn man versteht, in welchen Situationen man Enge-Gefühle bekommt, was davon vielleicht gar eine alte Angst ist, ein früher Verlust, dann könnte man aus diesen Wiederholungsschleifen herausfinden.

Zuweilen helfe auch ein sogenanntes »Reframing«, so der Psychologe Hantel-Quitmann: »Bleibt die Frage, inwieweit ein Umdeuten (reframing) eine dauerhafte Lösung bietet. Meine Erfahrung ist, dass diese Strategie für eine gewisse Zeit wirksam sein kann, sie aber innerlich akzeptiert und integriert werden muss. Die neue Sicht muss sich an die Stelle der alten setzen, sodass nicht nur ein Umdeuten, sondern auch ein neues Denken einsetzen kann.«

Das ist sicher nicht einfach. Denn auch in der Vergangenheit gibt es die Möglichkeitsform! Etwas, was viele Betroffene – manchmal jahrzehntelang – quält, ist die Frage: Was wäre gewesen, wenn? Wie wäre es gewesen, wenn wir zusammen geblieben wären? Oder aber: Was wäre gewesen, wenn wir uns nie begegnet wären? Es hätte alles anders kommen können durch kleinste Verschiebungen. Wir können nicht alle diese Varianten leben.

Das Online-Dating, der vermeintliche Markt der unendlichen Möglichkeiten, wird bleiben. »Das ist auch gut so. Denn weil wir ständig online sind, ist es ein Segen, dass wir dort auch Bindungen aufbauen können, wo wir uns befinden«, sagt Parship-Berater Eric Hegmann. Und außerdem ermögliche Online-Dating die Chance, abseits des eigenen Trampelpfades Menschen kennenzulernen, denen wir sonst nie begegnen würden. Auch die Medien und ihre Lovestorys, ebenso wie die sozialen Medien, werden bleiben. Dort wird es weiterhin jede Menge Marketing und Selbstdarstellung geben, die uns und unsere Sicht auf Partnersuche und Beziehungen beeinflussen.

Gesucht werden also Gegenmittel für Verlust- und Bindungsangst. Wie wäre es mit Mut und Vertrauen? Auch darauf, dass der Abbruch als Aufbruch verstanden werden kann.

Und der Schriftsteller Mirko Bonné, der im Verschwinden gar einen »poetischen Akt« erkennen will, hat nicht ganz unrecht, wenn er darauf aufmerksam macht, dass das Verschwinden des Einen auch eine Chance für den Anderen sein kann. Auch wenn man das vielleicht erst im Rückblick erkennt: »Abschied heißt ja nicht, allein für sich etwas Neues zu beginnen. Es heißt ebenso, dem Zurückgelassenen die Möglichkeit zu etwas Neuem einzuräumen, ja, erst zu verschaffen!«

Berühmte letzte Worte

Was also könnte man sagen, wenn man keinen Kontakt mehr wünscht, und wie viel Wahrheit hält man aus? Natürlich gibt es hier keinen Königsweg. Die Analyse der eigenen Beweggründe hilft aber sicher beiden Seiten: dem Abbrecher ebenso wie dem Verlassenen, der eine ehrliche Begründung bekommt und selbst überlegen kann, warum er genau diesen Partner angezogen hat.

Zunächst sollte also der potenzielle »Ghost« überlegen, warum er seine Beziehung nicht mehr will. Dafür braucht es Reflexionsfähigkeit, Mut und Ehrlichkeit. Ist er sich selbst darüber im Klaren, warum er gehen will, könnte er versuchen, seinen Abbruch zu erklären: »Eine ganz allgemeine Begründung wäre: Ich habe die Hoffnung, noch etwas Besseres zu finden. Ein zweite Begründung könnte sein: Du hast einige negative Merkmale, die ich, zugegebenermaßen, einfach nicht mag, mit denen ich mich nicht rumärgern möchte. Drittens: Es könnte sein, dass du etwas in mir siehst, was ich niemals erfüllen kann. Viertens: Eigentlich bist du zu gut für mich, weil, wenn du mich wirklich kennen würdest und wüsstest, wer ich bin, würdest Du abbrechen und sowieso weglaufen, und das will ich mir auch nicht zumuten, weil das auf jeden Fall auf eine Kränkung hinausläuft usw.«

Dies wären mögliche Ansätze. »Ob das zum Geschäftsmodell der Dating-Plattformen passen würde, bezweifle ich aber«, so der Psychologe Hantel-Quitmann. Vor allem aber gehe es beim Finden ehrlicher Antworten darum, Schamgrenzen zu überwinden.

»Das wäre sozusagen die Einführung einer ernsthaften

Kategorie in einen eigentlich spielerischen Umgang miteinander. Man würde dem Anderen auf eine sehr persönliche Weise signalisieren, dass er eine ernsthafte Antwort verdient hat, dass er sozusagen Menschenwürde oder Menschen-Status erlangt! Und ich zeige meine eigene Menschlichkeit auch damit!« So der Therapeut. Die Frage ist: Warum passiert das nicht? Warum vermeidet der Abbrecher ein solches Gespräch? Gleichgültigkeit und Gefühllosigkeit können ein Grund sein. In diesem Fall fehlte es ohnehin an Nähe. Gab es diese nicht, sieht der Abbrecher möglicherweise keine Veranlassung, sich aufwändig mit der anderen Person zu beschäftigen. Dennoch: Der Andere ist ein Mensch. Stil und Anstand kann man auch aufbringen, wenn ein Kontakt es an der nötigen Tiefe hat fehlen lassen. Etwas mehr Aufrichtigkeit wäre eine gute Möglichkeit, um eine Ghosting-Situation zu entschärfen.

»Ein menschlicher Umgang wäre sozusagen ein Umgang mit der Scham. Ein vorsichtiger freundlicher Umgang, der aber auch das, was durch die Scham verborgen werden soll, nicht als Abgrund, als unmenschlich sieht, sondern als einen normalen Ausdruck eines Menschen. Also alles das, was in uns Scham auslöst, ist menschlich. Wie gehen wir damit um, in den gegenseitigen Selbst-Eröffnungen, die wir da in den Dating-Plattformen finden? Wie gehen wir mit Scham um? Warum scheut man die Auseinandersetzung? Warum will man die Meinung des Anderen gar nicht mehr hören?«

Dies fragt sich Hantel-Quitmann und macht damit das Geschäftsmodell der Dating-Plattformen für die Situation verantwortlich. Doch was würde man sagen, wenn Scham und Angst der Grund für den plötzlichen Abbruch wären? Wie wäre es zu sagen, dass man Angst hat? Was sollte man darauf entgegnen? Was dagegen setzen?

Der Soziologe Niklas Luhmann sah die Liebe selbst als Form der Kommunikation, als Medium, nicht unbedingt als Gefühl. Liebe sei eine spezifische Weise, über Gefühle zu sprechen, die zwei Liebende verbindet, während sie Dritte ausschließt. Nur mit dem geliebten Anderen kann ich in einer bestimmten Weise reden. Gefühle und Intimität austauschen. Liebe ist Austausch.

Es müsse einen Codex der Fairness und der Menschlichkeit bei den Plattformen geben, schreiben viele Betroffene. Warum gibt es das nicht? »Skills« dafür, wie man respektvoll Beziehungen beendet, fordern sie. Nun gibt es tatsächlich in den USA eine Dating-App mit dem Namen »Hinge«, die es sich zum Geschäftsmodell gemacht hat, weniger unhöflich zu sein. »Hinge« verzichtet auf die »Wisch- und Weg-Kultur« und verkauft sich als »Beziehungs-App«. Die Zeit des menschenunwürdigen »Swipens« durch einen endlos erscheinenden Katalog von Gesichtern sei vorbei, ist auf der Webseite zu lesen. Die Macher von »Hinge« haben zumindest erkannt, was Dating-Plattform-Nutzer so fertig macht. Die App verfügt über eine Funktion »Your Turn«, mit der der Benutzer daran erinnert wird, ein Gespräch fortzusetzen, wodurch Ghosting verringert werden soll. Doch funktioniert das wirklich? Als eine Userin sich beschwerte, dass ihr Date weder zu vereinbarten Treffen erschien noch erreichbar war, fragte sie beim »Hinge-Support« nach. Die formelle Antwort: »Aus Datenschutzgründen können wir Ihnen nicht weiter helfen. Wenn ein Mitglied aus Ihrem Match verschwindet, kann das absichtlich oder versehentlich passieren, oder er hat sogar sein Profil bei »Hinge« gelöscht.«

Es ist erstaunlich, dass respektvolle Umgangsformen nicht selbstverständlich sind unter Erwachsenen. Psychologen und Therapeuten raten inzwischen sogar dazu, potenzielle Beziehungspartner so wie nahe Familienmitglieder zu behandeln, also mit Fürsorglichkeit und Aufrichtigkeit. Dabei wird allerdings außer Acht gelassen, dass Beziehungsabbrüche durchaus auch in Familien zu beobachten sind.

Ein Problem sieht US-Psychiater Markus Horvath in der Erziehung. Die Schulen versäumten es, den jüngeren Menschen soziale Fähigkeiten beizubringen. Offenbar wäre es erforderlich, in den Schulen eine Art Unterricht im sozialen Miteinander einzurichten. Schon jungen Menschen müsste beigebracht werden, wie man eine Beziehung beendet. Auch die Eltern seien hier gefordert. Es geht also letztlich um Verantwortung. Man trage immer Sorge für den Anderen. Im Englischen spreche man von »care«. Dabei gehe es um die Pflege, darum, sich um das Wohlergehen des Anderen zu kümmern. Alles andere führe in die Barbarei.

Eltern sollten wissen, was Fremdverantwortung bedeutet. Sie sorgen für ihre Kinder. Das Kind lernt bestenfalls auch, was es bedeutet, für die eigenen Handlungen gerade zu stehen und Verantwortung für sein Verhalten zu übernehmen. Das Gefühl für die Eigen- und Fremdverantwortung dürfen wir nicht verlieren, warnt Horvath.

Der amerikanische Psychiater Markus Horvath hat fünf Regeln für das Beenden eines erwachsenen Kontaktes aufgestellt:

1. Sagen, dass man die Beziehung beenden will.
2. Wenn es mehr als drei Dates gab, muss man das Ende begründen.
3. Danke sagen für alles, was gut war.
4. Sich entschuldigen für das, was man falsch gemacht hat.
5. Zukunftsperspektive für beide ansprechen: Wieder Freiraum, neue Liebe.

Was sagen die Berater der Partnervermittlungsplattformen dazu? Sollte es einen Verhaltenscodex für das respektvolle Schlussmachen geben?

»Wir versuchen ja immer wieder, fast schon pädagogisch, bei ElitePartner einzuwirken. Aber wenn jemandem die Fähigkeit zur Empathie und Wertschätzung fehlt, eben diese Skills, wenn die einfach nicht ausgeprägt sind oder einfach über Bord geworfen werden, weil sie unbequem sind, dann ist es extrem schwer, auf so jemanden einzuwirken. Ich habe ja keine Sanktionen oder eine pädagogische Handhabe! Und natürlich würde ich sagen: Wie möchtest du denn, wie mit Dir umgegangen wird?«

Hier scheint ein Paradox vorzuliegen: »Auf der einen Seite möchte jemand nämlich gut behandelt werden, ist aber nicht bereit, den Anderen gut zu behandeln. Ich würde dann darauf einwirken und fragen: Was kann man sagen? Wie könntest Du deine Gefühle äußern? Zu sagen: Ich liebe dich nicht mehr oder ich bin nicht mehr glücklich, ist auch keine hilfreiche Erklärung und zeugt eher von Hilflosigkeit. Also wenn jemand sagt: Du. Es läuft ja nicht mehr so, wie ich das will. Ich habe auch schon andere am Start, die ich auf der Plattform gefunden habe, so wie Dich damals. (...) Okay, für den Verlassenen ist das eine harte Ansage. Das gibt aber immerhin noch die Chance, dass er dem Anderen gegenüber adäquate Wut entwickeln kann. Und das ist sehr heilsam. Den Betroffenen fällt ja das Zumachen unglaublich schwer, das Abschließen, weil es keinen Abschluss gab.« So die Psychologin und Elite-Partner-Beraterin Lisa Fischbach. Ein Plattform-User schlägt vor: »Wenn jemand sich nach 24 Stunden nicht meldet, ist Schluss!«

Gleichzeitig sollte jeder Verlassene aber auch sich selbst prüfen, ob nach kurzer gemeinsamer Zeit sein Anspruch auf Verbindlichkeit berechtigt ist, mahnt Parship-Berater Hegmann. Und der Verlassene darf sich fragen: Was will ich mit einem Geist?

Die Partnerschaftsvermittlungsplattformen haben das Problem erkannt, erklärt Hegmann: »Parship fordert Mitglieder auf, beim Beenden eines Kontaktes eine Nachricht zu versenden und erleichtert dies durch vielfältige Formulierungsvorschläge. Man kann Menschen Anregungen geben, aber man kann ihre Kommunikation nicht in starre Formen pressen. Das wäre anmaßend. Mit Ablehnung und Zurückweisung müssen wir umgehen lernen. Partnersuche ist nicht möglich in Watte verpackt! Menschen haben sympathische und unsympathische Verhaltensweisen. Nicht alle Konfrontationen lassen sich vermeiden, und viele sind ja auch gut, nämlich um zu wissen, ob man mit denen in einer Beziehung zurechtkäme. So wie Radfahren lernen ohne Sturz nicht möglich ist, gibt es keine Partnersuche oder Partnerwahl ohne Enttäuschungen.« Statistisch brauche es angeblich fünf bis sieben Dates, bis man sich einmal verliebe.

»Dann braucht es nochmal einige, bis sich beide verlieben. Dating Apps gaukeln durch Voreinstellungen wie Ja oder Nein eine gewisse Sicherheit vor, vielleicht erscheint die Rückweisung manchen Menschen deshalb besonders schmerzhaft. Es gibt Studien, die sagen, wir entscheiden in wenigen Sekunden darüber, ob wir jemanden kennenlernen wollen. Wir weisen also täglich Menschen ab. Es wäre schön, wenn das immer respektvoll und wertschätzend geschehen würde.«

Und wenn dies nicht passiert, gibt es eine »App« gegen Liebeskummer, etwa »mend«. Die US-Plattform wurde 2017 gegründet und wirbt damit, »der beste Freund in der Hosentasche« zu sein, der Betroffenen auf seiner »breakup journey« rund um die Uhr begleitet. Wie praktisch. Das Smartphone ist unser virtuelles Auge, virtuelle Bar und gleichzeitig unser bester Freund, wenn die Barbekanntschaft sich oder den Anderen gelöscht hat.

Der amerikanische Psychologe Guy Winch warnt davor, Liebeskummer zu unterschätzen: »Wir neigen dazu, Liebeskummer mit jungen Menschen zu verbinden – mit Jugendlichen oder jungen Erwachsenen. Wir stellen uns nicht unbedingt eine 70 Jahre alte Frau oder einen 60 Jahre alten Mann vor. Wir unterschätzen, dass Liebeskummer jeden betreffen kann, unabhängig vom Alter. Aber was wir noch mehr unterschätzen, ist, wie schmerzhaft es ist. Wie es quasi das Gehirn und die Gedanken überfällt und es unmöglich macht, an etwas anderes zu denken. Wie roh und scharf dieser Schmerz ist.«

Der Autor Thomas Mayer, der in seinem Buch »Trennt Euch« ziemlich kompromisslos mit nicht passenden Beziehungen umgeht, ist überzeugt, dass Trennungen geradezu »Crashkurse« seien, »in denen wir so lange gegeneinander anrennen, bis wir begreifen, dass wir wir selbst sein dürfen, ja, müssen, und uns nicht verbiegen und verraten und anlügen dürfen, bloß damit etwas, das uns schadet, in den nächsten Tag hinüber gerettet werden kann.« Eine schlechte Wahl könne eine gute Lektion sein, um zu lernen, was wir wirklich bräuchten.

Auch ginge es, nach Mayer, nicht darum, wie wir *für* jemanden empfinden, sondern, wie wir *mit* jemandem empfinden, wie es uns in seiner Nähe geht. Mayer weist darauf hin, »(...) dass praktisch alle Getrennten ihre neue Realität der früheren vorziehen, weil sie zwar etwas verloren haben, aber auch viel gewonnen haben: Lebensfreude, Kraft, Vertrauen, Zuversicht und sogar möglicherweise einen Partner, der diesen Namen auch verdient.«

Das Ende einer Beziehung, so Mayer, kann »(...) ein heilsamer, hilfreicher und vor allem notwendiger Befreiungsschlag sein, der uns an einen Ort katapultiert, wo es uns, nachdem wir uns von einer harten Landung erholt haben, besser geht, weil wir stärker, ehrlicher und selbstbewusster geworden sind.« *Wie* die Beziehung beendet wird, bleibt aber auch hier entscheidend.

Zwar bewerten auch US-Dating-Experten das Ende einer Beziehung durchweg positiver als manch deutscher Kollege, aber auch sie erkennen die Wunden, die brutale Kontaktabbrüche hinterlassen können. Sie raten daher, dass der Abbrecher, um einen Menschen nicht unnötig zu verletzen oder zu verunsichern, in einigen freundlichen Worten kurz erklärt, warum er den Kontakt nicht will. Auch diese Verhaltensweise, die eigentlich normal sein sollte, hat in der Datingwelt einen Namen: »Caspering«. Wenn jemand merkt, dass er den Anderen nicht länger treffen möchte, solle er sich nicht mehr in Luft auflösen, sondern eine Nachricht im folgenden Stil verschicken: »Es war toll, dich kennenzulernen, du bist ein spannender Mensch, doch es hat bei mir einfach nicht gefunkt. Bitte entschuldige.« Also: Seine Gründe und seine Gefühle erklären und diese mit einem persönlichen Kompliment verbinden – so lautet der Rat.

Deutsche Dating-Experten fänden dagegen ein persönliches Gespräch hilfreicher. Das Non-Verbale spiele dabei eine große Rolle, die Stimme, Körpersprache und der Gesichtsausdruck. Und: Der Verlassene habe dann zumindest die Möglichkeit zu reagieren, das Gefühl, das Ende mitzugestalten. Die Verlassenen wiederum sollten sich vergegenwärtigen, dass sie vielleicht selbst schon einmal Menschen verletzt haben – wenn nicht sogar den nun Gehenden.

Sich zu verhalten, als hätte etwas nie stattgefunden, ist jedenfalls kein zukunftsweisendes Konzept. Wenn wir zwischen wichtig, unwichtig, zwischen gut und schlecht nicht unterscheiden können, taumeln wir einfach nur noch von einer Situation in die nächste, stehen uns gegenseitig im Weg, getrieben von unseren augenblicklichen Wünschen.

Anständig oder integer, »gut« zu sein, scheint heutzutage nur eine Option unter vielen – eine Sache des Lifestyles. Da nur unsere eigenen Präferenzen zählen, wirkt ein »Gut« geradezu übertrieben. Zu unserem Lifestyle kann es gehören, Vegetarier zu sein und gleichzeitig über Leichen zu gehen. Gut sein – oder treffender, moralisch sein – würde bedeuten, sich so zu verhalten, wie man selbst behandelt werden möchte, und sich nicht bei jedem Kontakt zu fragen: Was bringt mir der Andere? Andel Müller warnt: »Ich denke, das echte Miteinander kann nur ein praktisch gelebtes sein und wächst also zumeist kontinuierlich aus dem Füreinander: der Erfahrung, zusammen Krisen, Probleme bewältigt und wunderschöne Erfahrungen genossen zu haben. Fällt diese Dimension aus, erfährt das private wie das gesellschaftliche Miteinander eine in letzter Konsequenz das humane Menschsein gefährdende Reduktion, die womöglich nach einiger Zeit nicht einmal mehr vermisst wird – was für die Gesellschaft, ihren Zusammenhalt katastrophale Konsequenzen haben wird.«

Dabei geht es nicht um die einzelnen Worte oder Anstandsfloskeln, sondern darum, Verantwortung zu übernehmen. Wer bereit ist, sein bisheriges Verhalten zu hinterfragen und zu verändern, entwickelt sich, lernt, begreift. Nun geben einige Abbrecher unumwunden zu, dass sie gar nicht anständig oder gut sein wollen. Es stehe ihnen frei, sich egoistisch und rücksichtslos zu verhalten.

Bei Durchsicht der Zuschriften und nach vielen Gesprächen wird deutlich, dass sich die meisten Menschen zumindest eine kurze Erklärung wünschen, wenn jemand keinen Kontakt mehr möchte. Und sei es, dass der Abbrecher kommuniziert: Ich möchte diese Beziehung nicht mehr, so wie sie ist. Fast alle Zurückgelassenen wünschen sich Offenheit, auch wenn sie verletzen könnte. Alles sei besser als Schweigen, so die einhellige Meinung. Selbst ungeliebte Kinder bevorzugen die harte Wahrheit im Vergleich zu einer lebenslangen Ignoranz und Inakzeptanz. Natürlich könnten die Begründungen, die man erhält, auch Nährboden für weitere Fragen sein. Doch diese Fragen hätten einen Anker, etwas, woran man die Auseinandersetzung – mit sich – festmachen könnte. »Ich würde nicht so in der Luft hängen und mir alles Mögliche ausmalen. Und vielleicht hat es ja tatsächlich nichts mit mir zu tun. Dann möchte ich das aber verdammt noch mal wissen«, so eine Leserin. Fragen, die keine Antwort finden, sind fast immer quälend. Nur eindeutige Antworten beruhigen. »Alles ist besser als Mehrdeutigkeit und Unklarheit«, so die einhellige Meinung der Verlassenen.

Das sieht auch die Schweizerin Ursula so. Ihr sei es eben nicht gleichgültig, wie sie einen Menschen zurück lässt: »Ich bin nicht so ein Schwächling wie der Ghost. Ich erkläre, wenn ich kein Interesse habe, und das meist gleich nach dem ersten Date. Mir ist bewusst, dass ich eventuell zu früh entscheide, aber ich entscheide wenigstens und teile es dem Anderen klar und deutlich mit. So verstehe ich einen respektvollen Umgang unter Erwachsenen!«

Meist passt es einfach nicht. Und das habe mehr mit ihr

selbst als mit dem Anderen zu tun. Ursula bleibt aufrichtig – auch sich selbst gegenüber. Andererseits schweigt der Abbrecher ja auch, weil er weiß, dass Worte ihn verraten könnten, einen Blick hinter die Maske erlauben würden. Er schweigt auch, um sich selbst zu schützen, weil er sich schämt oder weil er den Anderen einer Offenbarung nicht für würdig hält oder weil ihm tatsächlich die Worte fehlen. Und was, wenn der Andere die Erklärung nicht akzeptiert? Geghostete beklagen das Unterbleiben einer Erklärung, machen sich aber nicht klar, dass diese eventuell für sie nichts geändert hätte. Auch das ist wahr: Es ist nicht immer möglich zu erklären, was man nicht will – oder was man will. Vor allem, wenn man es selbst nicht weiß.

Ein 27-Jähriger hat das »ultimative Heilmittel« gefunden. Er findet, dass jeder einmal in seinem Leben geghostet werden müsse. Das wäre »die ultimative Heilkur! Danach macht niemand so etwas wieder«.

Eine junge Bloggerin schreibt durchaus humorvoll zu ihren Abbrüchen: »Ich frage mich, wie ich gerne behandelt werden würde, säße ich am anderen Ende. In den meisten Fällen wäre eine Nachricht schön. Einfach, damit man sich nicht fragt, ob der Andere eventuell in der Zwischenzeit gestorben ist und man jetzt eigentlich Blumen schicken müsste. Deswegen sende ich mittlerweile eine personalisierte Version meiner Standardnachricht ab: Hey, es war schön, dass wir uns getroffen haben, und es hat Spaß gemacht, dich kennenzulernen. Aber ich kann mir nicht vorstellen, dass das mit uns funktioniert. Vielen Dank dir für die Drinks und alles Gute für dich.«

Sie habe erkannt, dass Partnerschaften nicht einfach so passieren, sie jede Begegnung mitgestaltet und dass der Andere genauso wie sie Gefühle hat. »Das verlangt von mir eine aktive, verantwortungsbewusste Teilnahme am Geschehen. Indem man andere Leute so behandelt, wie man selber behandelt werden möchte, hat man immerhin schon seinen Beitrag dazu geleistet, dass Dating für alle Beteiligten ein bisschen angenehmer wird.«

Und schließlich könnte sich der Abbrecher fragen: Was müsste sich beim Anderen eigentlich ändern, damit ich nicht gehen würde? Was sind meine eigenen Ängste? Warum gehe ich? Was ist mit der Beziehung zwischen uns wirklich los, so dass ich daraus den Schluss ziehe zu gehen?

Weil man sich meist diese Fragen aber nicht stellen will, eben weil sie so viel mit einem selbst zu tun haben, geht man lieber. Man weicht aus. Die Antworten könnten verwirren. Wir erinnern uns: Ghosting ist eine Bewältigungsstrategie von Ängsten – auch von alten Ängsten.

Wie etwa soll man sich eingestehen, dass man geht, etwa weil die Person einen an einen Anderen erinnert, mit dem eine frühere Beziehung nicht gut ausgegangen ist? Zu sagen: Es funktioniert nicht, weil du mich an eine frühere Beziehung erinnerst. Das sagt sich nicht leicht. Es wäre aber eine gute Begründung, weil die andere Person dann wüsste, dass der Abbruch nichts mit ihr zu tun hat. Es ist einzig die Projektion des Abbrechers. Doch diesen Transfer hinzubekommen scheint schwierig.

Dann wiederum schreiben mir viele Abbrecher, dass sie zuvor durchaus kommuniziert hätten, dass sie der Beziehung keine längerfristige Perspektive geben wollten und sie das sogar schon ziemlich früh gesagt hätten. Dass dies jedoch überhört wurde. Fragt man bei Verlassenen etwas hartnäckiger nach, ist es häufig tatsächlich so, dass durchaus vorab Sätze gefallen sind wie »es passt eigentlich nicht«, »ich suche nichts Festes« und anderes mehr.

»Sie glauben gar nicht, wie viele Klienten ich habe, die mir einen gesamten E-Mail-Verkehr über vier Wochen geben, um mir zu erklären, wie widersprüchlich diese Signale doch sind, die der Ghost gegeben hat.« So berichtet Parship Berater Hegmann. »Schon am ersten Tag kann ich sagen: Das ist völlig klar, dass der nicht beziehungswillig ist.« Nachgefragt: »Warum geht er dann aber auf eine Dating-Plattform? Das sei in der Tat widersprüchlich«, stimmt Hegmann zu. »Der hat vielleicht einen schwachen Selbstwert und braucht Bestätigung durch die Bemühungen von jemand anderem. Und wie kriege ich die? Indem ich mich auf eine Dating-Plattform setze und vielleicht sogar sage: Ich bin schwer zu kriegen. Dann werden sich die Leute um ihn bemühen, und sobald sie sich bemühen, zieht er sich zurück, weil dann setzt ja seine Bindungsangst ein. Aber sein großer Vorteil ist: Er hat ja vorher gesagt, dass er bindungsängstlich ist, und deswegen braucht der Andere auch nichts anderes erwarten. Der geht doch sauber raus! Er hat's von Anfang an gesagt. Aber dieser Satz war genau das, was bei dem Anderen den Kick ausgelöst hat, weswegen der sich bemühen wollte. Diese Dynamik ist sehr stark.«

Wenn aus einer Begegnung mehr werden soll, braucht man Mut, Ausdauer und die Bereitschaft zur Pflege des Kontakts. Nur so wird aus Zufall Schicksal. Damit das aber gelingt, muss man auf jegliches Sicherheitsdenken verzichten. Liebe ist weder zu berechnen noch planbar, weshalb sie ohne Risiko, Zufall und Ungewissheit nicht zu haben ist – oder wie es der Philosoph Alain Badiou ausdrückt: »(Die) Liebe ist ein hartnäckiges Abenteuer. Die abenteuerliche Seite ist notwendig, aber Hartnäckigkeit ist es nicht weniger. Wenn man es beim ersten Hindernis bleiben lässt, bei der ersten ernsthaften Meinungsverschiedenheit, bei den ersten Problemen, dann ist das nur eine Entstellung der Liebe. Eine wahrhafte Liebe ist jene, die dauerhaft, manchmal schwierig über die Hindernisse triumphiert, die der Raum, die Welt und die Zeit in den Weg stellen.«

Der Versuch, mit dem Anderen eins zu werden, sei dabei nicht das Ziel. Liebe ist nach Badiou die fortdauernde Feier einer erfahrenen Differenz zum beiderseitigen Wohl. Sie führt uns »(...) in den Bereich einer Grunderfahrung dessen, was der Unterschied ist, und im Grunde zur Vorstellung, dass man die Welt vom Gesichtspunkt des Unterschieds aus erfahren kann. Insofern hat sie eine universelle Tragweite und ist eine persönliche Erfahrung der möglichen Universalität«.

Die Liebe trägt also den Keim des Universellen in sich und sperrt sich gegen Eindimensionalität. Der Unterschied und der Kontrast sind bereichernde Erfahrungen.

Viele der Geschichten, die in diesem Buch beschrieben wurden, enden mit einem unausgesprochenen »vorbei« oder »nicht mehr«, einem »nie gewesen«. Aber was heißt »nicht mehr« in der Liebe? Die Philosophin Michela Marzano – und mit ihr auch meine Leser – beschäftigt genau dieses »nicht mehr«, und sie hat eine überraschende Meinung: »Man liebt immer viele Menschen zugleich. Wenn nicht, würde das bedeuten, dass man innerlich tot ist. Und außerdem, wenn man liebt, dann ist das für immer. Wenn ich jemanden geliebt habe, kann ich nicht aufhören, ihn zu lieben. Auch wenn die Liebe sich wandelt. (...) Ich habe lange Jahre gebraucht, um zu verstehen, dass dieses ›nicht mehr‹ keinerlei Sinn hatte. Denn wer ›nicht mehr‹ liebt, hat vielleicht nie geliebt. Es gibt keinen Unterschied zwischen der Liebe und der Ewigkeit. Entweder man liebt, und dann ist das für immer, oder man liebt nicht, und dann nennt man das Gefühl zu Unrecht Liebe. Dann ist es nur etwas, das vorübergeht. Leidenschaft, Lust, Begehren, Zärtlichkeit, Freude, Hoffnung. Alles hat ein Ende. Unweigerlich.« Das Ende macht Angst, und manchmal ist es nicht einmal endgültig.

In nicht wenigen Zuschriften von Abbrechern findet sich eine Überlegung immer wieder: Was wäre passiert, wie wäre mein Leben weiter gegangen, wenn ich gewusst hätte, wie ich es ihm hätte sagen sollen. Wenn ich erklärt hätte, warum ich zweifelte? Was wäre passiert, wenn ich nicht gegangen wäre? Auch: Ist Liebe ein Grund, mit jemandem zusammen zu bleiben, der einem nicht gut tut? Liebe und Flucht schließen sich nicht aus.

Was wäre möglich gewesen, wenn man weniger Angst vor dem gehabt hätte, was man gern hatte, wenn man mehr gewagt oder sich mehr Zeit gelassen hätte? Manche denken, dass sie vielleicht schon »die Eine« oder »den Einen« gefunden hatten, aber eben eilig weiter gezogen sind. Es hätte ja sein können, dass es draußen noch etwas Besseres für sie gab. So eilten sie von einem zum anderen. Ohne Abschied. Doch es kam nichts Besseres.

Laura fragt sich auch: »Wie wäre mein Leben verlaufen, wenn ich Paul nie kennen gelernt hätte? Er hat ja letztendlich mein Leben nachhaltig negativ beeinflusst. Und eigentlich wünsche ich mir eher, dass ich ihn nie kennen gelernt hätte. Für knapp zwei Jahre glücklich sein habe ich teuer bezahlt.« Wie ambivalent solche Gedanken sind, zeigt meine Nachfrage:

Aber was würdest du tun, wenn der Deserteur wieder vor deiner Tür stünde? Wenn Paul geradezu eine Amnesie ›vortäuschen‹ würde und seinen plötzlichen Abgang schlichtweg totschweigen, dir aber gestehen würde, dass er immer an dich gedacht habe. Könntest du vergeben? Könntest du darauf verzichten, ihm mit Bitterkeit zu begegnen? Ohne Vorwürfe? Also: Angriff oder Umarmung? »Umarmung!«, sagt Laura.

»Ich habe den Mann mit all seinen Macken sehr geliebt und mir auch schon mal vorgestellt, was wäre, wenn es so käme, wie du es beschreibst. Aber das ist wirklich sehr selten. Er taucht jedoch noch in Träumen auf, und dann ist es immer sehr schön. Ich denke darüber auch nur noch nach, weil ich mich seitdem nicht mal annähernd verliebt habe. Spontan würde ich also sagen: Ich würde ihn zurücknehmen.«

Vielleicht kann man die Zeit, die verstrichen ist und das, was verloren gegangen ist, besser bewerten, wenn Zeit vergangen ist. Frage ich jedoch meine Leser, was sie von der »Umarmung« halten, ist die Meinung ziemlich deutlich. Das wäre ein Freibrief für mieses Verhalten, man würde den Verrat auch noch belohnen. Es sei die totale Kapitulation. Man sei doch kein Gegenstand, den man wieder so einfach hervorkramen könne. Die meisten Geghosteten würden dem Ghost also keine Absolution erteilen.

Eine unter Trümmern verschüttete Liebe kann man schwerlich zum Leben erwecken. Die Mehrheit der Betroffenen wünscht nach Jahren der Trauer und Kämpfe nicht einmal mehr eine Erklärung.

Bestimmte Türen bleiben versperrt, bestimmte Schlösser lassen sich nicht aufschließen. Man kann also durchaus mit diesen offenen Fragen leben. Und irgendwann, manchmal, ergeben sich die Antworten ganz beiläufig, wenn man es nicht mehr erwartet hat.

Schon Rainer Maria Rilke schrieb einst an seinen Protegé *Franz Xaver Kappus:* »Sie sind so jung, so vor allem Anfang, und ich möchte Sie, so gut ich es kann, bitten, lieber Herr, Geduld zu haben gegen alles Ungelöste in Ihrem Herzen und zu versuchen, die Fragen selbst liebzuhaben wie verschlossene Stuben und wie Bücher, die in einer sehr fremden Sprache geschrieben sind. Forschen Sie jetzt nicht nach den Antworten, die Ihnen nicht gegeben werden können, weil Sie sie nicht leben könnten. Und es handelt sich darum, alles zu leben. Leben Sie jetzt die Fragen. Vielleicht leben Sie dann allmählich, ohne es zu merken, eines fernen Tages in die Antwort hinein.«

Schwarzblende

Und im Abspann unseres Lebens ziehen alle Möglichkeiten entlang, die gelebten, aber auch die verpassten Chancen, die virtuellen und die realen Erlebnisse, die erhaschten Augenblicke, die kaum in Worte gefasst, schon vergangen sind.

Dann endlich herrscht die so ersehnte – oder auch gefürchtete – Stille.

Stille hilft, um sich eigener Bedürfnisse bewusst zu werden, nicht Begegnungen auf Plattformen oder wo auch immer hinterherzujagen, hin- und hergeworfen zu sein zwischen Sucht und Flucht. Die Stille aber ist heutzutage durchlässig geworden, denn was möglich gewesen wäre, sehen wir dann auf den Plattformen der sozialen Medien.

Aus den Augen, aus dem Sinn. Stimmt vielleicht für den Ghost! Für den Geghosteten dagegen ist das schwierig geworden. Das Gespenst ist lebendig, während der Andere sich als unwirkliche Erscheinung erlebt. Unheimlich sei das, sagte Alicia zuletzt, wenn eine Abwesenheit sich als permanente Anwesenheit präsentiert, wenn Spuren nicht mehr versanden: »Er geistert auf allen Plattformen herum. Man sieht jeden Tag, wie der Ghost sein Leben lebt!«

Wo beginnt die Geschichte? Und wie endet sie? Wie wir uns begegnen und wie wir uns verlieren. Darum geht es: Um Suchende und Vermeidende. Um Verwundete und Verlorene. Wie wir mit Verlusten umgehen, kann auch ein Gewinn sein, wenn Gewissen und Mitgefühl mehr Raum bekommen als das eigene Anspruchsdenken.

»Behutsam schließt man die Augen der Toten, ebenso behutsam muss man den Lebenden die Augen öffnen«, schrieb einst Jean Cocteau.

Nachwort

Was wäre die Lösung gegen die Wisch- und Weg-Kultur unserer Zeit? Ein Mittel, das vergleichbar wäre mit dem, was im Siebdruck verwendet wird? Der Geisterbildentferner, der »Anti-Ghost«?

Ich denke, wir haben es eher selbst in der Hand und, nebenbei bemerkt, der Geist ist ja schon aus der Flasche. Kein Wundermittel – es geht vielmehr um die Art und Weise, wie wir miteinander umgehen, wie wir uns kennen lernen und wie wir uns verabschieden. Der Rückzug oder die wortlose Abwanderung, die keinen Widerspruch duldet, ist die einfachste Lösung, um einer Konfrontation auszuweichen, einen Zielkonflikt zu lösen oder um sein Selbstwertgefühl aufrecht zu erhalten. Jeder darf natürlich eine Beziehung oder eine lockere Begegnung beenden, wie er will. Aber die Freiheit, dies zu tun, entbindet nicht von Verantwortung. Leider besteht eine große Unsicherheit darin, wie man eine Trennung vollzieht. Wie man geht. Wie man sich verabschiedet. Wie man verliert. Es gibt eine auffällige Ungewissheit über Interaktionsregeln. Offenbar fehlt der moralische Kompass.

Doch die Art, wie wir Schluss machen, hat gesellschaftliche Folgen. Die Auflösung sozialer Bindungen oder von Beziehungen, die immer wieder neu verhandelt werden müssen – ihre Flüchtigkeit und unklare Verbindlichkeit – definierten das soziale Zusammenleben.

Die Spielarten der Datingwelt haben in kürzester Zeit viel verändert. Die »Nutzer« scheinen sich auf das Aussortieren besser zu verstehen als auf das Sich-Festlegen. Sie wählen, ohne wirklich auszuwählen. Wischen nach links. Sortieren aus. Was sie wollen? Alles. Den Einen. Nichts.

Die Dating- und Partnerschaftsvermittlungs-Plattformen verstärken ungute Entwicklungen im Zwischenmenschlichen, weil sie Entwicklungsschritte aussparen, Nähe vortäuschen, Manipulationstechniken erleichtern, das Lückenhafte und Bindungslose verstärken.

Wir machen Bilder von uns selbst. Aber wir haben uns noch kein Bild von unserem Selbst gemacht. Vielleicht sollten wir erst einmal uns selbst verstehen, bevor es die Algorithmen versuchen. Doch je geringer das Vertrauen in den Anderen, desto größer das Vertrauen in den digitalen Helfer, der Sicherheit garantieren soll. Der eigentliche Preis wird erst langfristig deutlich: Die Abgabe von Selbstverantwortung erhöht auf Dauer noch mehr die eigene Unsicherheit. Fremdbestimmung macht unglücklich – und krank.

Es fehlt es an Vertrauen in den Anderen, der immer auf dem Sprung zu sein scheint. Ohne Vertrauen aber ist eine Zukunft schwierig. Ohne Vertrauen, so Niklas Luhmann, wäre das soziale Leben nichts als »Chaos und lähmende Angst«.

Tatsächlich spricht aus vielen Äußerungen Angst und Desorientierung.

Meine Interviewpartner fragen etwa: Warum fällt mir Bindung so schwer? Warum halte ich – oder mein Partner – Nähe nicht aus? Was fühle ich? Wie soll ich auswählen, wenn ich nicht weiß, was ich will? Wie kann ich beständige Gefühle entwickeln, wenn alle vage und unverbindlich sind?

Was fühlt der Andere? Desorientiert wirken sie und die schnelle Auswahl – auch die Nicht-Wahl – auf den Dating-Plattformen wirkt wie ein Verstärker ihrer Unsicherheit, Verwirrung und Unruhe. Die Qual der Wahl.

Auch scheint die verbissene Suche nach der romantischen Liebe alles andere als romantisch und darüber hinaus kontraproduktiv. Die Berechnung der Liebe: lieblos. Und die Reaktion darauf: gefühllos. Das moderne Nicht-Schluss-Machen – Ghosting – folglich: herzlos. Jeder wisse, wie es sei, ein verzweifeltes »Hallo« in den Abgrund zu schreien, erklärte mir kürzlich eine Geghostete aus den USA resigniert. »Phantom Lovers« seien schlimmer, als gar keinen Partner zu haben. An- und Abwesenheit sind kein Gegensatz, sondern bedingen einander. Es kann eben nur betrauert werden, was fehlt. Auch macht die fehlende Anwesenheit die Abwesenheit ja erst so qualvoll. Und: Verlorenes wird oft höher bewertet als Bestehendes.

Ich persönlich kann es nicht befürworten, dass die Funkstille salonfähig geworden zu sein scheint, dass Unzuverlässigkeit, Unberechenbarkeit, Nachlässigkeit bis hin zu Menschenfeindlichkeit heutzutage als Stärken gelten oder zumindest so »verkauft« werden. Trump übrigens ist ein gutes Beispiel dafür. Er ist ein narzisstischer Mega-Ghoster. Ein seelischer Umweltverschmutzer, der den Wert der Worte wie auch Menschen in seinem nahen Umfeld mit Füßen tritt. In meinen Gesprächen mit den Psychologen und Therapeuten fiel überraschend häufig sein Name. Trump sei ein Hustler, ein Gauner, der sich durchschlägt, ohne Rücksicht auf Verluste. Alles muss seinem eigenen Interesse untergeordnet werden. Vorgefertigte Urteile über Menschen werden nicht mit der Realität abgeglichen. Es gibt nur Freund und Feind. Ein unmoralischer und rücksichtloser Glücksritter. Der laute Selbstsüchtige, der Egomane, als Repräsentant des Modernen.

Einer, der nicht aufhören kann anzufangen. In einigen Gesprächen für dieses Buch begegnete ich dieser barbarischen Art, durchs Leben der Anderen zu stapfen, immer wieder. Doch wäre es nicht genauso wichtig, Andere wie sich selbst zu verstehen? Wir brauchen tiefer gehende Beziehungen, auch um unsere Ängste zu regulieren. Ohne emotionale Bindungen sterben wir. Und wenn wir wissen, dass wir genügen, dann können wir aufhören zu schreien und endlich anfangen zuzuhören. Dann begegnen wir den Menschen – und vielleicht auch uns selbst – mit mehr Güte und mehr Verständnis. Dann vielleicht können wir auch erkennen, was das Richtige für alle ist, ohne ständig nach dem eigenen Vorteil zu schielen.

Natürlich: Es gibt Gründe für ein Tun, genauso wie es sie für ein Nicht-Tun gibt. Und es heißt: Worüber man nicht sprechen kann, muss man schweigen. Aber: Nie ist der Mensch menschlicher, als wenn er erzählt.

Schweigen bedeutet auch eine Verarmung der Erfahrung, der Reifung. Wir sollten versuchen, die Folgen unseres Handelns immer mit zu bedenken. Das hieße, Verantwortung zu übernehmen.

Sagen, was ist und was man fühlt. Beginnt da nicht erst der intime Austausch? Wir können uns natürlich auch hinter Small-Talks, Monologen und Pseudo-Kommunikation verstecken, um Nähe oder den letzten Satz zu vermeiden. Doch zurück bleiben überall Unzufriedene. Es ginge also darum, wieder kommunikationsfähiger zu werden. Geradezu paradox scheint, dass Psychiater, Therapeuten und Psychologen beklagen, dass die fehlende Kommunikation in den Beziehungen zunehmend das Hauptproblem in ihren Praxen sei: im Zeitalter der Kommunikationsexplosion! Die virtuelle Bar in der Hosentasche wurde erst 2007 eröffnet. Seitdem ist das I-Phone auf dem Markt. Fünf Jahre später begann sich mit Tinder die Wisch- und Weg- Kultur zu etablieren. Wie Menschen in Kontakte und aus ihnen hinaus gehen, hat sich in kürzester Zeit vollkommen verändert. Die ständige Suche nach dem Notausgang ist Folge der ununterbrochenen Zugänglichkeit des Internets. Die daraus folgende Sucht ist, wie die Schweizerin Ursula es beschreibt, vorprogrammiert. Um uns den gewünschten Rausch zu verschaffen, beliefern uns die Dating-Plattformen mit einem kontinuierlichen Strom winziger Dopamin-Dosen (Übereinstimmungen, Likes). Doch Sucht macht unglücklich, weil man die Kontrolle abgibt, fremdbestimmt ist.

In fast allen Gesprächen, selbst wenn mein Gegenüber etwa aus Wut glaubte, sich alles Recht der Welt herauszunehmen zu dürfen, jemanden wortlos abzuservieren, war immer auch eine Art wehmütige Unzufriedenheit zu spüren – beim Ghost. Wer sich nicht einfühlen oder gar festlegen kann, wird offenbar einsam. Auch wenn man alles Gewesene wegwischt, alles in Trümmer zerschlagen wird – unsere Vergangenheit formt dennoch unsere Identität.

Hat vielleicht der aus Südkorea stammende Philosoph Byung-Chul Han Recht, wenn er von der »*Agonie des Eros*« spricht, weil wir alle zu großen, aufgeblasenen Ich-Playern angeschwollen sind, in deren Blase kein ›Du‹ Platz findet? Es seien weniger die Optionen, die die Liebe zerstören würden, sondern das Verschwinden des Anderen.

Das Verschwinden des Abschieds ist also eine ernste Angelegenheit, wenn sich alles immer mehr aufzulösen scheint. Aus fast jeder der hier beschriebenen Geschichten und ihrem jeweiligen Ende hätte eine Geschichte werden können, wenn sie nicht geendet hätte. Doch die Kunst des Aufhörens ist nicht jedermann gegeben – und ein Buch über Abbrüche zu beenden übrigens nicht einfach.

Und doch muss ich Sie, liebe Leser, nun verlassen. Verschwinden. Danke für Ihre Zeit und Ihre Ausdauer. Auf bald.

Dank

Danken möchte ich vor allen denen, die mir schreiben und mir seit der Veröffentlichung des ersten Buches im Jahr 2011 vertrauen. Der Gesprächsfaden reißt nicht ab. Die Kommunikation ist konstant und substanziell. Durch die Offenheit und den Mut meiner Leser und weiterer Betroffener birgt das Buch einen wahren Schatz wertvoller Geschichten und Erfahrungen. Um ihre Privatsphäre zu schützen, habe ich die Namen anonymisiert und Details verändert, die eine Identifizierung möglich gemacht hätten.

Danke für die Gespräche und Zuschriften! Danke, dass dieses Buch entstehen konnte!

Einen großen Erkenntnisgewinn gaben mir abermals die intensiven Gespräche mit dem Psychologen Prof. Dr. Wolfgang Hantel-Quitmann. Ich danke außerdem der Psychologin und Elite-Partner-Beraterin Lisa Fischbach sowie Paar- und Parship-Berater Eric Hegmann für den Einblick in die Welt der Partnerschaftsvermittlungs-Plattformen. Ich danke dem Psychologen Oskar Holzberg, außerdem Angela Rudloff für die Ausführungen zum Narzissmus, Elena-Katharina Sohn, der Gründerin einer Anti-Liebeskummer-Agentur, der Journalistin Lucie Machac, dem Pädagogen Dr. Udo Baer, dem US-Psychiater Dr. Markus Horvath und meinem einstigen Deutschlehrer, dem Journalisten und Buchautor Andel Müller.

Mein Lektor Dr. Johannes Czaja hat mich mit seiner Begeisterung für das Thema ermutigt und inspiriert. Eine Bereicherung! Ihm und Antje Peter danke ich für ihre Energie und Sorgfalt. Knut Amos danke ich für die umsichtige Begleitung unserer Buchwebseite, und dem Verleger Tom Kraushaar danke ich dafür, dass ich weiterhin Autorin dieses tollen Verlags sein kann.

Für ihre wertvollen Gedanken und Korrekturen danke ich meiner Mutter Gisela Soliman. Volker Steinhoff danke ich für seine lebhafte Intelligenz und seine Genauigkeit im Denken.

Für das einzigartige Cover-Foto danke ich Torsten Lapp, meinem genialen Kameramann – und vor allem engen Freund.

Bedanken möchte ich mich auch bei diesen mir wichtigen Menschen: Maria Soliman, Michael Soliman, Barbara Stützer, Markus Gerhardt, Meinhild Jach, Sabine Anton, Birgit Wuthe, Ralf Bader, Bert Bleicher, Baldur Hellwinkel, Nadeen Mirza, Anna Demisch, Ben Bolz, Matthias Gangkofner, Reinold Hartmann, Marcio Yanker, Beate Frenkel und ihrer Tochter Emma, die übrigens unser Cover-Girl ist.

Literaturhinweise

BAUER, Joachim (2010): Das Gedächtnis des Körpers. Wie Beziehungen und Lebensstile unsere Gene steuern. Erw. u. aktualisierte Neuausg. Frankfurt a. M.: Eichborn.
BESSON, Philippe (2007): Nachsaison. Roman. Dt. Erstausg. München: dtv.
BESSON, Philippe (2012): Venice Beach. Roman. Dt. Erstausg. München: dtv.
BESSON, Philippe (2018): Hör auf zu lügen. Roman. München: C. Bertelsmann Verlag.
BESSON, Philippe (2002): Zeit der Abwesenheit. Roman. Dt. Erstausg. Bremen: Manholt Verlag.
BONNÉ, Mirko (2012): Wie wir verschwinden. Frankfurt a. M.: Schöffling & Co.
BONNÉ, Mirko (2013): Nie mehr Nacht. Frankfurt a. M.: Schöffling & Co.
BONNÉ, Mirko (2017): Lichter als der Tag. Roman. Erste Aufl. Frankfurt a. M.: Schöffling & Co.
BONNÉ, Mirko (2018): Wimpern und Asche. Gedichte. Erste Aufl. Frankfurt a. M.: Schöffling & Co.
CANAL, Anne von (2014): Der Grund. Roman. Hamburg: mareverlag.
CANAL, Anne von (2017): Whiteout. Roman. Hamburg: mareverlag.
CARTER, Steven; Sokol, Julia (2002): Nah und doch so fern. Beziehungsangst und ihre Folgen. 8. Aufl. Frankfurt a. M.:Fischer Taschenbuch Verlag.
DOERING, Stephan; Hartmann, Hans-Peter; Kernberg, Otto F. (Hg.) (2019): Narzissmus. Grundlagen – Störungsbilder – Therapie. 2., überarbeitete Aufl., revidierte Ausg. Stuttgart: Schattauer; ein Imprint von J. G. Cotta'sche Buchhandlung Nachfolger.

DREES, Jan (2019): Sandbergs Liebe. Roman. Erste Aufl. Zürich: Secession Verlag für Literatur.

FRAZZETTO, Giovanni (2018): Nähe. Wie wir lieben und begehren. München: Carl Hanser Verlag.

GERISCH, Benigna; GÜNDEL, Harald; HAKER RÖSSLER, Helene; HENKEL, Miriam; KAPFHAMMER, Hans-Peter; LACKINGER, Fritz et al. (2018): Schizoidie und schizoide Persönlichkeitsstörung. Psychodynamik – Diagnostik – Psychotherapie. Hg. v. Gerhard Dammann, Otto F. Kernberg, Bernhard Grimmer u. Isa Sammet. Stuttgart: Kohlhammer Verlag.

HANTEL-QUITMANN, Wolfgang (2004): Der globalisierte Mensch. Wie die Globalisierung den Menschen verändert. Orig.-Ausg. (Psyche und Gesellschaft).

HANTEL-QUITMANN, Wolfgang (2007): Der Geheimplan der Liebe. Zur Psychologie der Partnerwahl. Originalausg. Freiburg i. Br., Basel etc.: Herder.

HANTEL-QUITMANN, Wolfgang (2008): Die Masken der Paare. Und welche Gefühle sie verbergen. Freiburg i. Br., Basel etc.: Herder.

HANTEL-QUITMANN, Wolfgang (2014): Sehnsucht. Stuttgart: Klett-Cotta. Online verfügbar unter http://www.content-select.com/index.php?id=bib_view&ean=9783608201345.

HANTEL-QUITMANN, Wolfgang (2017): Die Othello-Falle. Du sollst nicht alles glauben, was du denkst. Stuttgart: Klett-Cotta.

HANTEL-QUITMANN, Wolfgang (2019): Farbenlehre der Liebe. Chronik einer Paartherapie. Gießen: Psychosozial-Verlag (Sachbuch Psychosozial).

HEGMANN, Eric (2017): Beziehungsweise. Das Buch für mehr Liebe. Originalausgabe. München: Knaur (Knaur, 78894).

HEGMANN, Eric; Fischbach, Lisa (2013): Liebe aus dem Netz. Onlinedating mit 50+. München: mvg Verlag.

HILLENKAMP, Sven (2009): Das Ende der Liebe. Gefühle im Zeitalter unendlicher Freiheit. 3. Aufl. Stuttgart: Klett-Cotta.

HILLENKAMP, Sven (2016): Negative Moderne. Strukturen der Freiheit und der Sturz ins Nichts. Stuttgart: Klett-Cotta (Zwänge der Freiheit, Band 2).

HIRIGOYEN, Marie-France (2011): Die Masken der Niedertracht. Seelische Gewalt im Alltag und wie man sich dagegen wehren kann. München: dtv.

HOLZBERG, Oskar (2014): Schlüsselsätze der Liebe. 50 kluge Gedanken, die Ihre Beziehung verbessern können. Köln: DuMont.
HOLZBERG, Oskar (2019): Neue Schlüsselsätze der Liebe. Was Beziehungen scheitern und was sie gelingen lässt. 1. Aufl. Köln: DuMont.
ILLOUZ, Eva (2018): Warum Liebe endet. Eine Soziologie negativer Beziehungen. 1. Aufl. Berlin: Suhrkamp Verlag.
KERNBERG, Otto F. (2019): Liebe und Aggression. Müllheim/Baden: Auditorium Netzwerk (Original-Vorträge).
KERNBERG, Otto F.; Hartmann, Hans P. (Hg.) (2018): Narzissmus. Grundlagen – Störungsbilder – Therapie. 4. Nachdruck 2018 der Sonderausg. 2009. Stuttgart: Schattauer; ein Imprint von J. G. Cotta'sche Buchhandlung Nachfolger.
LENDT, Holger; Fischbach, Lisa (2014): Treue ist auch keine Lösung. Ein Plädoyer für mehr Freiheit in der Liebe. Ungekürzte Taschenbuchausg. München, Zürich: Piper (Piper, 30540).
LINDEN, Michael (2017): Verbitterung und Posttraumatische Verbitterungsstörung. 1. Aufl. Göttingen: Hogrefe (Fortschritte der Psychotherapie, Band 65).
MARZANO, Michela (2018): Alles, was ich über die Liebe weiß. Philosophie eines Gefühls. München: C. Bertelsmann Verlag.
MEYER, Thomas (2018): Trennt euch! Ein Essay über inkompatible Beziehungen und deren wohlverdientes Ende. 1. Aufl. Zürich: Diogenes (Diogenes-Taschenbuch, 24427).
MÜLLER, Andel (2017): Rockin' Rausch – in Bogen und Bausch. 1. Aufl. Darmstadt, Vachendorf: Edition.
PETERS, Achim (2018): Unsicherheit. Das Gefühl unserer Zeit – Und was uns gegen Stress und gezielte Verunsicherung hilft. München: C. Bertelsmann Verlag.
PREITLER, Barbara (2006): Ohne jede Spur. Psychotherapeutische Arbeit mit Angehörigen »verschwundener« Personen. Orig.-Ausg. Gießen: Psychosozial-Verlag (Edition psychosozial).
RIEMANN, Fritz (2019): Grundformen der Angst. Eine tiefenpsychologische Studie. 44. Aufl. München, Basel: Ernst Reinhardt Verlag.
RUDLOFF, Angela (2016): Wie werde ich erfolgreiche Co-Narzisstin? Stadtilm: Angela Rudloff.
RUDLOFF, Angela (2017): Narzissmus und das unendliche Leid des Partners. Stadtilm: Angela Rudloff.

RUDLOFF, Angela (2018): Der Narzisst. Was er sagt, was er meint und was sie hört. Stadtilm: Angela Rudloff.

SCHACTER, Daniel L. (2001): Wir sind Erinnerung. Gedächtnis und Persönlichkeit. Reinbek bei Hamburg: Rowohlt-Taschenbuch-Verlag (Rororo, 61159, rororo-Sachbuch).

SOHN, Elena-Katharina (2013): Schluss mit Kummer, Liebes! Geschichten vom Herzschmerz und wie er verging. Berlin: Ullstein eBooks.

YANAGIHARA, Hanya (2017): Ein wenig Leben. München: Carl Hanser Verlag.3